DRI 열정

DRI 열정

초판 1쇄 인쇄 _ 2018년 12월 20일
초판 1쇄 발행 _ 2018년 12월 30일

지은이 _ 이대성
펴낸곳 _ 바이북스
펴낸이 _ 윤옥초
책임 편집 _ 김태윤
책임 디자인 _ 이민영

ISBN _ 979-11-5877-071-6 03190

등록 _ 2005. 7. 12 | 제 313-2005-000148호

서울시 영등포구 선유로49길 23 아이에스비즈타워2차 1005호
편집 02)333-0812 | 마케팅 02)333-9918 | 팩스 02)333-9960
이메일 postmaster@bybooks.co.kr
홈페이지 www.bybooks.co.kr

책값은 뒤표지에 있습니다.
책으로 아름다운 세상을 만듭니다. ― 바이북스

한번뿐인 인생, 가장 나답게 사는 법

DRI 열정

이대성 지음

Dream
Respect
Interest

바이북스
ByBooks

어제까지만 해도 이상 없이 작동하던 시계 바늘이 오늘은 멈춰서 있다. 겉모습은 멀쩡했다. 단지 바늘이 움직이지 않았다. 고장 난 것은 아니었다. 내가 할 수 있는 일이라고는 배터리를 갈아 끼우는 것 외에는 없었다. 다행히 배터리를 갈아 끼우자 바늘이 움직이기 시작했다.

내 삶은 40년 동안 멈춰버린 시계와 다를 바 없었다. 세상의 욕망과 타협하며 늘 흔들렸던 나의 일상은 멈춰버린 시계와 같았다. 40년의 내 삶 속에 나는 없었다. 시계의 모양은 가졌지만, 제 기능을 다하지 못하고 있는 배터리 없는 시계처럼 삶의 방향을 잃은 채 멈춰 서있었다.

나는 장애인 기초 생활 수급자 가정의 아들로 태어나서 성장했다. 실업계 고교 졸업 후 취업에 실패하고, 유흥업소, 커피숍, 음반가게, 주유소 등에서 아르바이트를 했다. 군대에 입대한 후 직업 군인이 되었다. 30대에 결혼 5년 만에 이혼을 했다. 벌금형이지만, 범죄 기록을 조회하면 전과자로 표시된다. 키는 159cm다. 개그 콘서트의 코너 〈키 컸으면〉에 출현했던 개그맨 이수근(164cm), 김병만(165cm) 보다 작다. 외국어 하나 제대로 할 줄 모른다. 부모, 자녀, 형제, 자매 가 없다. 40년을 그렇게 살았다. 40년을 되돌아보면 기쁨과 환희, 행 복보다는 고통과 답답함, 후회가 크다.

  삶의 이유와 목적에 대해서 생각해 본 적이 없었다. 타인의 도움과 시선, 평가에 의존하며 살았다. 내 인생임에도 불구하고 나는 없었 다. 타인의 자비에 기대는 것이 습성화된 내 존재는 늘 타인의 소유 물이었다. 내 안에 어떤 열정이 있는지 알 수 없었다. 무엇보다 의미 없는 선택을 했던 내 자신이 부끄러웠고, 후회스러웠다. 돈, 인간관 계, 명예, 가족을 잃었다. 살아야 하는 이유를 모른 채 40세가 될 때 까지 방황했다. 왜 나에게만 시련이 생기는 걸까? 어떻게 살아야 하 는가? 낭떠러지 끝에서 나뭇가지를 한 손으로 움켜쥐고 있는 상황과 비슷했다. 발길 아래에는 까마득한 절망이 나를 기다리고 있었다.

  절망의 나락으로 떨어지기 직전에 사랑하는 사람을 만났다. 그녀 의 사랑은 어머니의 헌신과 연인의 설렘, 친구의 편안함이 조화를 이루고 있었다. 갑자기 모든 것에 간절해졌다. 알 수 없는 그 간절함 이 내 가슴 속에서 끓어오르기 시작했다. 그렇게 해서 새로운 사람 들을 만나고, 내 자신을 돌아보는 시간을 가졌다. 그때서야 삶의 낭떠러지 끝에서 나뭇가지를 움켜쥐고 있었던 힘은 내 안에 잠들어 있었던 열정이었다는 것을 알게 되었다.

내 삶의 변화는 41세가 되던 날부터 시작되었다. 내가 바꾸고 싶었던 것은 일상의 기쁨과 행복이었다. 과거의 잘못된 습관을 고치는 것이었다. 삶의 방향을 바꾸는 것이었다. 치열하게 나를 깨고, 나를 찾기 위해 노력했다. 지금 나는 행복한 삶의 이야기를 전하는 동기부여 강사가 되었다. 이제 세상 사람들은 나를 강사라고 부른다.

내 이야기가 누군가에게는 희망이 되고, 동기부여가 될 것이라는 생각으로 이 글을 썼다. 초고가 완성된 후 수많은 출판사에 투고를 했지만, 모두 거절당했다.

그러던 어느 날, 서울에 있는 출판사 대표로부터 전화가 왔다. 스스로 출판계에 몸담은 지 꽤 오래되었다고 소개하며 이런 말을 했다.

"열정이라는 단어는 요즘 청년들이 싫어하는 단어입니다. 열심히 살아야 하고, 힘들게 살아야 하는 것을 싫어합니다."

100퍼센트 공감했다. 열정이라는 단어는 왠지 어깨에 힘이 들어가고, 눈을 부릅뜨고, 코피를 흘려 가며 정신과 육체를 혹사시키는 것으로 오해하는 사람들이 많다. 탁월한 성취를 하고, 잠을 적게 자고, 부지런한 사람, 잠시도 쉬지 않고 일을 열심히 하는 사람을 열정적인 사람이라고 생각했던 적이 있었다. 그들은 여유, 즐거움, 기쁨이라는 단어와는 거리가 멀다. 오로지 목표, 성취, 우월감만이 존재한다. 그런 열정은 '미숙한 열정'이다.

이 책에서는 '성숙한 열정'에 대해서 말하고자 한다. 세상이 정해놓은 틀과 트렌드에 흔들리지 않고, 내가 가진 재능과 욕망, 가치에 집중하며 살아가는 것이 '성숙한 열정'이다. 개인의 존엄과 자유, 행복을 추구하고, 세상에 좋은 에너지를 나누며 사는 사람이 열정적인 사람이다. 타인보다 더 많이 가지고, 더 많이 성취하고, 우월해지는 것은 경쟁과 비교, 서열로 점철된 물질 만능주의, 성과 만능주의에 찌든 문화에서 비롯된 찌꺼기일 뿐이다.

2018년 9월 19일 통계청의 발표에 의하면 우리나라의 자살률이 OECD 2위를 차지했다고 한다. 10대부터 30대가 가장 큰 비중을 차지했다. 국가 전체로 보면 경제적으로 정치적으로 성장했는데, 정작 미래를 책임져야 할 청년들의 삶은 고단하다. 왜 이런 현상이 생기는 것일까? 도대체 무엇을 어떻게 해야 할까? 문제는 에너지이다. 열정이다. 내 안에 잠들어 있는 열정을 깨워야 한다. 청년들에게는 가슴 속에서 용광로처럼 뿜어내는 열정을 깨우는 것보다 중요한 것은 없다.

광복 이후 지속되어 온 고도의 산업화 사회는 지식과 기술을 습득하고, 타인과의 경쟁과 비교에서 우월한 위치를 차지하는 것을 최고의 가치로 여겨졌다. 그 결과 대한민국은 세계 10위권의 경제 대국이 되었다. 이제는 노는 게 대세라면서 놀자판이 되어가고 있다. 스스로 YOLO^{You Only Live Once, 네 인생은 오직 한 번뿐이다}족이라며 놀고, 소비하는 것에 혈안이 된 사람들이 많아졌다. 음주 가무와 여행, 명품, 외모지상주의에 흔들린다. 그 흐름에 따르지 못하면 괜히 주눅이 든다. 주변을 둘러보면 돈은 많을수록 좋으며, 돈 버는 것만이 삶의 목적이라고 생각하는 사람들을 찾는 것은 어렵지 않다. 정말 노는 것만이 최고의 가치일까? 돈을 버는 것만이 최고의 인생일까?

내 삶은 송두리째 혁명되었다. 혁명은 약간의 변화와 성장이 아니다. 혁명은 완전히 다른 존재로 변화하는 것이다. 물이 끓어서 수증기가 되면 완전히 다른 물질로 바뀐다. 혁명은 그런 것이다. 내 삶의 혁명을 이끈 에너지는 열정이었다. 누구든지 나에게 삶을 긍정적으로 변화시킬 수 있는 원동력이 무엇이냐고 묻는다면 한 순간의 망설임도 없이 열정이라고 말한다. 숨을 쉬고, 일을 하고, 놀고, 돈 버는 것만이 살아 있는 것이 아니라는 사실을 나이 마흔이 넘어서야 알게 되었다. 내 삶을 사랑하고, 내 일을 사랑하고, 나와 마주하는 사람들을 사랑하며 자유롭게 내가 가진 에너지를 마음껏 발산하면서 살아야 한다. 세상과 작별하는 그 순간에 후회 없는 삶을 살았다고 스스로에게 말할 수 있는 사람이 되어야 한다.

자이언트 스쿨의 이은대 작가에게 감사드린다. 그는 내게 글 쓰는 유익함과 기쁨을 깨닫게 해줬고, 출간이 될 때까지 아낌없는 도움을 줬다. 이 책에 자신의 이야기를 게재하는 것을 허락해준 김장미 님, 손경자 님, 김정원 님, 우상재 님께 감사의 인사를 전하고 싶다. DRI 열정리더협회 변장환 회장, 독서 포럼 〈나무〉의 이기원 회장에게 감사드린다. 그들이 함께해주지 않았다면 내 신념대로, 열정이 향하는 대로 살지 못했을지도 모른다. 바이북스의 윤옥초 대표에게 감사의 인사를 드린다. 바이북스가 아니었다면 이 책은 세상에 나오지 못했을 것이다. 끝으로 내 인생 최초의 여자가 아니라서 미안한 사람. 그러나 최고의 여인이자, 마지막 여인이며 삶의 벼랑 끝에서 나를 구원해준 사랑의 여신, 아내 황정순 님께 존경과 감사의 인사를 전한다. 그녀를 만나지 못했다면 절망 속에서 일어서지 못했을 것이다.

부끄러운 내 이야기를 세상에 공개했다. 부족하고, 특별할 것 없는 내 이야기가 누군가의 열정에 불을 붙이는데 작은 불꽃이라도 되었으면 좋겠다. 이 책을 읽는 모든 분들이 고유한 니만의 열정을 깨워서 행복한 삶의 주인으로 살아가기를 소망한다.

2018년 10월의 어느 날
DRI 열정강사 이대성

chapter 4

열정! 이렇게 시작하라

chapter 5

열정 넘치는 일상, 행복한 인생

Dream, Respect, Interest

chapter 1

열정 강사,
이대성

"'열정'이란 그 위에 머뭇거림의 잡초가
결코 자랄 수 없는 화산이다."

칼릴 지브란

1.
나는 '열정' 하나로
삶을 통째로 바꿨다

19년간 근무했던 경기도 전방 부대에서 대구로 근무지를 옮겼다. 서울에서 태어나 경기도에서 군대 생활을 했던 나에게 대구는 낯선 곳이었다. 어머니와 내가 살던 집을 정리했다. 자동차 1대, 전기장판, 이불, 군복, 옷 몇 벌 등이 담긴 여행용 가방이 내 전 재산이었다. 대구로 향하는 고속도로 위에서 목놓아 울었다. 가슴을 들썩이며, 눈물을 쏟아내며 큰 소리로 울었다. 음악을 크게 들었다. Bonjovi의 〈You give love a badname〉이 흘러 나왔다. 굳게 닫힌 차창이 흔들릴 정도로 볼륨을 높였다. 그렇게 많은 눈물을 흘리며 3시간 넘게 운전해서 낯선 땅 대구에 도착했다.

이혼한 후, 나는 쾌락과 유흥에 몰입했다. 거의 매일 노래방과 나이트 클럽을 다녔다. 춤추고, 노래하고, 이야기 하는 그 순간만이 유일한 즐거움이었다. 그 과정에서 많은 돈과 에너지를 소모했다. 2년 후에 어머니를, 몇 개월 후 아버지를 하늘나라로 떠나보냈다. 이 세상에 가족이 존재하지 않게 되었다. 게다가 군대 동료로부터 금전

사기를 당했다. 그 이유로 징계를 받았다. 부대에서 생활하는 것이 불편했다. 친구들도 나와 거리를 두기 시작했다. 금전, 인간관계, 명예, 가족 등 모든 것을 잃었다. 그래서 근무지를 옮겼다.

장소가 바뀌었다고 해서 삶이 바뀌지는 않았다. 대구에 와서도 내 일상은 이전과 크게 다를 바 없었다. 그럭저럭 정해진 틀 속에서 출근하고, 일하는 것이 전부였다. 유흥과 쾌락의 습관도 여전했다. 살아야 할 이유를 몰랐다. 하루하루가 무의미했다. 즐기는 것만이 삶의 전부라고 생각했다. 내 주변에서 일어나는 안 좋은 사건의 원인이 다른 사람 때문이라고 생각했다.

"부모를 잘못 만나서 내 인생이 이렇게 꼬인 거야."

"직업 군인이 되어서 이렇게 된 거야."

"결혼을 하지 말았어야 해."

모든 상황을 타인과 환경 탓으로 돌리기에 급급했다. 세상에 대한 불평불만을 입에 달고 다녔다. 그러다 보니 표정도 어두워졌다. 밤새 놀고 나서 피곤한 몸과 마음도 불만이었다. 이혼 후 친구들이 나를 멀리하는 것도 서운했다.

그러던 어느날, 한 여인을 만났다. 그녀는 나보다 나이가 많고, 나처럼 이혼 경험이 있었다. 내가 무엇을 하든지 믿어주고, 기다려줬다. 그녀의 사랑은 마치 돌아가신 어머니의 그것과 닮아 있었다. 기적처럼 내 앞에 나타난 그녀의 사랑 덕분에 나는 스스로 깨닫기 시작했다.

"더 이상 이렇게 살아서는 안 되겠다."

유흥과 쾌락의 습관에서 벗어나기 위해 다양한 노력을 했다. 캠핑, 오토바이, 길거리 버스킹, 슈퍼스타 K 도전 등 다양한 이벤트로 일상을 바꾸려 했다. 그때뿐이었다. 일시적인 즐거움일 뿐이었다. 취미활동으로는 삶을 바꾸지 못했다. 무엇을 어떻게 해야 할지 막막했다.

인터넷에서 강사들이 강의 하는 모습을 봤다. 바람직한 삶의 태도, 동기부여를 해주는 강사들의 모습을 보면서 '나도 할 수 있을 것 같은데'라는 생각을 했다. 구체적으로 어떻게 해야 할지는 몰랐지만 강사의 꿈을 꾸기 시작했다.

강사가 되기 위해 2년 동안 치열하게 몰입했다. 매일 4시간 이상 책을 읽고, 글을 썼다. 다양한 교육을 받으면서 많은 강사와 작가들을 만났다. 그들의 노하우를 배우기 위해서 서울, 부산, 대전 등에서 교육을 받았다. 동영상 수천 편을 보면서 메모하고, 분석했다. 삶의 본질적인 가치에 대해서 생각했다. 열정적으로 말하고, 열정적으로 표현하는 방법을 연구했다. 강사가 된 척 명함을 갖고 다녔고, 주말이면 강사가 된 것처럼 정장을 입고 다녔다. 삶을 변화시키고 싶었다. 미치도록 간절했다. 방황하던 직업 군인이었으나 2년 동안 단 하루도 쉬지 않고, 강사가 되겠다는 꿈을 안고 살았던 나는 43세에 강사가 되었다.

"세상에는 공짜가 없다"는 말은 진리다. 얄팍한 욕심으로 짧은 시간에 뭔가 바뀌길 바라는 것은 욕심이요, 망상이다. 삶을 바꾸고 싶다면 세 가지를 투자해야 한다. 돈Money, 시간Time, 열정Passion이다. 돈과 시간은 누구나 투자할 수 있지만, 열정은 스스로 원해야 하고, 간절해야만 가능하다. 수많은 교육을 받아 봤지만, 변화의 강도는 사람에 따라 모두 달랐다. 돈과 시간을 투자했다는 공통점은 있지만, 열정의 뜨거움은 각각 달랐다. 열정적으로 임했던 사람은 놀라운 변화를 경험했지만, 그렇지 못한 사람들은 교육의 효과를 충분히 가져가지 못했다. 열정의 차이 때문이다. 열정 없이는 아무것도 할 수 없다.

"열정이란 그 위에 머뭇거림의 잡초가 결코 자랄 수 없는 화산이다."

_ 칼릴 지브란

화산이 폭발해서 내뿜는 용암은 뜨거움 그 자체이다. 용암 주변에는 식물이 자랄 수 없다. 하물며 잡초마저 그곳에서 자라지 못한다. 뜨거운 열정을 가진 사람은 그 어떤 것으로도 방해할 수 없다. 내가 원하는 곳으로 향하게 하는 힘, 그것이 열정이다. 목숨을 걸만큼 간절한 나의 꿈을 향해 열정을 다하는 사람의 삶은 송두리째 바뀐다. 나는 '열정' 하나로 삶의 방향을 완전히 바꾸었다.

2.
보는 것을 바꾸면
열정이 보인다

"또 무슨 바람이 분 거냐?"

"조만간 원위치 될 거야."

"자기계발하기 위해 돈 쓰지 마. 그 돈 잘 모아서 노후를 준비해야지."

"사회는 냉철하다. 다시 생각해 봐, 세상에는 고수가 많아."

"안정적으로 살아, 쓸데 없는 생각하지 말고."

강사의 꿈을 꾸는 것에 대해서 응원보다는 냉소적인 반응이 압도적으로 많았다. 그것은 내가 원하는 변화와 꿈을 향해 내딛는 발걸음을 무겁게 만들었다. 일상이 흔들리는 이유는 주변 사람들의 조언과 충고 때문이다. 아직 가보지 못한 세상을 가려는 사람 앞에는 늘 두려움이 막아선다. 직업군인에서 강사로 직업을 바꾸겠다는 내 열정은 언제나 흔들렸다.

어린 시절부터 봐왔던 풍경은 늘 비슷했다. 삶에 찌들려 하루 하루를 버텨내는 부모님과 이웃들의 모습이었다. 새벽부터 밤늦게까지 공장 노동과 리어카 행상을 오가며 노동에 시달렸던 어머니, 술에 취해 세상에 대한 불만을 가족들에게 폭언과 욕설, 폭력으로 쏟아낸 아버지의 모습이 전부였다. 고등학교를 졸업하고, 락카페에서 일을 하고, 군대 생활을 할 때에 내가 본 것은 나이, 계급, 학력, 재물로 사람을 평가하는 사람들이었다. 계급이 낮으면 무시했고, 계급이 높은 사람 앞에서는 비굴했다. 돈 많은 사람에게는 굽신거리고, 가난해보이면 가벼이 여겼다.

하루 종일 여자 생각을 했다. 웹web상에서 다정하게 나누는 대화 창을 보면서 행복감을 느꼈고, 야동을 보면서 욕망에 불을 붙였다. 퇴근 후면 술집과 노래방, 나이트 클럽을 전전했다. 그랬던 내가 변화하겠다고 하니 얼마나 웃긴 일인가. 내 주변 사람들의 충고는 매우 합리적이었다. 바람 앞의 촛불처럼 언제 꺼질지 모르는 불안한 열정이었다.

20년간 안정적으로 군대 생활을 했던 직업 군인이 하루 아침에 전역한다는 것은 쉬운 일이 아니었다. 350만 원 이상의 월급을 포기해야 했다. 지식 사회에서 넘쳐나는 강사들과 경쟁해야 했다. 내가 경쟁력이 있는지도 불투명했다. 유일하게 했던 정상적인 직업이 군대 생활 밖에 없었던 내가 과연 '프로 강사'를 할 수 있을까? 두려웠다. 실패할지도 모른다는 불안감이 엄습할 때가 많았다. 그래서 그들의 가슴에서 말하는 소리를 듣지 않고, 타인의 시선과 평가를 의식한 채 충고와 조언을 듣고 있었다. 그들은 내 삶을 대신 살아주지 않는다는 사실을 잊고 있었다.

반드시 강사가 되겠다고 다짐했다. 40년간 막혀 있었던 나다운 삶의 혈관을 뚫고 싶었다. 경쟁하고, 상처주고, 상처받으며 살고 싶지 않았다. 단 하루라도 온전히 내가 원하는 대로 마음껏 소리치며 자유롭게 살고 싶었다.

열정의 온도를 유지시키기 위해서 세 가지를 변화시켰다.

첫 번째가 책이다.

출퇴근할 때 책을 휴대했다. 사무실 책상 위에는 별도의 책을 꽂아놓았다. 점심시간마다 읽었다. 당직 근무를 설 때면 2~3권을 읽었다. 밑줄을 긋고, 여백에 키워드와 내 생각을 적었다. 인상 깊은 구절은 별도의 노트에 메모했다. 당시에 집중적으로 읽었던 책은 '자기계발서'였다. 자기계발서의 저자들은 늘 나에게 속삭였다.

"멈추지 마라." "열정은 지치지 않는 것이다." "꿈을 향해 담대하게 나아가라." 저자들의 말은 주변의 충고와는 완전히 다른 내용이었다. 책을 읽는 순간만큼은 무모한 내 도전이 의미있게 느껴졌다.

둘째, 나만의 구호를 만들었다. '변화, 혁명! 여기서 멈추면 웃음거리!'

붉은 색종이에 검정색으로 진하게 적었다. 절대로 멈추고 싶지 않은 나의 열망을 담아서 한 글자 한 글자 선명하고, 진하게 적었다. 수첩에 끼우고 다녔다. 흔들리는 순간마다 구호를 들여다보며 다짐

했다. '나는 절대로 여기서 멈추지 않겠다.'

셋째, 사명 선언문을 작성했다.

"열정 에너지가 부족한 이들이 긍정적으로 변화되어 인간의 존엄과 일상의 자유를 누리며 행복하게 살 수 있도록 강의와 코칭으로 돕는 것이다."

이 사명은 내가 살아가는 이유를 적어놓은 글이다. 기록 관리 교육을 받으면서 사명에 대해서 몰입했던 적이 있었다. 사명은 세 가지 원칙에 의해서 작성된다. 누구를 대상으로 할 것이며, 그들을 어떻게 도울 것인지, 내가 줄 수 있는 가치는 무엇인지를 정리해서 작성한다. 작성하면서 가슴이 뛰었다. 건물의 기초공사를 하는 것과 비슷한 원리다. 나의 사명을 알게 되는 날은 다시 태어난다고 생각해도 무방하다. 간절하게 바라는 내 삶의 목적, 즉 사명을 완성한 후 현수막으로 제작해서 거실에 붙여 났다. 사명 선언문은 매일 나의 시선에서 떠나지 않았고, 언제나 거실 중앙에서 수시로 흔들리는 내 생각을 바로잡아줬다. 내 삶의 방향을 정확하게 정하고 나니까, 매일매일 삶에 동기부여가 되었다.

"나는 광고지를 읽지 않는다. 그것을 읽으면 종일 부족한 것을 생각하게 되고 그것을 원할 테니까."
_ 프란츠 카프카

열정은 한순간에 뜨거워졌다가 식는 것이 아니다. 멈추지 않아야 열정이다. 그런 열정이 내가 진정으로 원하는 성취를 선물해 준다. 책을 읽거나, 교육을 듣고 난 후 일시적으로 가슴이 뜨거워지는 것은 열정이 아니다. 잠깐의 설렘이다. 설렘을 느끼기 위해서 다양한 사람들을 만나고, 모임에 참여하는 경우가 많다. 설렘과 열정은 다르다. 타인의 영향력에 내 삶의 에너지를 의존하면 스스로 열정적일 수 없다. 다른 사람의 말과 표정, 행동, 평가에 일희일비하는 삶의 습관 때문이다. 내 삶의 주인은 나여야 한다. 내 에너지를 높이고, 내가 원하는 삶을 살기 위한 자발적인 열정을 갖기 위해 노력해야 한다. 그런 열정을 갖게 되면 정확한 방향을 찾는다. 무엇을 원하는지, 어디로 가야 할지 명확해진다. 방향이 명확한 사람은 스스로 열정의 온도를 높이고 낮출 수 있다.

책은 저자가 짧게는 수개월, 길게는 몇 년, 몇십 년을 고민하고, 연구하고, 정리해 놓은 지식과 지혜의 엑기스이다. 인생에서 책을 보는 것보다 중요한 것은 없다. 책 속에 펼쳐져 있는 글귀들이 내 눈을 통해서 뇌로 전달되고, 가슴으로 전달되는 순간, 서서히 생각이 변화되어 간다. 볼펜을 잡고 밑줄을 긋고, 키워드와 내 생각을 적으면 그 효과는 더욱 강력하다.

보는 것은 인간의 본능이다. 보는 문화를 있는 그대로 받아들이는 것은 어리석은 소비 행위이다. 정치적인 목적, 상업적인 목적으로 만들어진 콘텐츠에 너무 많이 휘둘려서는 안 된다. 그런 것들이 나도 모르는 사이에 나의 의식 속에 자리 잡게 되면, 선동과 소비에 쉽게 흔들리는 삶을 살게 된다. 광고나 미디어의 노예가 되지 말아야 한다. 광고나 미디어를 만드는 사람들이 의도하는 대로 움직여서는 안 된다. 삶을 스스로 만들어 가는 사람은 미디어나 트렌드를 필요한 만큼 적당하게 사용할 줄 안다.

식지 않는 열정을 갖기 위해서 흔들리는 생각을 수시로 잡아야 한다. 그러기 위해서 '보는 것'을 바꿔야 한다. 변화가 필요한 사람이 봐야 할 것은 삶의 철학과 신념을 강화시키고, 업무와 사업의 아이디어로 승화시킬 수 있는 것이어야 한다.

3.
열정은 감정이다
그래서 누구나 가능하다

어느 날, 어머니로부터 전화가 왔다. 전화기 너머 들리는 희미한 목소리에 힘이 없었다.

"대성아, 나 체한 것 같아. 엄마한테 좀 오면 안 돼?"

"네? 체했으면 소화제 드시면 되잖아요? 제가 꼭 가야 해요?"

"너무 아파서 그래. 좀 와주라."

"알았어요!"

퉁명스럽게 전화를 끊고, 약국과 마트에서 소화제와 죽을 종류별로 샀다. 어머니의 안색은 창백했고, 눈빛도 예전 같지 않았다. 그저 체하고, 컨디션이 안 좋으면 나타나는 증세라고 생각했다. 소화제와 죽이 한가득 담겨있는 비닐봉지를 어머니 앞에 내려놓았다. 내려 놓았다기보다 내던졌다는 표현이 적절하겠다.

"체한 걸로 오라 가라 하지 마세요. 이거 드시고, 푹 쉬세요."

아픈 어머니와 만난 지 5분도 안 되어서 뛰쳐나왔다. 그로부터 며칠 후, 다시 전화가 왔다.

"대성아, 엄마가 많이 아프다."

목소리의 힘이 더 떨어져 있었다. 부대 업무를 마무리짓고 가야 해서 즉시 달려가지 못했는데, 119구급대의 도움을 받아 의정부 성모병원에 가 계셨다. 급체니까 내과 진료를 받고, 링거를 맞으면 될 것이라고 생각했다. 일반적인 내과 진료로는 나아질 기미가 보이지 않자, 의사는 CT와 MRI촬영을 해보자고 했다. 촬영 결과 어머니의 병명은 대장암이었다.

'의학 기술이 발달되었으니까, 대장암 정도는 나을 거야.'

인터넷으로 검색해 보니 대장암을 완치한 사례가 꽤 많았다. 대장암 예방에 좋은 음식도 검색해봤다. 어머니는 집에 가서 선반 서랍에 있는 손가방을 가져오라고 하셨다. 선반에는 의정부 시내의 다양한 병원의 진료 내역서와 약봉지가 수북하게 쌓여 있었다. 손가방에는 통장들과 도장이 있었다.

"혹시 모르니까, 이 통장과 도장 네가 갖고 있어라."

"왜요? 엄마 돌아가실까 봐요? 무슨 말씀을 하시는 거예요!."

마치 곧 세상을 떠날 사람처럼 정리하는 모습이었다. 의사는 이렇게 늦게 대장암이라는 사실을 인지한 환자는 처음이라고 했다. 그로부터 일주일 후 세상을 떠나셨다. 이 믿기 힘든 상황을 어찌해아 할지 몰랐다. 병원 중환사실 출입문 앞에서 그 자리에 주저앉아 두 손으로 얼굴을 감싼 채 울먹이는 것 외에는 할 수 있는 게 없었다. 어머니는 폐지를 모아 팔아서 생계를 유지하셨다. 폭력과 무능함으로 일관된 남편과 사고만 치는 아들 때문에 평생 고생만 하면서 살았던 어머니는 그렇게 60대의 젊은 나이에 세상과 이별하셨다.

어머니의 장례식장은 초라하고 외로웠다. 세상에 혼자 던져진 느낌이었다. '그래도 엄마라도 계시니까'라며 살았는데, 세상에 아무도 없다는 것이 믿어지지 않았다. 장례식 첫날 쏟아지는 눈물을 막을 수 없었다. 눈이 퉁퉁 붓고, 목이 아플 때까지 울었다. 그해 반신불수로 누워있던 아버지도 세상을 떠났다. 한 해에 어머니, 아버지와 영원한 이별을 했다. 내 인생에서 가족이란 존재가 사라졌다.

아침에 눈을 떠도 일어나기가 싫었다. 도무지 갈피를 잡을 수 없었다. 세상에 나 혼자 덩그러니 홀로 있다는 생각은 나를 미치도록 힘들게 만들었다. 가만히 있어도 눈물이 줄줄 흘러내렸다.

그러다가 문득 이런 생각을 하게 되었다. '이렇게 울어봐야 뭐하겠는가.' 울어봤자 현실의 삶은 전혀 변하지 않는다는 것을 알게 되었다. 장례 이틀째 되던날 밤에 다짐했다.

'어머니, 죄송한데요. 저 이제 슬퍼하지 않을게요. 어머니가 하늘나라에서 저를 지켜보고 계실 거라 생각합니다. 제가 울고, 병신처럼 살면 어머니가 더 속상하실 거잖아요. 지금부터는 울지 않겠습니다. 어머니 먼저 가 계십시오. 저도 조만간 갈게요.'

어머니를 떠나보낸 후 삶의 변화가 필요하다고 생각했다. 슬픔을 잊고 싶었고, 새로운 활력을 찾고 싶었다. 그해 대구 경북지역으로 근무지를 옮겼다.

어머니의 죽음을 통해서 혼자라는 사실이 얼마나 외로운 것이며, 가족이 없다는 사실이 주는 절망감이 얼마나 큰 것인지를 뼈저리게 깨달았다. 또한 인생은 언제, 어디서, 누가, 어떻게 될지 아무도 알수 없는 여행이라는 사실, 오늘 하루 순간순간의 삶에 최선을 다해서 표현하고, 사랑하고, 즐겨야 한다는 것도 알게 되었다. 살아생전에 자주 찾아뵙고, 인사드리지 못한 것에 대한 후회로 한동안 힘들었다. 외로움, 분노와 절망이라는 감정은 나를 성장시켜준다는 것도 알게 되었다. 어머니의 죽음으로 나는 더 이상 잃을 것이 없는 벌거벗은 인간으로 거듭나게 되었다. 내 삶에 이보다 더한 상처와 두려움은 없을 것 같았다.

대구에서 한 여인을 만났다. 그녀는 나를 만나기 위해서 30km가넘는 거리를 대중교통을 타고 달려 왔다. 만나지 않겠다고 해도 밤을 새워가며 나를 기다렸다. 혼자 살고 있는 아파트 열쇠를 복사해 달라고 했다. 빈집에 와서 청소와 빨래, 식사준비를 해놓고 갔다. 집이 정리가 되어갔다. 매번 나만을 위한 식사를 준비하고 갔다. 어머니가 세상을 떠난 지 1년 되던 날, 그녀는 어머니에게 인사를 드리겠다며 홀로 제사 준비를 했다. 제사용 그릇과 병풍을 구매하고, 음식을 준비했다. 그녀는 제사 상 앞에 공손하게 절을 하면서 이렇게 말했다.

"어머니, 살아생전에 뵙지 못해서 너무 아쉬워요. 대성 씨와 제가잘 사는 모습 꼭 보여드릴게요."

그녀의 사랑과 헌신에 수시로 감동을 느꼈지만, 나의 습관과 가치관, 행동은 크게 바뀌지 않았다.

함께하는 시간이 늘어갔으나, 나의 방황은 멈추지 않았다. 내가 일찍 오든, 늦게 오든 그녀는 언제나 나를 기다렸다. 심지어 외박한 다음날에도 따뜻한 식사를 준비하고 나를 기다렸다. 그녀의 사랑은 나의 마음을 움직였다.

따뜻한 햇볕이 나그네의 외투를 벗긴다. 사랑은 따뜻한 햇볕과도 같다.

강요와 통제는 사람의 마음을 움직일 수 없다. 바람으로는 나그네의 외투를 벗길 수 없다. 따뜻한 햇볕이 나그네로 하여금 외투를 스스로 벗게 한다. 사랑은 따뜻한 햇볕과 같다. 그녀의 사랑은 따뜻한 햇볕처럼 아무런 조건도 바라는 것도 없었다. 따스하게 비추고 있을 뿐이었다. 그녀의 사랑 덕분에 얼음처럼 차가웠던 내 마음이 뜨거운 열정으로 변화할 수 있었다. 그녀는 긍정적으로 변화하기 위해 고민하고, 행동하는 내 모습을 보며 기뻐했다. 아무런 기대없이 응원했다. 그런 그녀의 모습을 보는 것만으로도 행복했다. 그녀를 만나지 못했다면 지금의 나는 없을지도 모른다. 어쩌면 이 세상에 존재하지 않았을지도 모르겠다.

세상에서 가장 무식한 것이 타인을 변화시키려고 안간힘을 쓰는 것이다. 인간의 변화는 스스로 깨닫는 순간부터 시작된다. 그것은 경험으로부터 비롯된다. 긍정적인 경험을 통한 좋은 감정, 나쁜 경험으로 비롯되는 나쁜 감정들이 모여서 삶의 방향을 스스로 결정짓는다.

"뼈저리게 깨닫는다"는 말은 감정으로부터 비롯되는 말이다. 감정의 변화가 열정을 이끌어낸다. 결국 그 모든 문제는 내가 느끼는 감정으로부터 시작된다. 누구나 감정의 기복을 겪는다. 땅속까지 내려앉은 좌절감과 분노, 슬픔 속에서 오기를 느껴야 한다. 세상이 나를 짓누르더라도 절대로 고개를 숙이지 않겠다고 다짐해야 한다.

그래야 변화하고, 그래야 기회가 찾아온다. 어머니의 죽음으로 인한 깊은 슬픔, 존재 자체로의 나를 인정해주고 기다려준 아내의 사랑으로 인해 내 가슴속의 열정이 끓어올랐다. 견디기 힘들 정도로 아프고, 슬픈 감정을 견뎌내는 사람, 존재만으로도 감동적인 사랑을 느끼는 사람은 열정이란 에너지 탱크를 가슴 한켠에 이식시킬 수 있다. 분노하고, 아파하고, 슬퍼하고, 사랑하자. 열정의 근원은 감정으로부터 비롯된다. 감정을 가진 인간이라면 누구나 열정적인 사람이 될 수 있다.

4.
열정의 불씨는
경험의 에너지다

고교 졸업 후, 내가 일한 곳은 서울 화양리 카페 골목에 위치한 락 카페였다. 그곳에서 삐끼를 했다. 당시 카페 골목에서 가장 골치 아픈 불법 행위였다. 단속 대상이었다. 삐끼를 고용하는 가게와 그렇지 않은 가게의 매상은 큰 차이가 있었다. 삐끼는 말과 표정으로 낯선 사람들을 설득한다. 교회 활동과 밴드부 활동을 통해서 익힌 언변과 표현력으로 길가는 사람들을 쉽게 영업할 수 있었다. 사람들과의 만남에 자신이 있었다. 출근 시간보다 1시간 이상 일찍 가게에 나갔다. 저녁 6시가 출근시간이지만, 4시30분에서 5시 사이에 출근했다. 한 시간 일찍 나와서 골목 곳곳을 살펴봤다. 커피숍과 편의점, 꽃집에서 일하는 사람들과 인사를 나누었다. 그때마다 만나는 사람들은 나의 이런 특이한 행동을 비웃는 사람도 많았다. 그럼에도 불구하고 나는 모든 사람들에게 말을 걸었다. 나와 대화를 나누었던 사람들은 나를 기억해줬다. 그들이 며칠 내에 우리 가게 손님으로 온 적이 많았다.

"그때 봤는데, 열정적으로 말하는 모습이 인상적이었어요."

거절을 두려워하지 않고, 나와 우리 가게의 존재를 알리는데 주저하지 않았던 것이 성과로 이어진 것이다. 삐끼를 하면서 손님을 많이 데리고 와야겠다는 생각만 했다. 생각, 말, 행동이 손님을 데리고 오겠다는 목표에 집중했다. 잠이 부족한 상태에서도 피곤함을 몰랐다. 발바닥은 뜨겁고, 눈은 충혈되었지만 일하는 순간에는 그런 것을 느끼지 못했다. 당시 카페 골목에서는 꽤 유명인사가 되었다.

얼굴이 알려지게 되면서 경찰이나 구청 단속요원의 눈에 쉽게 띄었다. 자주 붙잡혀 갔다. 불법 호객 행위로 체포되어 가면 경찰서 유치장에서 하룻밤을 보낸다. 다음날 지방 법원의 즉결 심판을 받는다. 너무 자주 가서 판사들은 나를 알아봤다. 벌금을 내고 자유의 몸이 되는 것을 바라지만, 삐끼들에게는 대부분 구류를 구형한다.

구류를 살고 밖에 나오면 세상이 달라 보인다. 사소한 일상이 사소하게 보이지 않는다. 자유롭게 걷고 있는 것도 기분이 좋고, 목욕탕에 갈 수 있는 것도 행복한 일이 된다. 식당에서 내가 먹고 싶은 메뉴를 선택할 수 있다는 사실이 감사하게 느껴진다. 편의점에서 과자를 사먹을 수 있다는 사실도 눈물 날 만큼 고마운 일로 여겨졌다.

감사한 마음을 가지면 어떤 상황에서도 좋은 일들을 끌어들여서 행복해진다고 한다. 숨을 쉬고 있음에 감사하고, 식사를 하고 있음에 감사하고, 가족이 살아 있음에 감사해야 한다. 주유소에서 기름을 넣어주는 직원, 식당에서 식사를 준비해주는 아주머니에게 감사해야 한다. 이렇게 감사의 시선으로 들여다보면 세상에는 감사할 일들로 넘쳐난다.

누구나 경험하는 일을 어떤 사람은 감사하다고 느끼지만, 어떤 사람은 당연하게 느낀다. 당연하게 느끼기 시작하면 세상 모든 일을 불평과 불만의 시선으로 바라본다. 내가 가진 본성대로, 생겨먹은 대로 열정적으로 하루하루를 산다고 해서 모든 일이 술술 잘 풀리는 것은 아니다. 방향이 올바르지 않은 열정은 고통과 시련을 동반한다.

그러나 내가 선택한 행동에 대한 책임, 그 책임을 다하면서 깨닫는 것은 영원히 잊히지 않는다. 열정의 불씨는 여기서부터 나온다. 그것이 내공이 되고, 에너지가 된다. 열정과 광기로 일했던 유흥업소 아르바이트와 유치장 경험은 젊은 시절 열정의 불씨가 되어줬다. 실패 경험, 성공 경험, 행복한 경험, 아픈 경험 등 세상의 모든 경험은 열정의 불씨다. 이런 불씨가 모여야 열정이 시작된다.

미국의 사상가 랄프 왈도 에머슨은 "세상은 에너지 넘치는 사람들의 것이다"라며 에너지를 가진 사람들이 자신이 원하는 것을 이루면서 산다고 말했다. 에너지가 넘친다는 것은 힘이 세고, 몸집이 큰 것이 아니다. 열정적인 에너지를 가진 사람은 처음 봐도 낯이 익고, 한 번 보면 잊혀지지 않는다. 에너지 때문이다. 무언가에 몰입되어 있는 상태는 사람을 매력적으로 보이게 해준다. 눈빛이 다르다. 목표가 명확한 사람은 일상을 열정적으로 보낸다. 그런 사람에게서는 알 수 없는 에너지가 느껴진다. 열정적인 사람은 이런 에너지를 스스로 창조하고 만들어낸다. 에너지가 넘치는 사람은 자신이 원하는 상황을 현실로 만들어낸다. 눈빛에 힘이 있고, 굳게 다문 입술에서 신뢰가 느껴진다. 열정적인 사람이 하는 말과 행동은 매력적이다. 헤어지면 생각나고 보고 싶어진다. 그가 하는 말에는 괜히 동의하고 싶어진다. 학자들은 이것을 카리스마라고 말한다. 말과 행동을 오로지 자신이 원하는 것에 집중하는 가치관을 가진 사람이 에너지 넘치는 사람이다. 그들이 사람을 끌어당기고, 원하는 것을 현실로 끌어당기며 삶의 주인으로 사는 것은 어찌 보면 당연하다.

5.
세상에 선한 영향력을
준다고 생각하라

실질적으로 삶을 변화시키기 위해서 독서를 시작했다. 그러나 어
떻게 해야 할지 알 수 없었다. 책을 펼칠 때마다 한두 페이지를 읽지
못하고 덮어버리는 내 모습에 실망했다. 독서가 삶을 변화시키는 수
단이 확실한 것인지도 의심스러웠다. 독서에 대한 갈증을 해소하기
위해서 서울에서 진행하는 독서 교육을 받았다. 하루 과정으로 진행
되는 '기본과정'으로 시작해서 2개월간의 트레이닝을 하는 '전문가
과정'까지 수료했다. 전문가 과정은 쉽지 않았다. 매일 책을 읽고, 매
주 독서 노트를 작성했다. 독서 노트에는 나의 생각과 실천 사례까
지 담겨야 했다. 책을 휴대하고 다녔고, 점심시간과 화장실 갈 때에
도 책을 읽었다. 퇴근 후에는 2시간 넘게 읽었다. 그 기간에 읽기만
하는 독서는 삶의 변화에 특별한 영향을 미치지 않았다는 것을 알게
되었다. 뭔가를 표시하고, 생각하고, 적용하고, 실천해야 했다. 일년
간의 치열한 훈련을 통해서 일상에 임하는 태도가 점점 바뀌기 시작
했다. 용기, 자존감, 희망, 긍정, 꿈, 목표, 시간, 사랑 등 삶의 소중한

가치들에 대해서 조금씩 알아가기 시작했다.

그해 여름, 책을 읽고 각자의 생각을 나누는 독서모임을 진행하기 시작했다. 독서모임은 같은 책을 여럿이 읽고, 토론하는 모임이다. 장소가 마땅치 않아서 커피숍에서 진행했다. 그렇게 3년 동안 진행했다. 지금은 내가 운영하고 있는 강의장에서 매주 토요일 오전에 진행하고 있다.

매주 전체정리, 특강, 독서노트, PT, 소식지 등을 준비하기 위해서 적지 않은 시간과 열정을 쏟아부어야 한다. 책을 읽어야 하고, 책 속에서 중요한 내용을 발췌해야 한다. 유익한 동영상도 준비한다. 그렇게 열과 성의를 다해서 준비한 모임은 언제나 참여하는 사람들에게 유익함을 준다. 그렇게 4년간 독서모임을 진행해 오고 있다.

독서모임에 참석하는 사람들은 대부분 긍정적이며, 진취적이다. 타인의 의견을 경청하고, 배려할 줄 아는 사람들이 많다. 특히 다른 사람의 생각을 들을 수 있다는 점은 어떤 모임보다도 유익한 모임이다. 독서모임에서 전체정리, 특강을 하고, 직접 작성한 독서노트를 나누어줄 때 말로 표현할 수 없는 성취감을 느낀다. 참석자들은 하나같이 말한다.

"이거 만드시느라 시간을 많이 투자하셨겠어요. 감사합니다."

"핵심적인 내용을 요약해 주셨네요. 책이 없어서 난감했는데 독서노트 덕분에 책을 읽은 것 같아요."

군대 생활을 할 때에는 물론이고, 강사가 되고 난 후에도 독서모임을 준비한다는 것은 결코 쉬운 일이 아니다. 정성껏 만든 독서노트와 소식지를 버리고 가는 사람도 있다. 그런 사람들을 보면 서운할 때도 있다. 불타는 장작불에 찬물을 끼얹는 느낌이다. 그래도 상관없다. 10명 중에 단 한명이라도 내 정성을 알아봐준다면 그것으로 충분하다고 생각했다. 내가 누군가에게 도움이 되고 있다는 생각을 하면 열정이 샘솟는다. 나의 수고로움으로 인해 다른 누군가에게 좋은 영향력을 준다는 사실은 가슴을 뛰게 만든다.

강사가 되고 난 후 가장 자주 접하는 관공서가 교도소다. 대구교도소, 김천소년교도소는 정기적으로 방문하고 있다. 강의의 주제는 인성교육, 자기계발 방법, 독서, 심리치료 등 다양하다. 특히 가장 강력한 교육은 '심리 치료'이다. 폭력으로 문제를 일으키는 재소자들이 심리치료의 대상자이다.

심리치료의 목적은 폭력 예방이다. 교육에 참여하는 사람들은 순간적인 감정 조절이 불가능하기 때문에 사소한 일에도 주먹을 날린다. 사회에 있을 때 늘 품에 흉기를 휴대했다는 사람, 화장실의 칫솔을 떨어뜨렸다는 이유로, 잠을 자다가 옆자리에서 코를 골았다는 이유로 주먹질을 하는 사람도 있다. 심리 치료 교육 일정이 잡히면 그런 사람들을 매주 만나야 한다.

강의 일정이 잡히면 부담과 긴장감으로 몇 날 며칠 동안 잠을 설친다. 수업 중에도 갑자기 폭력을 행사했던 사례가 있다는 교도관의 이야기를 들으면 오금이 저린다. 우여곡절 끝에 한 기수가 끝날 때마다 보여주는 그들의 변화는 놀랍다. 굳었던 표정이 밝아지고, 타인에게 긍정적인 인사를 건넬 수 있게 된다. 먼저 손을 내밀고, 미소를 지으며 악수와 허그도 하게 된다.

교도소 강의를 마치고, 귀가하는 길은 언제나 콧노래가 절로 난다. 내 강의를 듣고 변화하는 사람들의 모습을 생각하면 기분이 좋아진다. 나로 인해서 누군가의 기분이 좋아진다고 생각하면 피곤한 줄도 모른다. 그런 생각으로 임하다 보니 더욱더 열정적으로 강의 준비를 하게 된다.

심리학자 매슬로우는 인간의 욕구를 다섯 단계로 분류했다.

1단계는 가장 기본적인 욕구는 생리적 욕구Physiological needs다.

먹는 것, 보는 것, 마시는 것, 쉬는 것, 섹스 등 동물의 본성과 동일한 욕구이다. 인간은 인간이기 이전에 동물이다. 이 욕구가 충족되지 않으면 어떤 사람도 기본적인 삶을 영위할 수 없다. 인간이라면 누구나 갖고 있는 욕구이다. 이 욕구가 충족되지 못하는 나라에 태어나지 않음에 감사해야 한다. 마실 물이 없어서, 한 끼 식사가 부족해서 굶어 죽는 아프리카에 태어나지 않았다는 사실에 감사해야 한다. 주변을 둘러보면 불경기라서 살기 힘들다고는 말하지만, 굶어 죽는 사람은 없다.

2단계는 '안전의 욕구Safety & Security'다.

치한으로부터 공격받지 않는 것, 강도로부터 위협받지 않는 것,

전쟁이나 재난으로부터 안전한 상태를 원한다. 우리나라는 매우 안전한 나라에 속한다. 24시간 대기 중인 파출소와 소방서가 있고, 골목골목마다 방범용 CC-TV가 설치되어 있다. 남과 북이 대치 상황이긴 하지만, 내전을 겪는 국가의 국민들은 자고 일어나면 로켓탄에 집이 부서지고, 가족이 사망하기도 한다. 그런 나라에 비하면 우리나라는 매우 평화롭다. 육체적인 안전뿐 아니라, 정신적인 안전도 중요하게 여기는 시대가 되었다. 타인으로부터 무시하는 말, 욕설과 비난의 말을 듣고 싶지 않은 욕구도 포함된다고 생각한다.

3단계는 사랑과 소속의 욕구 Love & Belonging 이다.

외로움과 고독에 익숙하지 않은 개인은 타인과 관계하며 지내기를 원한다. 좋은 사람들과 함께 어울리고 싶어 하고, 집단에 속하고 싶어 한다. 유시민 작가는 그의 저서 《어떻게 살 것인가》에서 이것을 '연대'라고 표현했다. 각종 동호회와 클럽, 협회, 모임이 넘쳐나는 이유이다. 그런 활동을 하다보면 여러 가지 갈등이 빚어지는 경우가 있지만, 꾹 참고 견디거나 모른 척 넘어간다. 인간은 어딘가에 소속되어 있을 때 행복한 기분을 느낀다는 말은 사실인 것 같다.

4단계는 자기 존중의 욕구 Self-Esteem 이다.

주변 사람들로부터 '고마운 사람'. '좋은 사람'. '괜찮은 사람'. '배우고 싶은 사람'으로 인식되고 싶어 한다. 칭찬을 받고 싶어 하고, 주목 받고 싶어 한다. 자신이 소중한 존재라는 것을 세상으로부터 인정받고 싶어 한다. 유능감 때문이다. 유능감을 느끼면 좋은 기분을 느끼고, 열정이 생긴다.

5단계는 가장 높은 수준의 욕구는 자아실현의 욕구다.

스스로 원하는 대로 살고 싶어 하는 욕구를 말한다. 일반적인 경우라면 자신이 원하는 바가 무엇인지 명확하게 아는 사람은 그리 많지 않다. 그래서 자아실현의 욕구를 충족하며 사는 사람은 매우 적다. 자신이 원하는 대로 사는 것은 말처럼 쉬운 일은 아니다.

매슬로우의 욕구 5단계에서 말하는 자기 존중의 욕구를 느끼면 열정이 생긴다. 누군가에게 도움이 되고 있다는 '유능감' 때문이다. 그것은 주도적인 사람만이 갖는 특징이기도 하다. 억지로 하는 것이 아니라 스스로 한다. 다른 사람으로부터 좋은 평가를 받는다고 생각하면 긍정적인 에너지가 생기기 때문이다. 반대로 자신만을 위해 사는 사람들의 에너지는 약하다. 표정도 어둡고, 말투와 행동도 적극적이지 않다.

편의점 아르바이트생이 '내가 하는 일이 사람들에게 24시간 편리함을 제공한다'는 생각을 가지면 인사하는 표정과 눈빛부터 남다르다. 밝고 경쾌하고 열정적이다. 그런 아르바이트생이 있는 편의점에서는 음료수 한 병을 사더라도 좋은 에너지를 얻을 수 있다. 열정적인 아르바이트 직원은 다른 일도 그렇게 받아들인다. 모든 일에 열정적일 수밖에 없다.

반대로 신세 한탄만 하고, 부모 탓, 친구 탓, 선배 탓만 하는 사람들은 일상에 임하는 태도가 부정적이고, 냉소적이다. 편의점 아르바이트를 생계를 위해서 어쩔 수 없이 한다고 생각하면 표정이 어둡고, 목소리 톤도 낮다. 그런 편의점에서는 좋은 기분을 느끼기 힘들다. 어떤 일을 하든지 세상에 선한 영향력을 나누고 있다고 느끼는 사람들은 언제나 열정적이다.

매주 진행하는 독서모임은 '유능감'으로 비롯되는 열정을 유지하게 해준다. 결국 독서모임을 진행하는 것이 타인을 위한 것으로 보이지만, 결국 나를 위한 것이다. 교도소 강의가 강의료가 적다고 불평 불만을 갖게 되면 그곳에 유능감과 선한 영향력은 사라지고, 탐욕만 남는다. 내가 하는 일로 인해서 단 한 명에게라도 좋은 에너지와 편리함을 주고 있다고 생각하면서 사는 사람은 열정적인 일상을 산다. 열정을 끌어올리기 위해서는 스스로가 중요한 일을 하고 있다고 느껴야 한다. 세상에 불필요한 일을 하는 사람은 없다. 그러기 위해서는 왜 사는지에 대한 질문을 매일 해야 한다. 나는 왜 이 일을 하고 있는가? 나는 왜 공부를 하고 있는가? 그 질문을 멈추지 않는 사람은 식지 않는 열정을 유지할 수 있다.

6.
나는 열정 강사다

인간에게는 똑같이 하루 24시간이 주어진다. 일하는 시간^{Work-}
Time, 잠자는 시간^{Sleep-Time}, 개인적인 시간^{Private-Time}으로 나눌 수 있
다. 잠자는 시간, 개인적으로 갖는 시간은 당연히 좋은 것이니까 제
껴둔다면 어떤 직업을 선택해서 어떤 태도로 일하느냐가 삶의 행복
을 좌우한다고 해도 과언이 아니다. 결국 우리는 개인의 재능과 흥
미를 고려해서 직업을 선택해야 한다. 직업을 정하는 세 가지 요소
가 있다.

첫째는 내가 할 수 있는 일, 둘째는 내가 잘 할 수 있는 일, 셋째,
내가 좋아하는 일이다.

초등학교, 중학교, 고등학교, 대학교까지 국가에서 정해놓은 틀에
맞춰서 정규 교육을 받은 청년들이 직업을 정할 때 무조건 좋아하
는 일을 하는 것은 불가능할지도 모른다. 재능과 흥미를 잽싸게 찾
는 것도 어렵고, 좋아하는 일이 무작정 직업이 될 수 있는 것도 아니
기 때문이다. 게임을 좋아한다고 해서 게임하는 일을 직업으로 삼을

수는 없다. 여행을 좋아한다고 해서 여행하는 것 자체가 직업이 될 수는 없다. 대신 프로게이머, 기획, 회계, 프로그래머, 또는 여행 가이드, 여행 작가가 되는 것은 가능하다. 단순히 게임을 즐기는 것과 게임 회사에 취직하는 것은 완전히 다르다. 현장에서는 게임을 하는 단순한 즐거움 너머에 복잡하고 치열한 경쟁이 존재한다. 게임을 만드는 일은 생각보다 복잡하고 치열하다. 일터에서 '필요한' 존재가 되는 것이 우선이다. 직업을 선택하는 것은 돈벌이를 한다는 것을 의미한다. 돈벌이 능력을 갖춰야 하는 것은 두 번 말하면 입이 아프다. 내가 원하는 직업을 갖기 위해서 무엇을 준비해야 하는지 미리미리 알아보고, 차근차근 준비해야 하는 이유다.

현재 하고 있는 일에서 재미와 자부심을 느끼지 못한다면 직업을 바꿔야 한다. 100세 시대, 4차 산업혁명 시대, 고령화, 저출산, 저성장의 시대를 살면서 직업을 바꾼다는 것은 매우 어려운 문제다. 그러나 고민해 볼 만한 가치가 있다. 나의 재능과 욕망을 바탕으로 철저하게 준비하는 사람은 직업을 바꿀 수 있지만, 그 과정은 결코 쉽지 않다.

40세가 되던 해, 육군 상사였던 나는 강사로 직업을 바꾸기로 마음먹었다. 강사가 되기 위해서는 고유의 브랜드가 필요했다. 내가 가장 잘할 수 있고, 내가 즐겁게 강의할 수 있는 분야가 무엇인지 알아야 했다. 주변 사람들에게 나를 한 단어로 표현해 보라고 했다. 재미, 열정, 에너지, 유쾌함, 뚱딴지 등 다양한 단어를 제시했다. 그중에서 가장 마음에 드는 단어를 결정했다. 열정이다.

강사가 되기로 마음먹은 지 일년 만에 전역을 결정했다. 내 머릿속에는 두려움과 기대가 뒤섞여 있었다. 열정은 있으나, 전략이 없었다. 열정 강사가 되기 위해서 무엇을 해야 할지 알 수 없었다. 그저 책을 읽고, 글을 쓰고, 동영상을 보는 것만으로는 부족했다. 중요한 것은 강의를 하는 능력을 키우는 것이었다. 그래서 경력이 오래되고 유능한 프로 강사로부터 교육을 받았다.

그의 교육은 특별했다. 매주 삶의 소중한 가치에 대한 나의 이야기를 글로 써야 했다. 처음에는 머리를 쥐어짜도 나오지 않았다. 한 줄을 쓰기 위해서 30분 동안 멍하니 있기도 했다. 주의환기, 동기부여, 사례, 방법, 마무리로 이어지는 강의 공식에 맞춰서 글을 쓰는 것은 쉽지 않았다. 교육 기간 동안 매주 그런 식으로 글을 써야 했다. 교안을 만들고, 강의 연습을 했다. 매주 치열하게 강의 연습을 했다. 강의력이 뛰어난 강사가 되려면 강의를 자주 하는 것 외에는 없다. 쉼없이 교육에 참여해야 하는 이유다. 독서를 하고, 리뷰를 작성했다. 책에서 저자가 말하고자 하는 핵심 내용을 추려냈다. 좀 더 빠르게 강사가 되고 싶다는 열망에 사로잡혀서 매일 책을 읽고, 강의 교안을 만드는데 혼신의 힘을 기울였다.

강의 연습을 하면 담당강사가 피드백을 해준다. 강의를 하면서 잘했던 점과 미흡한 점을 이야기 해준다. 집에 오는 길에 내 강의의 장점과 보완 사항을 생각하면서 왔고, 다음 주에는 그 내용을 보완하려고 노력했다. 그 교육을 받다보니 인생에서 소중한 가치가 무엇인지 생각할 수 있었다. 인생을 걸고 싶을 정도로 간절했다. 내가 원하는 삶을 살고 싶었고, 내가 원하는 이야기를 하는 강사가 되고 싶었다.

강의 교안을 만드는 것은 어느 정도 자신이 있었다. 군대에서 자주 작성하던 회의 자료는 대부분 파워포인트로 작성했다. 20년 가까이 늘 작성해오던 문서였기 때문에 어려움이 없었다. 웹상에서 글을 쓰는 것도 어렵지 않았다. 군대의 행정 업무 체계는 대부분 웹상에서 이루어진다. 행정 업무를 수행했기 때문에 문서를 작성하는 것에 대한 두려움이 없었다. 함께 강사 교육을 받았던 강사들은 짧게는 6개월 길게는 3년 이상 같은 교육을 지속적으로 받고 있었다. 프리랜서 강사가 되기 위해서는 일시적인 교육으로는 내공을 쌓을 수 없다는 이유에서였다. 강사 후보생이었던 내가 쉽게 적응하고, 열정적으로 강의하는 모습을 보면서 적지 않게 놀라는 눈치였다. 교육을 받으면서 유능감에 도취되어 더욱더 열정적으로 숙제를 해나갔다.

선선한 바람이 아침저녁으로 부는 늦 가을. 열정 강사가 되고 싶다는 열망에 이끌려 '열정'과 '자신감'을 핵심 가치로 진행되는 리더십 교육을 들으러 갔다. 70년 이상의 역사와 전통을 자랑하는 리더십 교육에 참여한 사람들은 대학생, 직장인, CEO 등 일반인들이었다. 교육을 받으면서 강사들이 앞에서 말하는 것을 들을 때마다 연신 감탄사를 쏟아냈다.

그들은 지금껏 살아오면서 듣지 못했던 훌륭한 이야기들을 해줬다. 주제는 삶에 대한 용기, 일에 대한 열정과 일상에 임하는 자신감이었다. 매주 놀라웠다. 그들의 말 한마디 한마디에 고개를 끄덕였고, 적극적으로 호응했다. 특히 한 명의 여성 강사가 눈에 띄었다. 커트 머리에 짙은 눈썹, 교육생 한명 한명과 눈을 마주치며 진심을 다해 말하는 모습이 인상적이었다. 그녀는 나의 호응과 리액션을 낯설어했지만 싫어하지 않는 눈치였다. 그녀의 이름은 김정원이다. 일반인을 대상으로 하는 정규 교육을 마치고 강사 교육을 받았다. 강사가 되고 난 후 그녀를 자주 만날 수 있었다. 당시 무역회사의 부장으로 근무하고 있었던 김정원 강사는 프리랜서 강사의 꿈을 갖고 있다고 말했다. 언젠가는 열정적인 강사가 되어서 사람들에게 선한 영향력을 전하고 싶다고 했다. 그렇게 꿈을 안고 1년 넘게 재능 기부로 리더십 교육과정의 강사로 활동하고 있었다. 매주 그녀와 함께 대화를 나누면서 우리는 서로에 대해서 좀 더 많이 알아가기 시작했다. 늘 내게 이렇게 말해줬다.

"이대성 강사님 같은 분은 처음 뵙는 것 같아요. 태어나서 이렇게 열정적인 사람은 처음 봅니다. 그 에너지가 부럽고, 배우고 싶어요."

그녀는 언제나 나의 열정에 대해서 깊은 경의를 표했고, 그런 강사가 바람직한 강사라고 말했다.

어느날, 김정원 강사가 내게 뜻밖의 제안을 했다.

"강사님의 교육 과정을 만들어주세요. 그러면 제가 교육받겠습니다."

그녀는 내게 '이대성스러운' 교육과정을 만들어달라고 제안했다. 짧은 경력에 〈리더십 교육과정〉을 만들라니. 선뜻 받아들이기 어려운 제안이었다. 뒷머리를 긁적였다.

"저는 아직 경력이 부족합니다. 인지도도 낮은 강사입니다. 강사

교육과정을 만들기에는 부족함이 많습니다."

김정원 강사는 고개를 절레절레 흔들며 내 손을 붙잡았다.

"아니에요. 이대성 강사님이 가진 에너지를 나눌 수 있는 교육이 진정한 교육이라고 생각해요."

"저는 이대성 강사님의 열정적인 에너지를 배우고 싶어요. 만들어 주세요. 제발요."

그녀의 제안을 받아들여서 7개월 넘는 기간 동안 준비했다. 내가 가진 에너지의 원천이 무엇인지, 그것을 강의로 승화시키려면 어떻게 해야 할지에 대한 고민을 했다. 그렇게 DRI열정리더십 교육과정이 만들어졌다. DRI Desire dream Respect Interest 열정 강사라는 브랜드는 그때 만들어졌다. DRI에는 욕망Desire, 꿈Dream, 존중Respect, 재미Interest라는 의미가 담겨 있다. 태어난 상태 그대로 욕망하며, 꿈꾸고, 존중하고, 존중받고, 재미있게 살고 싶은 내 삶의 철학을 담았다. 그녀가 없었다면 DRI열정리더십 교육은 존재하지 않았을 것이다.

야구선수를 하다가 부상으로 복귀가 불가능해진 한 청년은 보험 세일즈맨으로서의 새 삶을 시작했다. 초기에는 실패를 거듭했다. 당대 최고의 스피치 멘토 데일 카네기를 찾아갔다. 데일 카네기는 그 청년의 이야기를 듣고 나더니 이렇게 말했다.

"좀 더 열정적으로 말해보세요."

청년은 그 말을 듣자마자 뒷통수를 얻어맞은 듯 충격을 받았다. 그가 세일즈맨으로서 실패를 거듭했던 이유는 대인 공포증이었고,

자신감과 열정이 부족했기 때문이었음을 알게 되었다. 데일 카네기로부터 열정적으로 말하는 훈련을 받은 그는 순식간에 업무에서 성과를 내고, 일상의 열정을 회복할 수 있었다.

그가 바로 미국 역사상 최고의 보험 세일즈맨으로 회자되고 있는 《실패에서 성공으로》의 저자 프랭크 베트거이다. 열정적으로 말하는 것은 매우 중요하다. 열정적으로 말해야 잘 들리고, 설득도 용이하다. 설득력 없는 강의를 하는 강사의 가장 큰 특징은 열정적으로 말하는 방법을 모른다는 것이다. 목소리가 크다고 해서 열정적으로 말하는 것은 아니다. 논리적이기만 한 것도 설득력이 떨어진다. 스스로 직접 경험함으로써 뼈저리게 느꼈던 이야기를 해야 한다. 나에게는 아무것도 아닌 이야기가 누군가에게는 울림이 될 수 있기 때문이다.

영국의 감리교 목사이자 구세군 창시자인 윌리엄 부스도 열정적으로 말하는 것을 중요하게 생각했다.

"스피치의 비결은 첫째도 열정, 둘째도 열정, 셋째도 열정 오직 열정이 있는 곳에만 진정한 스피치가 존재한다."

말을 잘하는 강사는 넘치고 넘치는 시대이다. 이제 열정적인 강사가 필요한 시대가 되었다. 열정적으로 말하고, 행동하는 사람의 강의를 기다리고 있다.

나를 만나는 사람들은 언제나 '열정'이라는 단어와 나를 관련지어서 표현했다.

"남다른 에너지가 느껴집니다."

"강사님은 열정이 넘칩니다."

"작은 체구에 어디에서 열정이 뿜어져 나오는 건지 궁금합니다."

처음에는 그러려니 했는데, 자주 듣다보니 왜 그러는 걸까 생각해 보았다. 나는 늘 내 감정을 솔직하게 표현했다. 슬프면 슬프다고 말하고, 억울하면 억울하다고 말했다. 기쁨을 발산하고, 웃음을 참지 않는다. 그렇게 자유로운 감정 표현이 에너지로 전달되기 때문이라고 생각한다. 열정적으로 말하는 사람, 열정적인 눈빛을 가진 사람에게서는 특별한 기운이 느껴진다. 대한민국에 이런 사람들이 점점 더 많아진다면 더욱더 행복한 나라가 될 것이다. 행복한 나라에 행복한 국민이 많은 것이 아니라, 행복한 국민이 많아야 행복한 나라가 된다.

강사의 목적은 청중을 변화시키는 것이다. 나의 강의로 단 한 명이라도 생각이나 행동을 변화시킬 수 있어야 진정한 강사다. 그러기 위해서는 열정 강사가 되어야 한다. 열정 강사는 자신의 이야기에 의미를 부여하고, 삶에서 실천했던 구체적인 방법을 제시할 수 있는 강사이다. 열정 강사가 되기 위해서는 이야기를 해야 한다. 사람은 이야기에 귀를 기울인다. 어린 시절 할머니가 해주던 '옛날 옛적에'라는 말은 이야기의 힘을 대변해준다. 열정적으로 이야기하려면 나의 경험과 깨달음(생각)을 진심을 다해서 말해야 한다. 뭔가 뒤에 숨기고 하는 이야기는 금세 들통난다. 진심을 다해서 말하는 사람의 눈빛은 흔들림이 없다. 흔들림 없는 눈빛에서 신뢰를 느낀다. 열정 강사는 삶의 이야기 속에서 가치를 찾아낼 수 있어야 한다. 그 이야기에 감정과 진심을 담아서 전달하면 열정적인 강의를 할 수 있다. 내가 경험하지 않은 것, 남의 이야기, 기존에 넘쳐나는 지식만을 말한다면 인공지능에게 그 자리를 양보해야 할 것이다. 하루의 일상에서 의미를 찾는다. 힘든 경험, 좋은 경험, 아픈 경험, 억울한 경험, 평범한 경험 모든 것이 열정 강사의 강의 재료이다.

Dream, Respect, Interest

chapter 2

열정적인 사람들
이야기

"최고의 경쟁력은 열정이다."

잭 웰치

1.
열정을 가슴에 품은 열혈청년 | 김장미 |

그녀를 알게 된 것은 5년 전이었다. 독서모임 단체톡방에서 김장미라는 이름이 눈에 확 띄었다. 열정적인 느낌을 주는 붉은 장미를 좋아했기 때문에 더욱더 강렬하게 기억되었다. 화장품 공학을 전공하고 있는 대학원생이었다. 이름처럼 남다른 열정을 가진 청년이었다. 짙은 속눈썹과 쌍꺼풀이 어우러진 눈빛은 예사롭지 않았고, 눈꼬리도 하늘로 향하고 있어서 카리스마마저 느껴졌다. 오토바이를 타고 다니는 여장부였다. 내가 본 그는 누구보다도 열정적이었고, 엄청난 잠재력을 가진 청년이었다. 다른 사람들도 그리 느꼈을 법도 한데, 그녀에게 선뜻 칭찬과 응원, 격려의 말을 전해주는 사람은 별로 없었다. 학과 공부와 취업에 대한 부담감 때문이었는지 5년 전에 만난 청년 김장미의 얼굴에는 옅은 그림자가 드리워져 있었다.

대한민국 중산층, 또는 그 이하의 가정에서 태어나 대한민국의 정규 교육을 받은 청년들 중 대다수는 타인의 시선과 평가, 비교에 길

들여져 있다. 학교 성적, 외모, 가정환경, 직업, 연봉, 자동차, 자전거, 핸드백, 헤어스타일과 네일아트까지 신경을 쓰며 산다. 서로 비교하고 경쟁하면서 상대적으로 빈곤함과 열등감을 느끼는 청년들은 일상생활에서 열정을 느끼면서 살기가 어렵다. 서울의 명문대학교를 다니는 청년들 중에서도 그런 경우가 많다고 한다. 지방의 경우에는 더욱 심각하다.

전방 부대 생활을 마치고, 대구 근교의 경산에서 지낸 적이 있다. 경산에는 대학교가 밀집되어 있다. 집근처에는 대구 한의대와 미래대가 있었고, 거리의 대학생들을 자주 볼 수 있었다. 모든 학생들이 그런 것은 아니었지만, 대부분 굳게 다문 입술과 얼음처럼 차가운 표정을 하고 있었다. 가끔 밝은 에너지를 느낄 수 있었을 때는 술 마시는 모습이었다. 내가 살았던 동네는 경산시 사동의 원룸 지역이었기 때문에 생생하게 그들의 일상을 엿볼 수 있었다. 많은 청년들의 열정은 잠들어 있다.

어려서부터 열정적인 사람들과 관계하고, 그들의 영향력을 받으며 자란 상위층의 사람들에게는 열정이 있다. 열정은 그렇게 전염되고, 환경에 따라서 습관이 되어 저절로 습득되어지는 경우가 많다. 사람은 사람의 영향을 가장 많이 받는다. 자주 접하는 사람들의 표정, 말, 행동을 은연중에 따라하게 되고, 그들이 가진 가치관과 비슷하게 성장한다.

주변에 수동적인 사람들이 많으면 수동적인 사람이 될 가능성이 높다. 반면에 모든 일에 긍정적이고, 적극적인 사람, 친절한 사람들이 주변에 많이 있고, 그들과 자주 만나는 사람은 모든 일에 열정적인 사람이 될 가능성이 높다. 냉소적인 사람을 자주 만나면 열정은 급속 냉동된다. 그들은 타인의 잠재력과 능력, 성과를 인정하지 못한다. 냉소적이고 부정적이기 때문이다. 상대방을 인정하는 순간 스스로 자책하고, 열등감을 느끼기 때문이다.

김장미 리더는 칭찬과 격려, 환호성에 목말라 있었다. 대한민국의 청소년과 청년들이 모두 그러하듯이 그녀는 스스로의 존엄을 인정할 수 있는 힘, 자존감을 회복하는 것이 가장 필요해 보였다.

매주 독서모임을 통해서 우리의 만남은 지속되었다. 독서에 대한 열정, 시간 관리, 기록 관리, 지식 관리를 창의적이고 적극적으로 해내는 모습을 옆에서 보면 입이 다물어지지 않을 정도로 대단했다. DRI열정리더십 교육을 30주 수강했다. 끊임없는 독서와 사색, 스피치 훈련을 했다. 자신이 가진 잠재력을 폭발시키기 위해서 매주 땀과 눈물범벅이 되어 열정적인 일상을 살았다. 얼굴 표정은 몰라보게 밝아졌고, 학과공부와 연구 성과의 향상은 물론이요, 가족, 친구, 후배, 선배, 교수들과의 관계도 개선되었다. 자연스레 그녀의 영향력을 받는 청년들이 하나둘씩 늘어갔다. 그렇게 5년의 시간이 흘렀다. 그녀의 열정은 쇳물을 만들어내는 용광로와 같이 끓어오르고 있다. 바로 옆에서 말하는 모습을 잠깐만 봐도 그녀의 자존감은 하늘을 찌를 듯 거대하고, 날카롭고, 강하다.

"김장미 리더님의 열정은 옆에 있기만 해도 너무 뜨겁습니다"라고 말을 건네면 환한 미소를 지으며 이렇게 말한다.

"저는 아직 시작도 안 했습니다. 두고 보세요. 제가 큰일을 성취해서 강사님을 도와드리겠습니다."

김장미 리더는 자신을 사랑하고, 타인을 존중하면서 재미있고, 의미있게 살고 있다. 4차 산업혁명의 시대에 필요한 인문학적 소양을 갖추었다. 그녀는 매일 열정적으로 일하고 공부한다. 책가방, 핸드백, 사무실, 침실 가릴 것 없이 책으로 뒤덮여 있다. 언제나 에너지가 넘친다. 인간을 사랑하고, 이해하는 그녀가 만드는 화장품은 남다를 것이다.

경산의 한의대학교에서 연구를 하던 그녀는 꽤 큰 중소기업으로 스카우트되었다. 연봉 인상은 물론, 주거까지 회사에서 전폭적으로 지원한다고 한다. 5년 전에는 상상도 하지 못했던 일이 그녀에게 일어났다. 이제 그녀는 더 큰 꿈을 꾼다. 영어를 배우고, 외국으로 진출할 계획을 세우고 있다. 전 세계를 홀로 여행할 준비도 하고 있다. 뭐든지 자신이 믿고, 열정적으로 임한다면 못할 일이 없다는 것을 어린 나이에 경험해 버린 청년 김장미. 자신의 일과 일상을 사랑하고, 순간을 축제처럼 보내는 열정 청년 김장미 리더의 삶에 어떤 기적들이 일어날지 나는 감히 상상조차 할 수 없다.

4년 전 나는 '자존감'이라는 단어조차 알지 못했다. 어느 날 대학원 연구실에서 2년간 함께 동고동락했던 후배가 나에게 이런 말을 했다.
"언니는 자존감이 낮은 것 같아"

그 말을 들은 옆에 있던 다른 선배도 동의했다. 나는 그녀들의 반응이 의아했다.

"자존감이 뭐야?"라고 물었다. 어린 시절부터 지금까지 누구보다 열심히 공부했다. 부모님의 사랑과 기대를 한 몸에 받으며 성장했다. 나름대로 교수들이나 주변 동료로부터 유능감은 인정받고 있었다. 그럼에도 불구하고 자존감이라는 단어가 있는지도, 무슨 의미인지도 몰랐다. 태어나서 단 한 번도 나라는 존재에 대해서 생각해 본 적도 없었다. 내가 무엇을 좋아하고, 어떤 재능이 있고, 어떤 장점이 있는지에 대한 질문을 스스로 하지 못했다. 그냥 어쩌다 보니 태어났고, 어쩌다 보니 대학원에서 화장품을 연구하고 있었다. 그게 삶의 전부일 거라고 믿고 살아왔다. 아니 삶 자체에 대해서 생각해 본 적이 없었다. 한마디로 우물 안 개구리처럼 모든 세상이 다 그렇게 돌아가는 줄만 알고 살아가고 있었다.

2014년에 이대성 강사를 처음 만났다. 당시 그의 나이 40세. 군생활을 한다고는 했는데, 믿기지 못할 만큼 신기한 느낌을 가진 중년 남성이었다. 처음 봤을 때, 하늘에서 천둥 벼락이 치는 것처럼 찌릿한 느낌이 있었다. 사진마다 유쾌하게 웃고 있는 모습을 수개월동안 봐왔지만, 그의 진면목은 유쾌함만이 전부가 아니었다. 미친 듯이 독서하고 미친 듯이 기록하는 것을 알게 되었다. 그때부터 점점 그의 열정적인 에너지에 매력을 느끼게 되었다. 어느 순간부터 나는 그의 열정적인 말과 행동을 접하면서 나도 이대성 강사처럼 되어야겠다고 다짐했다.

처음 봤을 때 직업 군인이었음에도 불구하고 이렇게 열정적으로 성장을 위해서 미친 듯이 몰입하는 모습은 충격적이었다. 이런 사람을 TV나 책 속에서만 보는 것이 아닌 실제로 알고 지내는 것이 신기했다. 그때부터 시간이 허락하는 범위 내에서, 청중의 자격으로 갈 수 있는 강의는 다 따라다녔다. 그가 주관하는 독서모임에 나가는 것부터 시작했다. 독서모임에서만 유일하게 그의 생각과 스피치를 듣고 느낄 수 있었기 때문이다. 그렇게 함께 3년이 넘는 시간을 보내면서 나는 점점 변화되었다.

이대성 강사가 직접 진행하는 독서와 사색, 스피치, 강의력 향상 교육인 'DRI열정 리더십'라는 교육과정이 오픈되었다. 즉시 등록하고 1년 가까이 연거푸 수강했다. 매주 인생에서 소중한 주제에 대한 사색을 했다. DRI에서 하는 사색의 핵심은 내가 살아오면서 겪었던 이야기와 현실의 문제와 삶의 의미를 연결시켜 생각하는 훈련이었다. 그렇게 사색을 하면서 백지 위에서 끄적이다가 글을 쓴다. DRI열정 리더십 교육에서 핵심적인 숙제는 글쓰기이다. 글을 쓰면서 내가 생각한 내용이 정리가 되었다. 내가 쓴 글을 토대로 최종적으로 강의교안을 만들어서 강의를 한다. 이렇게 치열하게 일주일을 보내고 나면 나도 모르는 사이에 내 몸과 마음에 에너지가 충전되었다. 철학자들이나 교수, 강사의 내공은 이렇게 해서 만들어진다는 사실도 알게 되었다.

이대성 강사와 함께하면서 책 속에서만 보던 이상적인 인간관계, 이상적인 세상을 접할 수 있었다. 일반적인 경우에 사람을 처음 만나면 직업, 성별, 나이, 출신학교, 외모를 살핀다. 돈이 많은 사람인지, 외모가 훌륭한 사람인지, 나이가 적은지 많은지, 많이 배운 사람인지에 따라 평가한다. 그 이후부터 태도가 바뀐다. 나이가 적으면 반말, 적게 배웠다 생각되면 가르치려 든다. 돈이 많아 보이면 고개를 조아리고, 돈이 없어 보이면 무시한다. 우리나라가 극단적인 지식사회와 자본주의의 사회로 접어들면서 그런 형태의 인간관계는 일반적인 현상이 되었다. 대학교 시절 나의 존엄을 인정해주는 어른들을 만난 적이 거의 없었다. DRI열정리더협회는 작가, 교수, 사업가, 직장인, 대학생 등 다양한 직업을 가진 사람들이 서로를 존중한다. 자연스럽게 그런 문화의 기류가 흐른다.

이대성 강사의 신념이 워낙 강해서 거부할 수가 없다. 그것을 거부하는 순간 함께할 수 없게 된다. 타인의 존엄과 자유를 철저하게 보장한다. 인간관계의 긴밀함을 넘어서 자유롭다. 무관심하다고 여기며 떠나는 사람들도 있지만, 나는 그 자유 속에 책임이 자연스럽게 따르는 것이라고 생각한다. 자유로운 인간관계에 대한 깨달음이 없는 사람들이 사소한 것에 서운해 하고, 바라는 것이 많은 법이다. 이렇게 헌법에 보장된 인간의 자유와 존엄을 일상생활에서 실천하는 모임은 처음이었다.

책을 읽으면서 내가 의무적으로 가졌던 태도는 주변 사람들의 시선을 신경 쓰며 살아가야 하는 것이었다. 언제나 그들을 배려해야 하고, 꿈을 가져야 하고, 철저하게 계획해야 하며, 항상 감사하는 삶을 살아야만 하는 것이었다. 그렇게 하지 않으면 제대로 살고 있지 않은 사람이고, 최선을 다해 살지 않는 것인 줄만 알았다. 그렇게 나 자신을 몰아세우다 보니, 쉽게 지치고 힘들었다. 열등감에 사로잡히기도 했다. 나보다 타인을 배려하는 것이 최우선이 되면 착하다는 평가는 받을 수 있지만, 나만의 소신과 철학은 사라진다. 원대한 꿈을 좇는 것만이 최선이고, 철저하게 계획하는 삶이 훌륭하다는 획일적인 생각을 하면 하루하루를 축제처럼 보내기 어렵다. 나의 10대와 20대가 그랬다. 고통스러운 일상을 보냈다. 늘 타인의 시선과 평가를 의식하고, 경쟁했다. 그런 편협한 사고의 틀을 깨게 해준 것이 DRI열정리더십 교육이었다.

내가 지금까지 살아온 세상이 요구하는 것과 DRI열정리더십 교육에서 강조하는 것은 본질적으로 다른 점이 있다. 열정적인 사람이 되기 위해서 가장 중요한 것은 있는 그대로의 나를 사랑하는 것이다. 이대성 강사와 함께 하는 시간동안 나만의 고유한 자유와 기분을 가장 소중하게 여기게 되었다. 가끔은 속도를 줄여도 괜찮고, 때로는 이기적으로 살아도 괜찮다는 사실을 깨닫게 되었다.

세상은 정말 신기하다. 인생에서 가장 중요한 본질적인 가치가 눈앞에 널려 있다. 용기, 희망, 자신감, 웃음, 배려, 감사, 경청, 열정 등 DRI의 24가지 가치들이다. 이런 본질적인 가치는 매순간 미친 듯이 생각하고 계속 상기시키지 않으면, 그 속에 숨은 깊은 의미는 찾지 못한다. 그저 단순한 말 장난에 그칠 가능성이 크다. 세상은 정말 아름다운 곳이며, 열정과 사랑이 넘쳐나고, 행복이 충만한 곳이다.

가까이 지내고 있는 20대 초중반의 후배 3명과 함께 DRI열정리더십 교육을 수강했다. 그녀들 모두 삶의 본질적인 가치를 찾아갈 수 있도록 방향을 잡아가는 것을 다행으로 생각하고 있다. 주기적으로 진행하는 독서모임을 통해서 우리는 개인의 성장과 인성 계발뿐만 아니라, 4차 산업혁명의 시대에서도 대체 불가능한 인재가 되기 위해 하루하루 성장하고 있다.

앞으로 나의 30대, 40대에 어떤 일이 벌어질지 모른다. 미래는 하루의 결과물이라고 믿기에 매순간 열정을 다한다면 두려워할 이유가 없다고 믿는다. 살면서 지금보다 더욱 힘든 일도 있겠지만 그게 무엇이든 용기 있게 헤쳐 나갈 자신이 있다. 20대 후반에 만난 이대성 강사와 DRI열정리더십 교육에서 습득한 열정과 삶의 본질적인 가치는 초등학교, 중학교, 고등학교, 대학교, 대학원 석사, 대학원 박사 과정에서도 절대로 배우지 못할 뻔한 소중한 에너지요, 본질이었다.

2.
무기력함에서 벗어나
열정 경영인으로

| 손경자 |

대한민국 여성에게 열정이란 무엇일까? 가정을 평온하게 유지하는 것이라는데 이의를 제기할 사람은 별로 없을 것이다. 시댁에서 하는 제사, 결혼식, 장례식 등 가족 행사에 빠짐없이 참석해서 헌신하는 며느리의 모습은 이상적인 여인의 모습이다. 1970년대 이전에 태어난 중년 여성, 40대 이상의 여성이라면, 결혼을 해봤다면 시어머니의 말 한마디에 가슴이 콩닥거리고, 시댁 식구들의 눈빛 하나에 일희일비했던 시절을 경험해 본 적이 있을 것이다. 자녀로 하여금 올바른 가치관을 갖게 하고, 그들의 잠재력을 최대치로 끌어 올리는 것 역시 열정의 산물이다. 자녀 교육에 열정적인 어머니는 그들이 인생을 충분히 즐기도록 도와주며, 스스로의 잠재력을 믿게 하며 그것을 갈고 닦을 수 있도록 물심양면으로 지원한다. 내 삶보다 가족의 삶을 더 소중하게 여겨야 했던 이 시대의 어머니는 그렇게 사는 것이 가장 올바른 것이며, 숙명이라 여겼다. 내 어머니도 그랬고, 내가 만난 대부분의 중장년 여성들은 자신보다 가족을 더 소중하게 여

기며 살고 있었다. 대한민국의 산업화의 기적 뒤에는 이런 어머니들의 열정이 있었다.

시댁과 친정을 보살피고, 남편의 열정을 응원하고 지원하며, 자녀들을 올바르게 성장시켰다면 완벽한 여성의 삶을 살았다고 볼 수 있다. 더군다나 자신이 하고 있는 사업에서 열정적으로 성과를 이뤄내고, 나아가 주변 사람들에게 선한 영향력을 나누고 있는 여성이라면? 여기 그런 여성이 있다. 아카데미 정보통신(주) 손경자 대표가 그 주인공이다.

50대 중반의 그녀에게는 세 딸이 있다. 맏딸은 미국에서 박사공부를 하고 있고, 둘째 딸은 미국 유학을 마치고 서울의 명문대 대학원에 진학했다. 막내딸은 초등학교에 재학 중이다. 30년이 넘도록 사랑하는 남편과 함께 험난한 인생의 위기들을 헤쳐 나갔다. 20년 이상 방송장비 제조·설치 회사를 성장시켜 왔다. 결혼과 함께 일과 가정이라는 두 개의 톱니바퀴를 동시에 돌려야 했다. 힘겨웠던 적도 있었지만, 사랑과 열정으로 그 모든 위기들을 지혜롭게 이겨냈다. 가족들은 그녀를 최고의 며느리, 시누이, 어머니, 아내로 인정해줬다. 이 세상에서 가장 위대한 사람은 가족으로부터 인정받는 사람이다. 그녀는 위대한 여성임에 틀림이 없다. 사업은 그 어느 때보다도 번창하고 있고, 다 큰 두 딸은 자신의 욕망에 따라 자발적으로 공부에 전념하고 있다. 초등학생인 막내딸은 자신이 가진 재능과 욕망대로 노래와 무용, 공부를 누구보다도 열정적으로 해내고 있다. 그녀의 삶과 환경 자체가 열정 그 자체였다. 50대를 살고 있는 그녀 인생은 누가 봐도 성공한 모습이었고, 열정적인 여성의 롤 모델이었다.

　그런 그녀가 나를 찾아왔다. 어떤 계기로 내 강의에 참석했는데, 강의 시간 내내 그녀의 눈빛은 구름 한점 없이 맑은 밤하늘에 반짝이는 북극성보다 반짝거렸다. 강의 내내 몰입하면서 내 이야기를 들어주며 고개를 끄덕거렸다. 강의가 끝나자 나에게 달려왔다.

　"DRI열정 리더십 교육에 등록하겠습니다. 제가 요즘 에너지가 떨어져서 충전이 필요합니다."

　그렇게 우리의 인연은 시작되었다. 교육 첫날, 그녀는 남편과 함께 참석했다. 부부의 모습은 인상적이었다. 다정하게 손을 잡고 강의장을 들어오는 모습은 마치 결혼식장에서 신랑 신부가 동시에 입장하는 것 같은 풋풋한 사랑을 느끼게 했다. 해병대를 만기 전역한 남편은 강인한 남성 그 자체였다. 검게 그을린 구릿빛 피부, 딱 벌어진 어깨, 세상을 집어삼킬 것 같은 강렬한 눈빛을 갖고 있었다.

　'설마 남편과 함께 교육 받으시겠다는 건 아니겠지?'

　사회 교육을 받기 위해서 달려간 아내의 손을 잡고 가는 남편은 많지 않다. 아무리 좋은 교육이라 해도 일반적인 경우에는 아내의 선택에 대해서 적극적으로 호응하고, 함께하는 경우는 드물다. 대부분의 남편은 비판, 방관, 응원 셋 중 하나를 선택한다. 함께하는 경우는 1% 미만이다. 그 부부는 1% 아니, 0.1%에 해당되는 부부의 모습을 보여줬다. 아내를 향한 사랑, 가족을 향한 사랑, 회사를 위한 열정, 자신을 위한 열정이 동시에 반응하며 온 가족이 뜨거운 열정의 불길에 휩싸이게 되었다.

당시 손경자 대표는 인생의 변화와 열정에 목마른 사람이었다. 가족을 위해, 회사를 위해서 그 누구보다도 열정적이었던 그녀의 삶에 열정 에너지를 충전시켜야 할 필요를 느낀 것이다. 그 시기에 나를 만났고, 함께했다. 그렇게 10주, 20주의 수업을 연이어 수강했다. 배움과 변화를 위해서 등록했던 부부였지만, 지금은 나를 비롯한 교육생들의 롤 모델이 되어주고 있다. 매주 해내야 하는 힘겨운 숙제들을 완벽하게 해냈다. 주1권 독서와 리뷰 쓰기, 삶의 소중한 가치와 자신의 이야기를 연결시키는 사색, 그것을 삶 속에서 실천하는 방법을 연구했다. 손경자 대표는 DRI열정리더십 교육을 받기 전에도 이미 수많은 교육을 받았다. 이름만 들어도 아는 유명한 리더십 교육, 경영, 철학, 인문 등 다양한 분야의 유명한 작가와 교수들로부터 양질의 교육을 받아온 그녀였기에 독서와 사색쯤은 문제가 아니었다. 그녀의 글쓰기와 독서는 혀를 내두를 정도로 진정성이 가득했고, 심오했다. 그녀의 글을 읽을 때마다 감탄사를 쏟아내지 않을 수 없었다.

그런 그녀에게도 한 가지 어려움은 있었다. 바로 파워포인트로 교안을 작성하는 것이었다. 살면서 단 한 번도 파워포인트를 스스로 해본 적이 없었다. 회사의 사업 설명회나 회의를 위해서 준비하는 PPT는 모두 직원들이 대신해줬고, 남들 앞에 나서서 말하는 것이 불편했기 때문에 군이 나서서 그런 걸 하지 않았다. 손경자 대표 외에도 그런 일을 대신해 줄 수 있는 사람들이 있었고, 스스로 하고 싶어 하지도 않았기 때문이다. 매주 열정적으로 강의를 해야 하는 DRI 열정리더십 교육에서 강의를 한다는 것은 그녀에게 쉽지 않은 도전이었다. 부담을 주는 것 같아서 메모해 온 노트를 보면서 강의하라고 했다. 솔직히 큰 기대를 하지 않았다.

놀라운 일이 벌어졌다. 1주차 오리엔테이션이 끝난 후, 2주차부터 PPT를 작성해서 정상적으로 강의를 했다. 그날 강의장은 아수라장이 되었다. 50대 중반의 여성이 평생 단 한 번도 해본 적이 없는 파워포인트를 만들어 와서 완벽한 강의를 해냈다는 사실이 믿어지지 않았다. 너무 놀라서 그녀에게 물었다.

"어떻게 된 건가요? PPT를 해본 적이 없고, 파워포인트를 해본 적이 없다면서요?"

"딸에게 배웠습니다. 매일 조금씩 딸이 가르쳐줬습니다. 너무 재미있었어요. 나도 이런 걸 할 수 있다는 사실 때문에 너무 신납니다."

파워포인트를 딸에게 배웠다니, 그런 어머니가 존재한다는 사실이 나를 흥분시켰다.

그녀의 눈빛은 이른 아침 인적 드문 호수의 수면 위에서 바스락거리는 햇살을 닮아 있었다. 매주 모든 숙제들을 완벽하게 해내고, 매주 강의를 했다. 삶이 녹아있는 생생한 이야기를 듣고 있노라면 시간이 가는 줄 모르고 넋을 놓고 있을 때가 많았다. 강의를 할 때마다 자신의 삶을 있는 그대로 쏟아냈다. 미친 듯이 웃고, 눈물을 흘리고, 때로는 손을 잡고 안아주면서 그렇게 20주의 시간이 흘렀다. 결과는 놀라웠다. 회사에서는 누구보다도 열정적으로 신제품 아이디어와 PPT를 진두지휘했다.

직원들의 가슴에 열정을 심어주는 동기부여가가 되어 있었다. 본질의 소중함을 깨달은 그녀는 직원들과의 의사소통의 수단을 심플하게 바꿨다. 틀에 맞는 보고서는 꼭 필요한 경우가 아니면 간소화했다. 메일, 메신저, 문자 등으로 핵심 내용만 전달하는 형태로 바꿨다.

남편과 함께 교육을 받으면서 긍정적인 효과를 체험했던 그녀는 미국 유학을 마치고 잠시 쉬고 있던 둘째 딸을 교육에 등록하게끔 설득했다. 서울의 명문대의 대학원 진학을 앞두고 있던 그녀에게 필요한 것이 열정이라고 믿었기 때문이다. 아버지, 어머니, 딸이 모두 DRI열정리더십 교육을 수료했다.

손경자 대표는 가족 독서모임을 진행한다. 독서의 위대함을 이미 알고 있었지만, 교육의 영향으로 딸들과 남편도 함께할 수 있었다. 미국에 있는 맏딸도 화상으로 연결해서 함께한다. 가족 행사에서도 그냥 먹고, 마시는 것으로 끝내지 않는다. 손경자 대표의 주도로 의미 있는 행사로 만든다. 여든이 넘은 시어머니의 생일 모임에서 딸, 손주들의 감사 편지를 쓰게 하고, 낭독하게 했다. 그날 자리에 모인 모든 사람들의 가슴을 감동으로 가득 채웠다. 눈물을 흘리고, 포옹하면서 영화보다 더 영화처럼 감동적인 시간을 만들어낸 것이다. 이렇게 그녀의 일상은 또다른 열정으로 채워졌다. 얼마 전부터는 블로그도 시작했다. 인터넷 강좌를 듣고, 독학으로 해냈다.

그녀는 교육을 통해서 변화했다기보다는 원래 자신이 가진 열정을 끄집어내서 폭발시켰고, 삶에 임하는 신념을 확고히 하는 기회로 삼은 듯했다. 매주 자신이 가진 모든 것을 꺼내 보이면서 내면의 힘을 강화시켰다. TAS^Think-Act-Speech 과제를 완벽하게 수행해냈다. 삶의 공허함이라는 이유로 바닷가에서 흐느껴 울던 무기력한 50대 여성의 모습은 온 데 간 데 없다. 자신의 삶을 사랑하며, 뜨겁고, 긍정적인 열정을 가정과 일터에 나누면서 자신이 가는 모든 곳을 행복 아지트로 만들고 있다.

열심히 살았다. 내 자식들에게 "엄마, 아빠는 정말 열심히 살았어"라고 자신 있게 말 할 수 있을 정도로 치열하게 살았다. 나를 성장시키고, 회사를 성장시키기 위해서 누구보다도 많은 교육을 찾아 다녔다. 배움의 열정은 누구에게도 뒤지지 않을 만큼 뜨거웠다.

그렇게 20여 년을 아등바등 숨 가쁘게 달려왔건만. 나는 여전히 헉헉거리고 있었다. 에너지가 떨어져 점점 더 흐느적대고 있었다. 두 딸의 미국 유학 뒷바라지, 개성 강한 늦둥이를 돌보느라 체력은 딸리고, 회사에는 매일 해결해야 할 일들이 기다리고 있었다. 신제품 개발에는 끊임없이 돈이 들어가고, 확신하며 시작한 것들이 가끔은 옳은 것인지 헷갈렸다. 왜 이럴까? 갱년기인가? 탱탱하던 몸의 근육들은 시간의 중력으로 늘어지고 이에 뒤질세라 팔팔하던 마음의 근육도 덩달아 처지고 있었다. 당황하고 있는 사이에 내 안의 열정 온도까지 디미네이터의 꺼져가는 눈빛처럼 점점 사그라지고 있다는 위기감이 엄습했다. 갱년기란 내 몸과 마음의 근육이 늘어진 위기를 자각하는 것일까?

"얼굴이 붉어지네, 땀이 나네, 감정 조절이 안 되네."

그런 힘든 마음을 주변에 하소연해 보기도 했다.

"내 참~ 속 편한 소리 하고 있네. 하도 바빠 나는 그런 거 느낄 새도 없네."

나의 문제를 다른 사람이 해결해 줄 수는 없는 노릇. 일상의 모든 것이 내 등에 얹힌 짐 같았다. '아~ 에너지가 방전되었구나. 난 충전이 필요해!'

무작정 달려간 바닷가에서 어깨 들썩이며 울기도 하고, 새벽 헬스장에서 미친 듯이 뛰기도 했다. 부처님 전에 간절히 기도도 했다. 나는 방전된 몸과 마음에 에너지를 충전하고자 발버둥을 치고 있었다.

간절함이 통했을까? 우연히 지인의 추천으로 이대성 강사의 DRI특강을 듣게 되었다. 듣는 순간! 온몸에 전율이 흘렀다.

'와~ 이거다! 여기서 에너지 받을 수 있겠다! 충전할 수 있겠어!'

확신이 섰다. 그리고 바로 교육원으로 달려가 DRI열정리더십 교육을 신청했다.

지금까지 내가 받은 교육은 수업 내내 조용히 앉아서 듣는 교육이었다. DRI는 달랐다. 내 안의 열정을 온몸으로 뿜어내고 온전히 나를 드러내는 교육이었다. 매주 숙제를 하고, 책을 읽게 되니, 사색의 힘과 깊이가 생겼다. DRI는 수평 문화를 지향하고 실천해야 했다. 나이, 직업, 성별, 사회적 지위에 연연하지 않는다. 누구나 존중받고 존중한다. 세대 경계 없이 교류하고, 삶의 본질에 대해 끊임없이 토론했다.

DRI교육을 통해 깨달은 점 8가지는 아래와 같다.

1. 강의 자료를 만들면서 자신의 생각을 정리하고, 담아낸다.

2. 스피치의 두려움 없이 주제 강의를 자신 있게 할 수 있다.

3. 자신의 생각을 표현하는 데 두려움이 없다.

4. 강의 전달은 확신과 공감, 소통이라는 걸 알게 된다.

5. 남의 눈치를 보지 않고 당당하게 겸손해진다.

6. 적극적인 참여가 자신을 변화하고 성장시킨다.

7. 실행함으로써 새로운 아이디어와 자신감이 더 생긴다.

8. 선한 에너지를 나누고자 한다.

DRI교육으로 변화된 일상

1. 회사 직원들 간의 업무 소통 방법을 단순화했다.

2. 일의 추진력이 강해졌다.

3. 타인을 있는 그대로 존중한다.

4. 자기주도적인 인생을 알았고 실천한다.

5. 가족 독서 토론으로, 가족 간의 공유 폭이 넓고 깊어졌다.

6. 매일 감사한다.

나와 가족, 회사는 나의 DRI열정리더십 교육을 통해서 완벽하게 변화했다. 나를 포함해서 남편, 딸도 DRI열정리더십 교육을 수료했다. 나와 우리 가족은 DRI문화를 실천함으로써 하루하루가 축제처럼 행복하다. 내가 행복하려면 우리가 행복해야 한다. 우리가 행복하려면 내가 행복해야 한다. 나와 우리는 하나다. 내가 가진 고유한 열정을 깨워서 일상 속에서 실천해야 선한 영향력을 나누어 줄 수 있다. 예전의 나는 조용하고 단아한 모습이었다. 사람들 앞에서 말하는 것을 두려워했다. 지금은 그렇지 않다. 맡은 프로젝트를 열정적으로 발표한다. 어떤 시련과 유혹에도 흔들리지 않고 추진한다. 무슨 일이든 끝까지 매듭짓는다. 이런 내가 자랑스럽고, 대견하다. 올해 우리 회사의 신제품을 발표하는 멋진 모습을 상상한다. DRI로 인해 내 인생은 새롭게 시작되었다.

3.
꺼져버린 심장이
다시 뛰다

| 김정원 |

    2015년 가을, 강사로서의 공부를 하기 위해서 유명한 전국적으로 꽤 유명한 리더십 교육에 참여했다. 교육에 참여한 사람들은 대부분 직장인, 경영자, 청년들이었다. 직장 동료의 추천, 가족의 추천으로 교육에 등록한 사람들이었다. 내게 모든 교육은 강사로의 내 삶을 성장시켜줄 소중한 기회였다. 리더십 강사의 표정과 행동, 말투, 교육 매뉴얼, 청중들의 반응 등 교육 과정에서 벌어지는 사소한 것들이 내게는 큰 의미가 있었다. 교육이든 모임이든 의자와 책상이 있고, 무대가 있는 곳에 갈 때에는 맨 앞자리에 앉아야 한다. 그래야 무대에서 벌어지는 일들을 더욱 생생하게 느낄 수 있다. 강의를 들을 때에도 마찬가지다. 내용보다 중요한 것은 앞에서 말하는 사람의 표정과 몸짓, 감정이나. 사람에게서 뿜어져 나오는 에너지와 감정을 온몸으로 느껴야 한다. 그러기 위해서는 최대한 앞자리에 앉아야 한다. 같은 교육을 듣더라도 앞자리에 앉은 사람은 교육 내용뿐만 아니라 교육하는 강사의 에너지까지 느낄 수 있다. 교육에 참여할 때

마다 맨 앞자리에 앉았다. 교육은 총 12주로 진행되었는데, 매주 출석할 때마다 맨 앞자리에 앉았다. 덕분에 강사들의 세심한 표정과 감정을 생생하게 느낄 수 있었다. 매 시간 몰입해서 들었고, 그들의 일거수일투족을 느끼고, 기록했다.

그곳에서 한 여성 강사를 보게 되었다. 단정한 커트머리에 맑은 눈, 굳게 다문 입술, 검정색 바지와 정장 재킷을 입은 그 강사는 여느 강사와는 다른 느낌을 주는 사람이었다. 낙엽 밟는 소리에도 눈물을 흘릴 것 같은 아름다운 감성, 청중을 향한 따스한 눈빛과 진심 가득한 목소리, 사소한 유머에도 격하게 공감하며 함께 웃어 주는 사람이었다. 매 시간 그녀를 기다렸다. 그녀가 앞에서 말하고 있는 시간은 번개처럼 빠르게 지나갔다. 김정원 강사의 말 속에는 진심이 녹아져 있었고, 청중들을 존중하고 있다는 느낌을 강하게 느낄 수 있었다. 그녀의 한마디 한마디에 격하게 공감을 했고, 누구보다도 박수를 크게 쳤다.

"우와, 대단합니다. 너무 멋진 말씀입니다."

"정말 옳은 말씀만 하시네요. 완전 동의합니다."

다른 교육생들에 비해서 격하게 공감하고, 크게 박수를 치면서 리액션을 하노라면 김정원 강사의 얼굴이 살짝 붉어지기도 했다. 약간의 수줍음과 당황하는 그 모습조차도 내겐 인간적이고, 멋진 분으로 느껴졌다. 그렇게 12주의 교육기간 내내 내 시선과 관심을 한 몸에 받았던 유일한 강사, 그 사람이 바로 바로 김정원 강사다. 그와 나는 청중과 강사로서의 만남이 인연의 시작이었다.

'뼛속까지 선한 에너지' 그녀를 한줄로 요약하면 나는 늘 이렇게 말한다. 말 그대로 김정원 강사는 선천적으로 긍정적인 에너지를 가진 사람이었다. 누구나 그녀를 만나고 싶어 했다. 이유가 무엇일까? 그녀는 일반 사람에게는 찾아 볼 수 없는 열정과 배려심을 갖고 있었다. 타인의 마음을 읽으려고 노력하고, 미소를 머금은 따스한 얼굴 표정은 보는 이로 하여금 편안한 기분을 느끼게 한다.

리더십 교육을 수료한 후 강사 교육을 가게 되었다. 1박 2일간의 리더십 강사 워크숍을 마친 후, 매주 김정원 강사를 만날 수 있었다. 리더십 교육과정에서 강사로 활동한다는 것은 봉사다. 퇴근 후 시간을 내어서 교육 시간 전에 출근해야 한다. 강사들을 사전에 만나서 식사를 하고, 당일 진행할 커리큘럼을 점검한다. 이때 자신이 맡은 부분에 대한 사전 연습도 진행된다. 막내 강사는 더 일찍 나와서 교육에 필요한 PC를 켜고, 음악과 PPT를 실행시켜 놓아야 한다. 시간을 알리는 타이머와 벨을 강사팀장의 책상 위에 올려놔야 했다. 김정원 강사는 1년이 넘는 기간 동안 그 생활을 해왔다고 한다. 낮에는 직장인, 밤에는 강사로서 봉사활동을 하고 있었다. 막내 강사였던 나는 그녀로부터 교육준비를 하는 방법을 배우기 시작했다. 그렇게 매주 만나면서 우리는 서로에 대해서 조금씩 조금씩 알아가기 시작했다. 내가 녹서모임을 진행하는 것을 알게 되었고, 참여하게 되었다. 매회 빠지지 않고, 참석했다. 초등학생이었던 딸과 아들과 함께 참석했다. 그녀의 열정은 그때부터 불타오르기 시작했다.

김정원 강사의 고향은 경북 안동이다. 경상도의 어른들은 엄하다고 소문이 나있다. 안동은 더 심하다. 그녀가 태어났던 1970년대의 어른들은 더욱 그랬을 것이다. 그런 환경 속에서 자란 김정원 강사는 두 가지의 특징을 갖고 있었다. 자신이 옳다고 생각하는 것에 대한 무서우리만큼 강한 신념이 있었다. 두 번째는 어지간한 어려움에는 굴하지 않는 끈기였다. 청년시절부터 다양한 직업 경험을 하면서 일에 대한 열정만큼은 누구에게도 지지 않았다고 한다. 어디에서 무엇을 하든지 최선을 다하는 그녀의 열정적인 직업관은 함께 일하는 사람들의 귀감이 된다. 무역회사의 부장으로 근무하면서 영하 10도의 혹한에 난방이 되지 않는 창고에서 먼지와 추위와 기꺼이 맞서는 기개가 있다. 손을 호호 불어가며 무거운 상자를 나누고, 차트를 들고 수량을 체크하는 모습이 눈에 선하다. 그렇게 열정적으로 살았던 그녀였건만 늘 가슴 한켠에 아쉬움이 있다고 했다.

"저는 언제나 다른 사람의 입장을 먼저 생각하고, 다른 사람의 시선과 평가를 중요하게 여기는 습관이 있었어요. 요즘 이대성 강사님을 만난 후로는 저도 강사님처럼 자유분방하고, 열정적인 사람이 되고 싶다는 생각을 자주 하게 되었습니다."

우리는 자주 만나면서 서로에게 영향력을 나누었다. 나는 그녀의 따스하고, 아름다운 품격을 배우고 싶어 했고, 그녀는 나의 자유롭고, 열정적인 모습을 닮고 싶어 했다. 우리는 그렇게 서로를 닮아가기 시작했다. 나에게는 그의 따스함이 그에게는 나의 뜨거움이 전해지고 있었다.

사람에게 가장 큰 영향을 주는 것은 사람이다. 입으로 내뱉는 말에 에너지가 있다는 것은 누구나 다 알고 있다. 같은 단어를 사용하더라도 악한 감정을 실어서 말하면 상대방에게 치명적인 상처가 될수도 있고, 미소를 지으면서 공손하게 전달하면 좋은 느낌을 준다. 국가를 경영하는 정치인, 회사를 경영하는 CEO는 물론이요, 작은 모임의 리더라 할지라도 구성원들은 그들의 말 한마디에 동기부여를 얻기도 하고, 좌절과 실망감을 느낄 때도 있다.

말과 함께 표정과 몸짓에도 에너지가 있다. 미소를 머금은 사람을 보면 기분이 좋아지고, 냉소적이고 처진 입꼬리를 가진 사람을 보면 기분이 안 좋은 이유가 여기에 있다. 표정에도 에너지가 있다. 좋은 에너지를 갖고 싶다면 거울을 보면서 표정 먼저 신경 써야 한다. 말과 표정과 함께 동작이 큰 사람이 있다. 연예인과 정치인 등 대중들 앞에서 자신이 전달하고자 하는 메시지를 강력하게 전달하고자 하는 사람들은 동작을 크게 한다. 사소한 행동도 약간 오버하는 것처럼 느낄 정도로 과하게 보여준다. 몸짓에도 에너지가 있다. 제 아무리 높은 지위에 있고, 많은 지식을 가진 사람이라 할지라도 말, 표정, 몸짓에 따뜻함과 좋은 에너지가 없으면 아무 의미가 없다.

대부분의 소직에서는 어떤 일을 수행함에 있어서 타인이 원하는 형식과 수준에 도달해야 한다는 강박관념에 사로잡혀 있는 것이 현실이다. 리더십 강사로서 봉사를 하는 과정에서도 리더십 센터 대표와 교육팀장, 함께하는 강사들이 원하는 수준을 맞춰주기 위해 노력해야 한다. 그래야 교육이 부드럽게 진행된다. 회사에서 일할 때에도 상급자가 원하는 수준에 도달하기 위해서 부단히 노력해야 한다. 우리나라 조직 문화의 현실은 내가 원하는 방향이 아니더라도 그렇게 해야 하는 것이 옳은 것이었다. 우리는 그런 조직 문화의 틀 속에 갇혀서 살았다. 학교와 직장은 우리를 조직의 도구가 되기를 원했다. 조직을 유지하기 위해서는 그렇게 하는 것이 옳을 수 있다. 그러나 봉사는 그렇게 할 필요는 없다고 생각한다. 봉사는 나의 의지대로 내가 원하는 수준만 하면 된다. 무엇보다도 내가 옳다고 믿는 방법을 적용해야 한다. 그것이 진정한 봉사다. 봉사를 하면서도 타인의 기준에 맞추기 위해서 고민하는 그녀의 모습이 의아했다.

"봉사를 하는데, 왜 눈치를 보면서 하는 거죠?"

"일생에 한번쯤은 내멋대로 살아봐야 하는 거 아닙니까?"

매순간 그녀를 마주할 때마다 나의 개똥철학을 피력했다. 그와 나는 삶에 대한 진지한 대화를 자주 나누었다. 봉사나 나눔도 내가 바로 섰을 때 해야 하는 거지, 내가 누군지도 모르고, 무엇을 좋아하는지, 무엇을 잘 하는지, 어떤 가치를 위해서 사는지도 모르는 사람이 다른 사람에게 선한 영향력을 행사한다고 설치는 것은 앞뒤가 바뀐 것이라고 생각했다.

리더십 강사를 하는 것은 매우 유익한 일이지만, 그 전에 내가 진정으로 원하는 삶을 위해서 무엇을 해야 할지 생각하고, 행동하는 것이 더 중요했다. 어린 시절부터 자아를 짓눌렀던 것은 무엇이었지 생각했다. 끓고 있는 물속에서 죽음을 맞이하는 개구리의 모습처럼 삶에 잡아먹힌 것은 아니었는지 돌이켜봤다. 나만의 철학과 소신이 없이 기존의 가치관과 문화에 맞춰가면서 사는 삶이 과연 옳은 것인지 의문이 생겼다.

　우리가 내린 결론은 생겨 먹은 그대로의 내 모습을 되찾는 것이었다. 결국 나는 정식 강사가 되는 것을 포기하고 나만의 길을 선택했다. 이어 그도 리더십 교육 봉사를 그만두었다. 우리의 선택에 대해서 옳고 그름을 판단할 자격은 이 세상에 아무도 없다. 그저 자신이 원하는 인생을 찾기 위한 선택일 뿐이다. 그는 용기 있는 여성이 되어 있었다. 용기 있는 자만이 자유를 쟁취할 수 있다는 평범한 진리를 일상에서 실천했다. 그는 나와 달리 리더십 교육 센터의 대표, 함께했던 강사들에게 미안해 했다. 나만의 길을 찾기 위해서 떠나는 여행은 고독하다. 그 고독을 기꺼이 받아들일 수 있는 사람만이 삶의 주인공으로 살 수 있다. 힘들고 외롭고 실패할지도 모른다. 수많은 사람들이 과감한 도전을 하지 않는 이유이다. 그는 이제 자신만의 길을 선택했다. 그것은 타인의 시선과 평가에서 자유로운 '나다운 삶'을 향한 인생의 대전환점이었다.

　그의 꿈은 동기부여를 하는 강사가 되는 것이다. 그 말을 듣자마자 김정원 강사의 영향력으로 인해서 수많은 사람들이 용기와 희망을 갖게 되는 현장을 상상했다. 내가 봤을 때 그는 인성과 실력, 전달 능력을 모두 갖춘 준비된 사람이었다. 그는 DRI열정 리더십 교육과정을 만들어 달라고 제안했고, 이듬해 DRI열정 리더십 교육 과정이 개설되었다. 그는 그 교육을 일 년 동안 쉼없이 열정적으로 임했다. 그와 인연이 된 지 3년, 이제 그녀는 새로운 꿈을 꾼다. 누군가의 삶이 스스로 당당해질 수 있도록 돕는 열정적인 강사 〈나다움 CEO〉가 되었다. 매일 글을 쓰는 작가가 되었다. 아이들을 위한 독서모임과 캠프를 진행하려는 꿈을 꾼다. 부모와 자녀가 함께하는 시간을 늘리면 늘릴수록 행복한 자아가 완성된다는 것을 누구보다도 알기에 그런 문화를 만들겠다고 말한다. 딸, 엄마, 며느리, 아내로서의 삶보다 우선해야 할 것은 철저한 나의 정체성을 찾는 것이라고 강조한다.

"40년 넘게 살면서 내 자신이 어떤 사람인지, 어떻게 살아야 올바른 삶인가에 대한 생각을 깊이 해본 적이 없었어요. 열정적으로 살았다고 자부했지만, 가슴속은 늘 알 수 없는 허전함으로 가득했지요. 이대성 강사님의 열정적인 모습에 자극받아서 저도 그렇게 살아보려고 합니다."

그는 더 이상 다른 사람들의 시선과 평가에 의해서 움직이지 않는다. 스스로 원하는 삶을 살기 위해서 하루하루를 열정적으로 살아가고 있다.

심장에 손을 대어보았다. 심장의 쿵쾅거림을 느낄 수가 없었다. '틀림없이 나는 숨을 쉬며 살아있는데 왜 심장은 멈춰버린 것 같지?' 심장에 손을 대어보는 날이 많아졌다. 매일 반복되는 일상이 힘겨워졌다. 나는 점점 좀비가 되어 갔다. 출근을 위해 아침에 눈을 떠 몸을 움직이는 것조차 쉽지 않았다. 지각을 겨우 면할 정도였다. 일상을 기계적으로 필사적으로 버티고 있었다. 몸이 힘든 만큼 머리도 이미 엉켜버렸다. 이 무기력한 상황을 벗어날 수 있는 변화가 절실했다. 부정적인 생각이 멈추지 않고 계속 이어졌다. 빨갛게 충혈된 눈으로 출근하는 날들이 많아졌다.

지겹도록 더웠던 여름이 서서히 물러나고 코 끝을 스치는 바람이 시원해지고 있음을 느낄 수 있었던 2015년 10월의 어느 날, 나는 리더십 센터의 개강을 맞아 애써 무기력함을 감추며 새로운 수강생들과 인사를 나누고 있었다. 그날, 운명적인 만남이 시작되었다.

맨 앞자리에 앉은 키가 작은 남자, 사람의 이야기에 귀를 기울이며 미소를 머금고 있었지만 포스가 예사롭지 않았다. 검은 가죽 재킷에 짧은 머리, 검은 안경테, 무언가 이야기를 할 때면 고개를 끄덕이며 눈을 맞추고 맞장구를 보내는 그. 공감의 달인처럼 보였다. '뭐지 저 사람' 내 머릿속은 '뭐지, 뭐지, 뭐지' 두 글자로 가득 찼다. 그렇게 그는 첫 만남에서 내 기억 속에 특이한 사람으로 자리 잡았다. 매주 월요일이면 범상치 않은 그를 만났고, 여러 가지 질문과 답변을 주고받으며 일상을 조금씩 공유해갔다.

진정한 날라리처럼 보이는 그는 독서모임을 운영하고 있었고, 심지어 직업이 강사였다. 그는 한 마디로 대박이었다. 궁금증이 발동하기 시작했다. 퇴근길에 그에게 전화를 걸었다.

"안녕하세요~~ 김정원입니다. 저도 독서모임에 참석하고 싶은데 가능한가요."

그의 말투는 유쾌했다.

"네 얼마든지 가능합니다. 26일에 독서모임이 있어요. 시간 되시면 함께해요."

26일이 오기까지 시간이 더디게 느껴졌다. 독서모임이 있는 날 설렘과 기대를 안고 경산으로 향했다. 나를 제외한 사람들은 서로를 잘 아는 듯 익숙하게 인사를 나누며 행복한 미소를 짓고 있었다. 어색함으로 멈칫 멈칫하는 나에게 그는 환한 미소로 인사를 건넸다. 초등학교에 입학하는 아무것도 모르는 어린아이처럼 조심스럽게 앉아 있었다. 독서모임 문화는 충격적이었다. 자신의 생각을 자유롭게 이야기하는 사람들, 독서모임 시간이 엄청 행복한지 연신 하얀 이를 보이며 웃고 있는 사람들, 자신의 성장과 변화를 위해 일상을 축제처럼 살아가는 사람들. 그날의 충격은 꽤 오랫동안 내 머릿속을 떠나지 않았다.

무엇보다 독서모임을 진행하며 일상의 자유를 삶에 적용하고, 가치 있는 삶을 살겠다는 자신의 사명에 따라 행동하는 그가 위대해 보였다. 그날 이후 독서모임이 있는 날이면 주말의 달콤한 늦잠을 뒤로하고 핸들을 잡았다. 나는 그를 강사님으로 불렀다.

"강사님, 강사님께서 강좌를 만들어서 강의를 하시면 꼭 듣고 싶습니다."

진심이었다. 그가 삶에 녹여내는 소중한 가치를 배우고 싶었다. 나는 "꿈은 이루어진다"라는 문장을 좋아한다. 그 말은 옳았다. 그렇게 이야기를 꺼낸 후 몇 개월이 지나고 나는 그가 진행하는 교육에 참여할 수 있었다.

주말마다 우리는 삶의 소중한 가치에 대해 이야기를 나누고 각자의 삶에 적용하기 위해 치열한 시간들을 보냈다. 그 치열했던 시간들은 고통이 아닌 행복의 시간이었고, 치유의 시간이었다. DRI 열정 리더십 교육을 통해 우리는 각자의 삶의 이야기를 풀어 놓았고 때로는 부둥켜안고 눈물을 쏟아냈다.. 그 시간들 덕분에 나는 나에게 집중할 수 있었고 가치 있는 삶에 대해 생각하며 가치 있는 삶을 살아가겠다고 다짐했다. 그렇게 DRI 열정 리더십 교육 50주를 마무리했다.

사람들이 묻는다.

"우와! 50주나 하시고 진짜 대단하세요."

내가 대단한 열정을 가진 사람이라 50주를 한 게 아니다. 나는 일상 속에서 매순간 출렁이는 파도처럼 흔들렸고 내 삶에 소중한 가치를 스스로 녹여낼 때까지 50주나 걸렸을 뿐이다. 여전히 잔잔한 파도들이 내 삶에 일렁이지만 이제 흔들리지 않는다. 흔들린다 해도 충분히 그 흔들림을 즐길 수 있게 되었다. 내 삶에 소중한 인연으로 함께하는 그를 나는 이렇게 부른다.

"이대성 사부님!"

그와 함께할 시간들이 기다려진다.

있는 그대로의 서로를 인정하며 삶의 동지로 함께하는 우리는 진정한 DRI 열정 리더다.

이대성 사부님 늘 존경하고 사랑합니다.

4.
잃어버린 30년의
열정을 되찾다

| 우상재 |

그는 일본 유학파 출신의 지식인이다. 일본어를 자유자재로 구사하고, 역사와 철학, 문화에 대한 이해력도 타의 추종을 불허한다. 잠들어 있던 사자가 깨어나는 듯, DRI열정리더십 교육을 일년 동안 수강하면서 가슴속에 잠들어 있던 열정을 깨웠다. 그는 배울 만큼 배운 사람이다. 그에게 필요한 것은 지식보다 지혜였다. 이론이 아니라, 행동하는 교육이 필요했다. DRI열정리더십 교육을 통해서 가족과의 관계가 개선되었다. 수년간 부모님과 대화를 하지 않고 지냈을 때도 있었지만, 이제는 매일 안부를 묻고, 일상의 이야기를 소통한다. 하루하루 자유롭고 열정적으로 지내고 있다. 이제 그는 열정과 행복의 문화를 세상에 전파하는 리더로 거듭났다. DRI열정리더협회와 독서포럼 〈나무〉에 대한 애정이 남다른 그는 매주 〈나무늘보〉라는 독서모임 신문을 제작해서 독서모임에 참여한 사람들의 성장소식을 전하고 있다. 신문 내용을 뉴스 형태의 영상으로 제작하기도 한다. 영상에는 뉴스 브리핑과 광고도 포함되어 있다. 우상재 리더

는 자신이 하고 싶어 하는 일과 잘하는 일을 찾은 듯하다. 열정의 본질을 깨달은 그는 이제 작가와 강사를 향한 도전을 시작했다.

나의 20대는 그 어떤 것과 바꾸고 싶지 않을 정도로 행복하고, 소중한 시간이었다. 대학 생활이 끝나가면서 나이 들어가는 것에 대한 두려움도 컸다. 하지만 세상의 모든 사람들이 그러하듯 나이를 먹게 되었고, 30대에 이르게 되었다. 학업을 마무리하고 대기업은 아니었지만 규모가 큰 중견 기업에서 직장생활을 시작했다. 오직 일에만 매진하고 열심히 사는 것이 자연스러운 30대의 삶이라고 여기게 되었다. 그러나 소중한 가치들을 잃어버리는 내 자신을 느끼게 되었다. 끊임없는 야근과 특근으로 퇴근 후 개인의 삶이 전혀 없었고, 철저한 수직 관계 속에 개인의 다양한 생각과 존재로서의 존엄, 자유는 그곳에서는 보잘것없는 가치였다. 때로는 회사라는 곳이 철장이 없는 감옥, 활활 타오르는 불길로 가득한 지옥처럼 느껴질 때도 있었다. 이곳에 계속 있다가는 내면에 찌꺼기처럼 남아 있는 자아의 식조차도 사라질 것 같았다. 육체는 살아있으나 정신이 죽어버리는 상태가 될지도 모른다는 두려움이 지배하고 있었다. 인생에 굴곡이라고 여길 만한 경험도 크게 없었다. 그래서인지 앞으로 살아갈 날들이 더욱 두려웠다.

수십 번 생각해 봐도 결론은 퇴사뿐이라는 것을 내 자신이 잘 알고 있었기에 그곳에서 탈출을 결심하게 되었다. 하지만 도망가듯 퇴사한 것에 대한 대가는 매우 컸다. 1년 정도의 암흑 같은 백수 생활을 했다. 30대의 절반을 허무하게 날려버릴 때 즈음, 새로운 취업의 기회가 찾아왔다. 비록 지난 직장에 비해 벌이는 좋지 못했으나 주말과 저녁이 있는 삶은 획득할 수 있게 되었다. 그러나 어렵게 얻은 평일 저녁과 주말 시간을 순간의 쾌락을 위해 소모했다. 담배 연기처럼 날려버려서는 너무나 아깝고 소중한 시간인 것은 스스로 잘 알고 있었으나 그렇다고 뚜렷한 방법이 떠오르지도 않았다.

그러던 중 직장 동료의 소개로 토요일에 진행되는 독서모임에 참여하게 되었다. 돌이켜보면 마법 같은 일이 벌어진 것이다. 그렇게 참여한 모임이 인생의 큰 변화와 행운을 주게 될 것이라고는 그때는 전혀 생각조차도 못했다. 사회적 지위와 연령에 상관없이 서로 존중해주는 문화, 자유로운 독서 토론, 그리고 함께 책을 읽는다는 즐거움이라는 경험을 선물 받게 되었다. 그 마법 같은 날에 이대성 강사를 처음 만나게 되었다. 그때의 기억이 아직도 생생하다. 그날의 날씨, 참석하신 분들의 옷차림과 표정, 함께 식사하던 식당의 풍경, 각자 앉아 있는 자리까지… 사진을 보고 설명하듯 말할 수 있을 정도이다. 그 이후 토요일이 되면 벌이 꽃을 찾듯 자연스럽게 독서모임에 가게 되었다.

이대성 강사가 〈DRI열정리더양성과정〉(이하 DRI과정)이라는 별도의 교육과정을 진행한다는 것은 2017년 5월 중순에 알게 되었다. 내면을 성장시키고, 독서모임의 긍정적인 에너지의 원천이 무엇인지에 대한 궁금증을 해결해줄지도 모른다는 기대감이 있었다. 6월

초에 시작한 기수에 등록했다. 이미 독서모임을 통해 교육과정에 대한 신뢰는 분명했기 때문에 교육에 대한 정보나 청강을 통한 확인 과정은 거치지 않았다. 이렇게 좋은 모임을 진행하고 참여하시는 분들의 대다수가 수강을 하는 교육과정이라면 전혀 문제가 되지 않을 것이라는 확신이 있었다. 내 예상은 정확했다.

지금 생각해보면 DRI 교육 과정 등록은 내 삶의 최고 선택 리스트에 들어갈 정도로 탁월한 선택이었고, 인생의 커다란 이벤트였다. DRI과정은 일상에서 쉽게 잃어버리거나 잊게 되는 내면의 열정 에너지를 찾고, 그것을 성장시킴으로써, 삶의 질을 높이고 결국에는 궁극의 행복까지 도달하게 해줬다.

대부분의 사람들은 열정에 대해 오해를 하는 경우가 많다. 나 역시 이 과정을 경험하기 전에는 그런 부류의 사람이었다. 그저 고함만 지르고 힘만 주는 게 열정이라고 생각했다. 열정은 반드시 고통을 수반하는 것이라고 생각했다. 심지어 부정적인 의미로 생각하는 경우도 있다. '열정페이'라는 말이 나올 정도로 열정에 대한 오해가 생기는 것이 지극히 당연시되고 있었다. 하지만 이 과정을 통해 열정에 대한 올바른 이해와 깨달음이었다.

첫번째는 열정은 결코 고통과 통제를 통해 만들어지는 것이 아니었다. 즐거움을 만끽하며 자연스러운 마음가짐에서 진정한 긍정의 열정 에너지가 형성되는 것이었다. 즉 내면의 자기 자신을 완전히 이해하고 받아들이며 자유로움을 느끼고 그런 것들이 자연스럽게 형성될 때 즐거운 긍정의 열정 에너지가 발생된다.

두 번째 깨달음은 이론과 실천의 균형이다. 학습하는 데 있어서 이론 위주로 치우치게 되면 어느새 현실에 적용하지 못하고 괴리감을 낳게 된다. DRI과정은 이러한 문제점을 해결하는데 가장 큰 실마리를 제공해주었다. 실천을 강조하는 '실천주의' 교육이었다. 실천만 강조하는 교육과정은 이론이 약하기 마련이다. 그러나 DRI과정은 본질을 최우선시하며, 독서와 사색의 중요성을 끊임없이 강조한다. 결코 이론이 등한시되는 교육이 아니었다. 이러한 과정을 통해 이론적 탄탄함과 깊이, 그리고 일상생활에 적용할 수 있는 실천 방법 등 학습에 대한 완벽한 균형을 이룰 수 있게 되었다.

세 번째 깨달음은 수평 문화이다. 한국 사회에서는 쉽게 형성되기 힘들다는 것은 잘 알고 있으나 그 문화가 이루어진다면 대부분의 사회 문제(특히 인간관계)를 해결해주는 실마리가 될 것이라고 생각한다. 독서모임과 DRI과정을 통해 그 문화의 장점을 직접 체험할 수 있었다. DRI문화는 사회 전반적인 영역에서 반드시 필요한 문화라는 생각이 들었다. 상대방의 나이, 성별, 직업, 사회적 지위 등을 내려놓고 차별하지 않고 존중하면 상대방 혹은 사회 구성원들에게 존중받게 된다. 이러한 상호 작용이 끊임없이 발생하면 자존감도 올라가고 행복지수도 올라간다.

나의 삶에 대한 열정은 DRI열정리더십 교육과 독서모임을 통해 매주 강화되고 있다. DRI는 버려진 30대의 절반의 시간을 보상받은 느낌을 선물해줬다. 내 인생에서 가장 행복했던 20대 시절보다 더 큰 행복을 자주 느끼는 요즘이다. 살아갈 날들에 대한 두려움이라는 감정도 희미해졌고, 주말과 평일 여가시간을 헛되이 보내지 않기에 일상이 늘 유익하고 재미있다. 무엇보다 어떤 일이든 이루어낼 수 있는 열정이 내 안에 가득하다는 사실이 앞으로 살아갈 인생에 대한 기대치를 높여주고 있다. 이제 나는 작가에 도전하고 있다. 책을 쓰고 있다. 그 결과가 출간으로 이어질지는 아직 미지수지만 (행복한 인생의 주인이 되기 위한) 도전을 멈추지 않을 것이다.

Dream, Respect, Interest

chapter 3

당신 안에 잠든
열정을 깨워라

"열정은 지구상에서 가장 대가가 큰 재능이다.
왜냐하면 열정은 가장 보기 드문 것들 중 하나이며
가장 전염성이 강한 것이기 때문이다."

프랭크 베트거

1.
열정 없는 사람은 없다
다만 잠들어 있을 뿐이다

　중고등학생 시절, 다닐 때 외국 드라마가 유행했었다. 주1회 방영되었고, 성우들의 더빙 목소리가 인상적이었다. 내가 즐겨봤던 드라마는 〈맥가이버〉, 〈에이특공대〉, 〈에어울프〉, 〈전격 제트 작전〉, 〈소머즈〉, 〈슈퍼소년 앤드류〉 등이었는데, 보통 사람보다 뛰어난 능력을 가진 주인공이 나쁜 악당을 물리치고, 정의를 구현하는 내용이었다. 주인공들은 위급한 상황에서도 자신이 옳다고 믿는 바대로 행동했다. 무엇보다도 위험한 상황에서 절대로 죽지 않았다.

　고교시절 친구들과 담배를 피우고, 놀이터에서 수다를 떨다가 늦은 밤에 귀가하는 날이 많았다. 가끔씩 패싸움도 하고, 일명 논다는 여학생들도 만났다. 학원을 마치고 귀가하는 학생들의 돈을 빼앗는 일에 가담하기도 했다. 내가 직접적으로 폭력을 행사한 적은 없었지만, 어울리는 아이들이 때리는 현장을 방관했다. 평일이든 주말이든 상관없이 그렇게 밤 늦은 시각까지 뭔가를 해야 잠이 왔다. 그러다 보니 매일 몸이 피곤했다.

그러던 어느 날 늦잠을 자버렸다. 내리는 것인지 안 내리는 것인 못 느낄 정도의 보슬비가 내리는 아침이었다. 바닥은 빗물에 젖어 있었다. 중학교 3년간 개근상을 받았던 나는 지각하면 인생이 끝난다는 생각을 했다.

허겁지겁 교복을 걸쳐 입고, 가방을 매고 청량리 역을 향해 뛰었다. 달리는 속도를 멈추지 않고, 횡단보도를 건너기 위해서 전력질주를 했다. 그때 우측에서 하얀색 1톤 봉고 트럭이 나를 들이받았다. 달리던 차량이 빗길에 제동을 제대로 하지 못했고, 전력질주를 했기 때문에 피하지도 못했다. 차에 치인 나는 잠시 하늘로 붕 뜨더니 바닥에 '털썩' 내동댕이 쳐졌다. 쓰러진 나를 보기 위해서 사람들이 몰려 들었다. 차량에 치어서 바닥에 떨어졌지만, 아픔을 느끼지 못했다. 머릿속에는 오직 학교에 늦지 않게 가야 한다는 생각밖에 없었다. 벌떡 일어나서 다시 뛰려고 하는데, 뒤에서 어떤 아저씨가 가방을 잡아끌었다.

"야, 이녀석아, 아무리 바빠도 그렇게 사고가 났는데 그냥 가면 어쩌니?"

그의 말이 귀에 들어오지 않았다. 늦으면 국철을 못 탄다는 생각밖에 없었다.

"아니에요, 저 아무렇지도 않아요. 지금 늦어서 빨리 가야 해요."

아저씨는 놀란 듯 나를 바라봤다.

"아이고, 이놈 봐라. 나중에라도 병원 꼭 가고, 이게 저 운전기사 연락처니까, 꼭 연락해라."

아저씨가 준 연락처를 들고 쏜살같이 뛰었다. 내 몸 상태가 어떤지 생각할 겨를이 없었다. 덕분에 제 시간에 열차를 탔고, 지각을 하지 않았다. 교실 문을 열고 들어가는데, 반 친구들이 나를 보며 놀랐다.

"야, 이대성, 아침부터 왜 그래? 무슨 일 있어? 양호실 가봐!"

정신없이 달려왔던 터라 거울 한번 제대로 보질 못했는데, 교실 뒤에 설치되어 있는 거울을 보고서야 현실을 직시했다. 교복 바지와 상의가 찢어져 있었고, 무릎과 팔꿈치, 그리고 배에서 흐르는 핏물에 교복이 축축하게 젖어 있었다. 온몸이 부서지는 것 같았다. 현기증이 났다. 갑자기 온몸이 뻐근하고, 무릎과 팔꿈치, 배에서 통증이 느껴졌다. 허리가 끊어질 듯 아팠다. 열차를 타고, 학교에 올 때까지는 아무렇지도 않았는데, 친구들의 아우성과 거울 때문에 고통을 느끼게 되었다. 양호실에서 1시간가량 누워 있다가 수업에 참여했다. 트럭에 치어서 땅바닥에 나딩굴었는데도 아무렇지도 않게 등교를 했다는 이유로 한동안 친구들은 나를 "슈퍼소년 앤드류"라고 불렀다.

그날 받은 연락처는 어디에 뒀는지 사라져 버렸고, 연락할 생각도 없었다. 아마 그날 교통사고의 후유증으로 내가 키가 더 안 자랐는지도 모르겠다.

원효 대사는 해골에 고인 썩은 물을 마셨다. 아무것도 보이지 않는 컴컴한 동굴 속에서 물이 담긴 해골이 그릇이라 느꼈고, 썩은 물이 시원하게만 느껴졌다. 내가 그렇다고 믿으면 그게 현실이다. 열정은 생각할 수 있는 사람, 집중할 수 있는 사람이라면 누구나 가질수 있는 에너지이다. 뭔가에 몰입하는 열정은 상상을 초월하는 에너지를 창조한다.

살면서 느끼는 고민과 아픔은 대부분 돈과 사람 때문이다. 돈이 없어서 걱정이요, 많아도 걱정이다. 돈이 없으면 벌어야 해서 고민이고, 많으면 지켜야 하는 것이 걱정거리다. 우리는 빚을 갚고, 취업을 해야 하고, 자식들을 먹여 살려야 하고, 노후 준비를 해야 한다. 돈에 대한 고민으로 하루하루를 버텨내는 사람들이 적지 않다. 돈은 좋은 것이지만, 극단적인 선택을 하는 사람들을 괴롭히는 원흉이기도 하다. 이런 사람들을 돕기 위해서 파산, 회생 등의 제도가 있지만, 대한민국은 극단적인 자본주의 국가이고, 돈으로 사람의 마음이천국과 지옥을 왔다갔다하게 하는 나라가 되었다는 데 이의를 제기할 사람은 별로 없다.

인간관계가 마음을 아프게 한다. 사소한 감정으로 쉽게 상처받는사람이 있고, 어지간한 상처에는 끄떡없는 사람이 있다. 어떤 연예인은 아름답고, 유명하며, 누구나 부러워할 만한 배우자를 만났건만네티즌의 악플 한 줄에 상처받고, 고통 받다가 스스로 목숨을 끊기도 한다.

반면에 어떤 연예인은 이쁘지도 않고, 늘씬하지도 않은데 매년 수천만 원의 기부를 하면서 행복하게 살아간다. 타인의 시선과 평가에의존하지 않는 불굴의 에너지가 넘치는 사람은 그 어떤 비난에도 굴하지 않는다.

다른 사람으로부터 미움을 받고 있다는 생각, 가족과의 불화, 직장에서의 고립 등 인간관계가 삐걱거리면 외로워하고, 슬퍼한다. 세상을 살면서 누구나 겪을 수 있는 이 상처와 스트레스로부터 자유로울 수 있는 방법은 열정이다. 무언가에 몰입하는 것이다. 몰입은 한 가지에 정신이 팔려서 다른 어떤 것도 들어오지 못하게 하는 현상이다. 열정적인 사람은 몰입이 쉬워진다.

자동차에 치어서도 학교에 가겠다는 생각으로 가득차 있던 나는 교복이 찢기고, 온몸에서 피가 쏟아져 나오는 것마저도 느끼지 못했다. 갑자기 슈퍼 소년이 된 것이다. 이런 열정은 누구나 갖고 있다. 다만 스스로 소중하다고 믿는 것이 없기 때문에 아직 뜨겁게 불타오르지 못할 뿐이다. 뜨겁게 불타오르는 연습을 해야 한다. 운동, 등산, 독서, 노래, 악기 연주 등 뭐든지 좋다. 지금 당장 불필요하고, 시간 낭비라 느껴지더라도 괜찮다. 도박이나 마약, 유흥이 아니라면 그 어떤 것도 괜찮다. 광기를 갖고 할 수 있는 것을 찾아서 몰입해 보는 것은 매우 좋은 열정 훈련이다. 열정에 감염되면 그 어떤 아픔도 느끼지 못한다. 두려움이 사라진다. 사람도 돈도 모두 두렵지 않다. 열정에 감염되면 그것들이 내 편이 된다. 그러니 내가 가진 열정과 잠재력을 믿어야 한다. 누구나 열정을 갖고 있다. 시대의 요구, 교육환경, 가정환경으로 인해 잠시 잊고 있었을 뿐이다.

2.
두드려라
그러면 열릴 것이다

세상에 자신의 경험과 노하우를 재미있고, 유익하게, 감동을 담아 전달하는 강사. 강사라는 직업은 내게 잡을 수 없는 꿈이었다. 객관적으로 강사가 될 수 있는 스펙이 아니었다. 강사가 되려고 했을 때 주변에 만류했던 것도 그런 이유였다.

유흥업소 아르바이트와 군대생활이 경험의 전부였고 자기관리가 올바르지 못해서 이혼을 당하고, 징계와 고소 고발 등 다양한 사건 사고의 경력밖에 없었다. 객관적인 스펙으로는 강사가 될 수 없었다. 나와 함께 근무했던 군대 동료들은 대부분 나의 강사 도전에 냉소적이었다.

40세가 될 때까지 내가 이루어 놓은 것은 경영학 학사 학위밖에 없었다. 30년 전만 하더라도 학위가 경쟁력이었지만, 요즘에는 종잇조각에 불과하다. 누구나 마음만 먹으면 대학을 다닐 수 있다. 학위는 더 이상 특별한 성취가 아니다.

매일 아침 눈을 뜨면 거울 속에 비친 내 얼굴을 보면서 다짐하고,

질문했다.

"한번뿐인 인생, 한번쯤은 내가 하고 싶은 일을 미친 듯이 해봐야 해."

세면대에서 거울을 통해서 바라본 내 얼굴에서 강사의 얼굴이 보였다. 나는 미친 상태였다. 마치 늙은 노인이 자신이 세상을 구할 기사라고 착각하는 모양새였다. 나는 강사가 되고 싶어서 미친 상태였다. 아침에 눈을 떠서 밤에 잠을 이룰 때까지 단 한순간도 '강사'라는 단어를 놓지 않고 있었다.

'나는 강사다. 나는 반드시 강사가 되고야 말겠다. 번듯한 집안에서 자라서 높은 학위와 전문 지식을 가진 사람은 이 세상에 많다. 나처럼 가난한 가정환경을 가진 사람, 유흥업소에서 일하고, 알바를 하면서 살아가는 청년, 평범한 직장인들에게 힘이 되고, 에너지를 전해줄 수 있는 강사는 별로 없다. 그러므로 나는 강사가 될 자격이 충분하다'라고 착각(?)하며 일상을 살았다.

퇴근후 인터넷 사이트에서 강사와 관련된 단어를 검색했다. '강사되는 방법. 강사교육, 강사양성교육, 명강사 양성과정'등 다양한 검색어로 무엇을 해야 하는지 알아보았다. 결국은 교육이었다. 어떤 사람이든 교육을 받고, 스스로의 내공을 연마하기만 한다면 강사가 될 수 있다는 사실을 알게 되었다. 미래의 강사는 지식을 전달하는 것뿐만 아니라, 청중들의 변화를 이끌어내기 위해서 도움을 주는 사람이라는 것도 알게 되었다. 위대한 업적과 학위만이 강사의 절대적인 자격은 아니었다. 내가 경험한 이야기 속에서 삶의 의미와 희망,

열정을 불러일으켜 줄 수만 있다면 나같은 사람도 강사가 될 수 있다는 확신이 생겼다. 그렇게 하기 위해서는 뭔가를 해야 했다. 교육이었다.

처음 발을 디딘 곳은 '웃음 치료사'였다. 이틀간의 교육을 수료하니까 자격증을 네 개 줬다. 그날부터 강사가 된 줄 알았다. 명함도 만들고, SNS를 통해서 강사라고 떠들고 다녔다.

나를 강사로 인정해주는 사람은 별로 없었다. 강사의 세계를 조금씩 알아가다 보니, 강의는 내가 원한다고 할 수 있는 것이 아니었다. 내가 하고자 하는 강의, 즉 콘텐츠가 명확해야 하고, 내 이름 석자와 브랜드가 세상에 인식되어야 가능한 것이었다. 직접 실천해 보고, 깨달은 것, 구체적인 방법을 제시할 수 있어야 했다. 자유로운 프리랜서 강사가 되기 위해서는 갖춰야 할 것들이 생각보다 많았다. 쉽지 않았다. 자격증을 모으는 것만으로는 부족했다.

두 번째로 도전한 것은 대구리드컨설팅(대표 김윤해)에서 주관하는 서비스 강사 교육 과정이었다. 홈페이지에 여성 강사들의 사진으로 가득했다. '여성들만 교육받는 기관인가? 괜히 갔다가 허탕만 치는 거 아니야?' 며칠의 고민을 하다가 직접 방문했다. 밝은 미소로 나를 맞이해준 김윤해 대표와 고윤진 강사의 긍정적이고, 열정적인 모습에 엄청난 동기부여를 받았다. '나도 이분들처럼 강사가 될 수 있다는 말이지? 대박이다.' 남성도 교육을 받으면 강사가 될 수 있는지가 궁금했다.

"남자도 이곳에서 교육받으면 강사가 될 수 있습니까?"

김 대표는 환한 미소를 지으며 내 눈을 지그시 바라보며 말했다.

"그럼요, 남성의 경우에도 얼마든지 할 수 있습니다. 신념과 열정이 넘치는 강사가 필요합니다."

남성으로서 서비스 강사가 될 수 있을까라는 나의 질문에 김윤해 대표는 매우 긍정적인 답변을 해줬다. 그날로 교육 등록을 했고, 본격적인 강사 공부를 대구리드교육원에서 시작되었다. 이 과정은 하루 이틀 만에 자격증을 주는 것이 아니라서 마음에 들었다. 수개월간 강사가 갖춰야 할 기본자세와 스킬, 방법들을 체계적으로 배울 수 있었다. 강사가 되기 위한 기본기를 확실하게 교육하는 곳이었다.

매주 일요일 아침마다 설레는 마음으로 교육에 참여했다. 교육 과정에서 만난 동기생들과 교육에 임하는 강사들의 모습은 지금까지 내가 경험했던 사람들과 전혀 다른 모습이었다. 미소가 생활화 되어있었고, 밝았다. 매주 교육원으로 향할 때마다 가슴이 뛰었고, 설렜다. 이런 기분을 평생 처음 느껴봤다. 성장하는 기분, 뭔가 될 것 같은 기분이 들었다. 강사가 갖춰야 할 태도와 습관, 구체적인 강의 시나리오 작성 방법을 배웠다. 교육을 진행하는 강사들이 해주는 경험과 노하우는 그야말로 보석처럼 빛나고 소중했다. 그들이 하는 모든 말들을 노트에 빼곡하게 적었다. 지하철을 타고 오면서 밑줄을 그어가며 읽어 내려갔다. 당직 근무를 한 다음날에도 휴식을 하지 않고 교육에 참여했다. 언제나 유익하고, 가슴 뛰는 시간이었다. 그 시기에 내 가슴에는 열정이라는 에너지가 가득차고, 넘쳐 흘렀다. 이 교육을 통해서 강사의 기본기를 익힐 수 있었다. 대구리드컨설팅은 나에게 큰 경험을 하게 해줬다. 강사의 재능과 개성을 있는 그대로 믿어주고 기회를 줬다. 덕분에 병원과 기업에서 강의할수 있었다. 강사의 꿈을 이루기 위해서 내가 선택한 대구리드컨설팅은 신의 한수였다.

경험해보지 않은 것은 아무것도 아니다. 강사가 되어 본 적도 없고, 강사가 되기 위해서 어떤 노력도 해보지 않은 사람들의 말에 흔들렸던 내 자신이 부끄러웠다. 그렇다. 국가 기관에 속해 있는 사람들에게 새로운 직업에 대한 도전, 강사라는 직업은 낯설고 먼 세상의 이야기일 수 있다. 당연히 불가능할 거라고 생각할 수 있다. 새로운 직업을 찾기 위한 행동을 하지 않았기에 지레짐작으로 말할 수밖에 없다.

당시에 그들의 말에 잠시 설득될 뻔한 적도 있었다. 퇴근 후 책을 읽고, 글을 쓰고, 인터넷으로 검색을 하고 있노라면 당장이라도 강사가 될 수 있을 거란 희망으로 가슴이 설렜지만, 출근만 하면 그 꿈은 순식간에 물거품으로 변해버린 이유는 무엇일까? 경험해 보지 않은 사람들의 이야기에 귀를 기울였기 때문이었다. 직접 해보지 않은 사람들은 질문할 권리는 있으나, 평가할 자격은 없다.

유흥업소 종업원, 군대 생활의 경험들은 얼마든지 강의로 녹여낼 수 있는 강력한 강의 소재였다. 강의 시간에 내 삶의 이야기를 쏟아내면 청소년, 대학생, 청년, 직장인들까지 모두 재미있어 했다. 매상이 오르지 않아서 조직 폭력배들에게 두들겨 맞은 이야기, 삐끼를 하다가 경찰서 유치장에서 구류를 살았던 이야기, 학창 시절 점심시간에 친구들의 도시락을 얻어먹었던 이야기, 연애편지를 대신 써줬던 이야기 등 흥미진진하면서도 의미 있는 경험들이 생각보다 많았다. 강의 현장에서 반응은 폭발적이었다. 내가 직접 해보니까, 강사라는 직업은 누구나 할 수 있는 것이었다. 경험해 보지 않은 사람들의 충고는 틀릴 가능성이 매우 높다는 것도 깨닫게 되었다.

직접 부딪히고, 겪어봐야 모든 것을 알 수 있다. 여자를 사귀고 싶으면 일단 여자를 만나야 한다. 직접 만나서 말을 걸어 보고, 손도 잡아 봐야 한다. 데이트도 해 봐야 한다. 여자를 만난 적이 없는 사람이 여자에 대해서 이러쿵저러쿵 말할 자격은 없다.

"한번뿐인 인생 내 멋대로 자유롭게 살 거예요, 결혼해도 행복하지 않을 것 같아요."

"결혼이라는 감옥에 내 인생을 가두고 싶지 않아요."

"아이 없이 살 거예요, 아이가 있다는 것은 발목에 족쇄를 찬 채, 무거운 짐을 어깨에 짊어지고 걷는 것과 다를 바 없어 보여요."

이런 생각을 하는 사람들이 많아지면서 우리나라의 저출산 문제가 심각해지고 있다. 문제는 결혼을 해보지도 않고, 아이를 낳아본 적도 없는 사람들이 이런 말을 한다는 데 있다. 결혼하면 모두 불행할 거라는 사실은 진리가 아니다. 강사가 되고 난 후 만난 분들 중에는 행복하게 사는 부부들이 많다. 그들은 서로 사랑했다. 서로에게 예의를 갖추고, 일상에 자유와 배려가 넘쳐나는 부부가 생각보다 많았다. 아이를 낳아보지 않은 사람은 출산이나 육아에 대해서

왈가왈부할 자격이 없다. 갓 태어난 아이가 울어 제끼는 소리에 엄마는 임신기간 동안 힘들었던 시간과 출산의 고통을 모두 잊어버린다. 걸음마를 떼는 아이의 모습을 보면서 기쁨과 환희, 감동을 느낀다. 먹고 살기 위해 하루하루를 힘들게 버텨내는 직장인들도 퇴근 후에 안을 수 있는 자녀가 있다는 사실이 삶의 희망이자 이유가 된다. 아이의 웃음과 분유 냄새가 엄마 아빠에게 위로가 되고, 힘이 되어준다.

경험이 없는 지식과 깨달음은 무의미하다. 작가가 꿈이라면 매일 글을 써야 한다. 책을 출간한 작가를 존경의 대상으로만 여길 것이 아니라 직접 글을 써보는 시도를 해봐야 한다. 글쓰기 강좌를 들어봐야 한다. 글을 쓰는 작가가 내 적성에 맞는지, 작가가 되기 위해서는 어떻게 해야 하는 것인지 직접 눈으로 보고 익혀야 한다. 강사가 되고 싶으면 강사 공부를 하고, 강사를 만나야 한다.

'설마, 내가 할 수 있겠어?'

'내 주제에 무슨…'

이런 생각만 하면서 방구석에 처박혀 앉아서 게임을 하고, TV 리모콘을 이리저리 돌리면서 소파에 누워 있어봤자 바뀌는 것은 아무것도 없다. 뭔가를 알아보고, 경험해 봐야 한다. 그러다 보면 방법이 보인다. 40세의 직업 군인이었던 내가 강사가 되기 위해서는 당연히 교육을 받아야 했다. 교육 기관을 알아보고, 통화를 하고, 직접 찾아가야했다.

문제의 본질은 직접 마주하는 데에 있다. 문을 두드려야 한다. 두

드리고, 열어 제쳐야 들어갈 수 있다. 절대로 불가능했을 것 같은 일도 상상도 할 수 없을 정도로 쉬운 일들이 세상에 넘치고 넘친다. 원하는 것이 있다면 직접 두드리고, 만져 봐야 한다. 두드리면 반드시 열린다.

3.
자유롭게 웃고, 흠뻑 느끼고,
자신있게 외쳐라

아내는 여행을 좋아한다. 낯선 여행지에서 함께 손을 잡고, 이야기를 나누며 멋진 경치를 보고, 맛있는 음식을 먹는 것을 좋아한다. 나는 그다지 여행을 좋아하지 않는다. 집 떠나면 고생이고, 인생 자체가 여행이라고 생각하기 때문이다. 사랑하는 사람과 함께 살면서 나만 생각할 수는 없다. 아내를 위해 가끔 여행을 떠난다.

어느 날, TV를 보다가 갑자기 여행을 떠난 적이 있었다. 경남 통영에서 푸짐한 해물뚝배기를 맛있게 먹고, 길이 1,900미터가 넘는 케이블카를 타는 모습이 우리의 호기심을 자극했다. 우리도 그들이 경험한 것을 느끼고 싶었다. 다음날 통영으로 향했다.

처음 방문한 곳은 해물뚝배기 전문점이었다. 통영 시내에 위치해 있었는데, 방송에서 보여지는 것보다 작은 규모였다. 평일 낮이라서 그런지 거리는 한산했다. 눈에 띠지 않는 작은 간판, 좁은 출입문. 찾으려는 의지가 없으면 그냥 지나칠 수도 있는 평범한 식당이었다. 출입문 옆에 방송에 출연한 화면이 현수막으로 제작되어 부착되어 있었다. 문을 열고 가게로 들어가자 진한 해물 향기가 코끝을 자극했다. 출입문과 맞닿아 있는 주방에서는 타오르는 가스불 위에 여러 개의 뚝배기들이 줄지어 끓고 있었다. 주방은 뚝배기를 끓이느라 분주했고, 홀은 손님들로 북적였다. 잠깐 기다렸다가 한 자리를 차지할 수 있었다. 사장님께 물어보니, 방송에 출연한 이후에 많은 사람들이 찾는다고 했다. 잠시 후 우리가 주문한 해물뚝배기가 테이블 위에 놓여졌다. 해물의 양은 뚝배기를 넘칠 만큼 많았고, 맛도 일품이었다. 갖은 양념의 매콤함, 조개, 쭈꾸미, 바지락, 오징어, 홍합 등 신선한 해물의 향기가 조화를 이루어서 식욕을 돋구었다.

"와, 정말 맛있다."

"국물이 장난이 아니다."

"해물이 이렇게 많다니! 놀랍다, 정말!"

한입 한입 입 속에 넣을 때마다 감탄사를 쏟아내며 식사를 했다. 옆 테이블에 있던 사람들은 그런 나를 보면서 웃었다. 식사를 하면서 감탄하는 내 모습이 이상해 보였던 것 같다.

식사를 마치고 달려간 곳은 대한민국에서 가장 긴 길이를 자랑하는 통영 케이블카였다. 끝없이 펼쳐진 초록빛 숲과 활기찬 사람들의 모습이 우리를 반겼다. 매표소에서 표를 끊기 위해서 줄을 서 있는 사람들이 그리 많지는 않았다. '저 위에서 내려다보는 느낌은 어떨까?' 우리는 설레이는 마음으로 탑승을 기다렸다. 케이블카 한 대의 정원은 4명이었는데, 어느 노부부가 우리와 함께 탑승을 기다리고 있었다. 지팡이를 짚고, 중절모를 눌러쓴 할아버지는 몸이 약간 불편해보였고, 할머니가 그의 손을 붙잡고 서 있었다. 우리는 그들과 함께 같은 칸에 탑승했다. 자리에 앉자마자 바깥 풍경을 바라보면서 사진을 찍었다. 느린 속도로 천천히 이동하는 케이블카는 점점 높은 곳을 향해 움직이기 시작했다. 케이블카 승강장이 점점 작아지기 시작했다. 머리 위에서는 윙윙거리는 케이블의 진동음이 들렸다. 천정과 맞닿아 있는 환풍구를 여니까 상쾌한 바람이 실내를 휘감았다. 콧등을 자극하는 차가운 바람의 느낌은 맑았다. 점점 높은 곳으로 올라갈수록 창밖으로 보이는 풍경은 놀랄 만큼 푸르고, 웅장했다. 산과 산이 이어지는 계곡이 마치 도랑처럼 작게 보였다. 높은 곳에서 보니 푸른 숲과 바다는 한 가지 색이 아니었다. 통영 시내의 건물들이 엄지손가락보다 작아졌다. 옹기종기 있는 건물들이 장난감처럼 느껴졌다. 바다 위에 떠있는 섬들을 한눈에 볼 수 있었다. 우리는 시선을 고정할 수밖에 없었다. 단 한 순간도 그 풍경을 놓치고 싶지 않았다. 나와 아내는 연신 감탄사를 연발했다.

"우와~너무 멋지다."

"우와~저 건물들 봐, 장난감처럼 작아 보여!"

"케이블카가 엄청 높이 올라가네!"

앞에 있는 노부부는 우리의 그런 모습을 의아한 눈으로 바라봤다. 멋진 풍경을 보면서 감탄사를 연발하는 것을 불편하게 느끼는 것 같았다. 아무리 좋아도 마냥 그러고 있을 수는 없는 분위기였다.

이내 목소리를 낮추었고, 그들처럼 물끄러미 창밖을 내다보았다. 순식간에 침묵이 흘렀다. 할아버지는 의자가 마음에 안 든다며 투덜거렸다.

통풍구를 통해서 스며드는 바람 소리, 케이블이 맞닿아 긁어대는 소리, 가끔씩 들려오는 노부부의 조용한 대화 소리와 함께 케이블카는 정상에 도착했다. 대한민국 최대 규모의 케이블카의 경험은 그렇게 고요함 속에서 마무리 되었다.

맛있는 것을 먹을 때 "맛있다"라고 표현하고, 멋진 장면을 보면 "멋지다"라고 외쳐야 한다. '맛있다'라고 표현하면서 식사를 하면 온몸이 받아들여서 더 맛있게 느낄 수 있다. 통영의 해물뚝배기 식당을 찾은 사람들 대부분은 맛과 양에 대해서 만족했지만 감탄하지 않았다. 그저 고개를 숙인 채 '후루룩, 후르륵 쩝쩝' 먹기만 할 뿐이었다. 맛있고 양이 많은 해물뚝배기를 먹으면서 그런 소리를 내는 것이 이상한가? 침묵하며 먹는 것이 이상한가? 케이블카에서 만난 노부부는 자신이 가진 좋은 감정을 뿜어내는 것에 익숙하지 않았다. 그저 말없이 바라보는 것에 익숙했다. 멋진 풍경을 보면서 마음껏 표현하는 것이 이상한가? 고요함 속에 바라봐야만 정상인가? 멋진 풍경을 보고 "멋지다"라고 말하는 것은 매우 당연한 현상이다. 그렇게 외쳤을 때 제대로 느낄 수 있다. 콘서트장에서 가수들의 노랫소리에 흥분해서 소리치는 팬들은 정상인가, 비정상인가. 국가대표 축구경기에서 우리나라 선수가 골을 넣었을 때 환호성을 지르는 것은 매우 정상적인 행위다. 우리는 일상 속에서 에너지를 외부로 표출하는 것이 아직도 어색하다. 그런 표현을 하지 못하는 여행은 행복한 여행이 될 수 없다. 일상에서 그런 표현을 행동으로 옮기는 사람들에게서 좋은 에너지가 뿜어져 나온다. 그런 행동이 열정적인 사람의 가장 큰 특징 중 하나이다. 말없이 자신의 일을 묵묵하게 하는 것만이 열정이 아니다. 일상에서 마주하는 모든 상황을 긍정적으로 느끼며, 감탄하는 사람이 열정적인 사람이다.

일반 사람들보다 잘 웃고, 잘 느끼고, 자신 있게 소리치는 사람들은 어떤 사람들일까?

첫 번째가 사기꾼이다. 그들은 잘 웃는다. 보이스 피싱, 기획 부동산, 투자 사기 등 다양한 사기 행각을 벌이는 사람들은 한결같이 미소가 생활화되어 있다. 사기꾼 중에는 잘 웃는 사람이 많다. 사람의 마음을 얻기 위해서는 에너지가 넘쳐야 하기 때문이다. 교도소에 강의를 가보면 사기로 복역 중인 사람들의 표정은 언제나 밝다. 교도소에 있는 대부분의 사람들의 표정은 어둡고, 부정적인데 그들은 예외다. 강의 중간에 강사에게 접근해서 명함을 달라고 하고, 시종일관 웃으면서 강의 분위기를 좋게 만들어준다. 당연히 강사인 나도 그들이 고맙게 느껴진다. 출소하면 연락이 온다.

"강사님, ○○교도소에서 강의 들었던 사람입니다. 하하하하 잘 지내시죠?"라며 웃으면서 전화를 한다. 몇 번 그렇게 통화하고 나면 거액의 투자를 제안한다.

두 번째는 영업하는 사람들이다. 영업의 핵심은 '사람'이다. 사람의 마음을 얻을 수 있는 능력이 있어야 한다. 영업을 오랫동안 해온 사람들의 공통점 중 하나는 언제나 웃고 있다는 것이다. 사람을 만났을 때 웃는 것과 긍정적인 표현이 생활화되어 있다. 그들의 교육은 매우 체계적이다. 단체로 모여서 워크숍이나 교육을 진행하면 열정적인 강사들을 초빙해서 긍정의 에너지를 불어넣는다. 성공 사례를 발표하게 한다. 무엇보다도 그들은 그 자리에서 자신들의 성공을 위해서 큰소리로 외친다. 영업의 달인은 언제나 표정이 밝다. 누구보다도 당당하다.

세 번째가 종교인들이다. 어린 시절부터 다녔던 교회에서 만났던 신도들의 모습은 평화로웠다. 처음 만나는 사람들에게 '형제 자매'라고 부르면서 먼저 손을 내밀어준다. 절, 성당도 동일하다. 종교 활동을 하게 되면 죽음에 대한 두려움이 사라진다. 잘 웃게 되고, 세상이 긍정적으로 보인다. 이런 사람들이 모인 곳에서는 좋은 에너지가 넘친다. 당연히 행복감도 높아진다. 많은 사람들이 주말마다 종교 활동을 하는 이유가 여기에 있다. 이런 분위기를 이용해서 '사이비 종교'도 생겨난다. 사이비 종교, 세계적으로 공식적인 종교로 인정하지 않는 종교 집단은 이런 에너지의 힘을 더욱 강력하게 활용한다. 음악을 크게 틀고, 젊은 청년들이 환하게 웃고, 안아주게 한다. 눈을 바라보며 서로의 에너지를 충분히 느끼게 하고, 큰 목소리로 기도를 하고, 노래를 부른다. 박수도 치고, 함성도 지른다. 그들은 그렇게 하면 온몸에 에너지가 충전되는 원리를 알고 있다. 사람은 웃고, 소리치면 에너지가 충전되는 존재다. 그들은 만나는 사람들에게 좋은 기분을 느끼게 한다.

세계적인 동기부여가 토니 로빈스는 "즐거움이 최고의 에너지이다. 즐거움은 모든 것을 변화시킨다"라는 말을 남겼다. 사람의 기분을 좋게 해준다면 어떤 사람도 열정적으로 변화시킬 수 있다는 의미다. 만나는 사람을 즐겁게 해주는 것은 대단한 능력이다. 즐겁다는 것은 좋은 기분을 느끼게 해준다는 것인데, 좋은 에너지를 뿜어내는 사람은 잘 웃고, 잘 느끼고, 큰소리로 외칠 줄 안다.

내가 진행하는 DRI열정리더십 교육에서는 매주 웃고, 감탄하고, 소리치는 훈련을 한다. 가끔 청강 오는 사람들 중에는 "종교 집회, 정치 집회를 하는 것 같아요"라고 말하는 사람도 있다. 10주의 기간이 끝나면 교육에 참석했던 사람들의 표정이 완전히 바뀐다. 당당하게 자신이 하고 싶은 말을 재미있고, 열정적으로 말할 수 있게 된다. 일상을 축제로 바꾸는 능력을 갖게 된다.

대한민국의 경제 규모는 세계 10위권이다. 초등학생이 100만 원대의 스마트폰을 주머니에 넣고 다니는 나라는 몇 안 된다. 자본주의를 넘어서 수퍼 자본주의 시대를 살고 있는 나라가 대한민국이다. 전쟁을 겪고도 다른 나라를 돕는 나라로 성장한 나라는 대한민국이 유일하다. 그만큼 우리는 대단한 나라에서 살고 있다. 누구보다도 열심히 일했다. 열심히 일하는 것만이 열정이라고 생각하고 살아왔다. 열정이라 함은 자신이 하는 일을 열심히 하는 것이라고만 배웠다. 그렇게 살아왔건만 40대 암 발병률 세계 1위, 우울증, 자살률은 세계에서 둘째가라면 서러워할 만큼 마음의 에너지가 고갈된 나라가 되어버렸다. '실내 정숙' 지금도 도서관과 독서실에서 고요함 속에서 머리를 싸매고 공부하는 학생들이 넘쳐난다. 코피를 쏟아내며 지식을 쌓고, 기술을 습득하는 것만이 열정은 아니다. 진정한 열정은 웃고, 즐길 때 생성된다. 아침에 눈을 떠서 미소를 지으며 기지개를 펼 수 있는 사람, 엘리베이터에서 만나는 택배 기사의 수고에 감사함을 느낄 수 있는 사람, 당당하게 내가 하고 싶은 말을 할 수 있는 용기가 있는 사람이 열정적인 사람이다. 열정적인 사람은 잘 웃는다. 잘 웃는 사람이 사람들의 기분을 좋게 해준다.

그런 사람이 대한민국을 조금 더 행복하게 변화시키고, 자신의 삶을 좀 더 즐겁게 만들 수 있는 사람이다. 사무실에 출근해서 출입문을 활짝 열어 제치며, 미소띤 얼굴로 손을 흔들면서 큰소리로 인사하는 사람이 에너지 넘치는 사람이다. 여행지에서 보게 되는 멋진 풍경과 맛있는 음식 앞에서 마음껏 표현해야 한다. '실내 정숙'의 틀을 깨야 한다. 하고 싶은 표현을 참으면 안 된다. 인간은 표현하는 존재이지, 참는 존재가 아니다. 긍정적인 감정을 마음껏 발산할수록 좋은 에너지가 온몸에 충전된다. 아침 식사에 나온 콩나물국에 소금이 많아서 짜다고 느끼면 이렇게 외치자.

"우와! 짭짤하다!"

반대로 너무 싱겁다면 이렇게 외치자.

"우와! 담백하다!"

나와 가족, 직장 동료들이 함께 웃고, 느끼고, 소리치는 것만으로도 삶의 열정은 충분히 충전된다. 이렇게 서로에게 좋은 에너지를 나누는 사람이 많아질수록 대한민국은 더욱더 행복한 나라가 될 것이다.

4.
쫄지 마라,
실패와 시련은 굳은살이다

실업계 고등학교를 다니면서 취업이 되기 위해서는 세 가지가 필요했다. 성적, 자격증, 생활기록부가 그것이다. 이 세 가지에 문제가 없어야 취업이 가능하다. 나에겐 세 가지가 모두 부족했다. 고3 때 서태지와 아이들의 〈난 알아요〉에 빠져서 거리에서 춤을 췄다. 당연히 성적은 곤두박질쳤다. 주산, 부기, 타자, 컴퓨터 관련 자격증이 한 개도 없었다. 고등학교 1학년 때부터 불량스러운 친구들과 어울렸다는 이유로 선생님들로부터 불량 청소년으로 찍혔고, 고 3때에는 결석과 지각도 자주했다. 자연스럽게 은행이나 대기업에 취업할 수 있는 기회를 얻지 못했다. 가끔씩 주어진 기회는 구두 판매원, 창고 노동자였는데, 키가 작고 깡말랐던 나는 언제나 면접에서 불합격했다. 그렇게 고등학교 생활 3년은 실패로 돌아갔다.

고교 졸업 후 집을 나왔다. 여관 지하실에 위치한 쪽방을 장기 계약했다. 함께 가출한 친구 둘은 곧 집으로 갔지만, 나는 그 동네에서 약 2년 6개월을 머물렀다. 군입대 전까지 그곳에서 살았다. 내가 할 수 있는 일은 삐끼 외에는 없었다. 일당 10,000원을 받았다. 일당 10,000원을 받아서 밥을 사먹고, 담배와 음료, 양말을 한 켤레 사면 남는 돈은 없었다.

내가 일했던 락카페의 사장은 조직폭력배였다. 영업을 관리하는 사람들은 조직 폭력배들이었다. 그들은 가게 입구에서 무전기를 들고 경찰과 공무원의 단속 여부를 감시했고, 가끔씩 술을 마시고 행패를 부리는 사람들을 제압하는 업무를 했다. 사장은 매우 젠틀하고, 의리있는 사람이었는데 부하들은 그에게 충성을 다했다. 매상을 올리기 위해서 자신이 할 수 있는 최선의 노력을 다했다. 삐끼는 12시간동안 계속 서서 일한다. 그렇기 때문에 수시로 노래방, 커피숍, 빵집, 옷가게 등에 들어가서 앉아 있다가 나왔다. 그날의 영업 실적이 조직폭력배들이 원하는 수준을 달성하지 못했거나, 사장의 심기가 안 좋다고 느껴지는 날이면 영업이 끝난 후 옥상으로 집합했다. 옥상에는 역기, 아령, 샌드백 등의 운동기구와 야구방망이, 쇠파이프 등의 무기(?)가 널부러져 있다. 영업이 끝나면 거의 매일 옥상으로 집합했다. 그렇게 삐끼들이 한바탕 두들겨 맞고 나면 DJ, 카운터, 홀 서빙하는 아이들까지 맞는다.

락카페에서 일하는 사람들은 새벽 여섯 시에 일과를 마친다. 귀가해서 식사를 하고, 씻고 잠자리에 누우면 거의 9시에서 10시가 넘어간다. 낮과 밤이 바뀐 생활 패턴 때문에 피부색은 백인처럼 하얗게된다. 낮에 잠을 자기 때문에 숙면을 하는 경우가 거의 없었다. 자고 있는 사람을 깨우기도 했다. 혼자 살고 있는 집에는 조직 폭력배들이 자유롭게 드나들 수 있었다. 침대에서 잠들어 있는 나를 아무런 죄책감 없이 깨웠다. 그렇게 조직 폭력배들에게 두들겨 맞고, 잠을 설쳐가면서 2년 6개월을 지냈다.

기초생활 수급자의 아들로 태어난 나에게는 사회적 약자의 DNA가 있었다. 비굴했고, 나약했다. 동사무소 직원의 눈치를 봐야 했고, 집주인의 눈치를 보면서 살았다. 월세가 밀리는 달이면 어머니는 고개를 숙인 채 주인 아저씨의 호통을 들어야 했다. 고교 졸업 후 취업에 실패했을 때에도 크게 다르지 않았다. '역시 나는 기초생활 수급자로 살아야 하는구나. 에라이 모르겠다, 대충 살지 뭐' 나란 인간은 정상적인 직업을 가질 수 없는 운명이라 여겼다. 조직 폭력배에게 자유와 존엄을 침해당하는 것도 당연하게 여겼다. 언제나 주변사람들의 눈치를 봐야 하고, 고개를 숙이면서 살아야 한다고 생각했다. 나도 어른이 되면 어머니와 아버지처럼 될 것 같았다.

군대에 입대한 후, 훈련소 시절부터 기상나팔 소리가 울리자마자 1초의 망설임도 없이 벌떡 일어났다. 번개처럼 침구류를 혼자 개고, 전투복으로 갈아입었다. 그때까지도 대부분의 장병들은 누운 채 눈만 멀뚱멀뚱 뜨고 있었다. 일어나기가 싫은 건지 군복을 입고 새벽에 강제로 일어나는 것이 싫은 것인지 모르겠지만, 그들의 표정은 세상의 모든 근심 걱정을 다 가진 것 같았다. 락카페에서 일하면서 선잠을 자는 것이 단련되었던 내게 새벽 기상나팔 소리는 별다른 긴장감을 주지 않았다. 잠을 자고 있는데 누군가가 발로 차거나, 깨우지 않는다는 사실이 더 감사하고, 행복했다.

군대 생활은 너무 쉬웠다. 얼차려, 폭언과 욕설, 폭행마저도 놀이처럼 느껴졌다. 자다가도 조직 폭력배들이 깨우면 일어나서 달려나가야 했던 그 시절에 비하면 군대의 점호와 구보는 깃털처럼 가볍고 만만한 것이었다. 조직 폭력배들과 지냈던 2년 6개월의 시간은 내게 군대 생활을 천국이라고 느끼게 해줬다.

기타를 처음 배우면 기타줄을 짚는 손가락 끝에 물집이 생긴다. 그 시기에는 살짝만 스쳐도 비명을 지를 정도로 고통스럽다. 기타를 잡는 것이 두려워지는 시기다. 기타를 배우기 위해서 반드시 겪어야 하는 과정이다. 그 고통을 참아내고 계속해서 손가락을 기타줄 위에 올려놔야 기타를 배울 수 있다. 벌겋게 달아오른 불덩이 같은 손끝이 기타 줄에 닿을 때마다 고통스러워서 비명을 지르기도 한다. 이 시기를 견디지 못하면 영원히 기타를 배울 수 없다. 많은 사람들이 기타 배우기를 포기하는 이유 중 하나다. 시간이 지나면 그 물집은 굳은살로 바뀐다. 굳은살이 생기면 기타를 잡는 것이 두렵지 않게 된다. 끝내 굳은살은 사라지고, 굳은살이 없는 상태에서도 손가락이 안 아프게 된다.

시련과 실패는 마치 기타를 처음 잡았을 때의 시린 손끝과도 같다. 아프고 두렵다. 누군가의 도움이 필요하다고 여겨질 때도 있다. 내 손을 잡아주기 원하고, 내 아픔을 나눠주길 원한다. 내 말을 들어주고, 나에게 실질적인 도움을 주는 사람을 찾아 나서기도 한다. 세상에 나의 아픔과 상처를 보듬어주는 사람이 없다는 것을 알게 되었을 때 좌절하거나 실망하고, 때로는 분노한다. 그런 것이 아무 의미가 없다는 것을 알게 되는 데에는 그리 긴 시간이 필요하지 않는다. 징징대고 투덜거려 봐야 아무 도움이 안 된다. 기타를 다시 움켜잡아야 하는 것은 나의 선택일 뿐이다.

세상에 어느 누구도 나를 위해서 헌신하고, 도와줄 거라는 기대는 애초부터 안 해야 한다. 삶의 주도권을 잡고 싶다면 붉게 달아오르고 물집이 잡힌 손가락을 기꺼이 기타 줄에 올려야 한다. 그런 시련과 실패를 마주했을 때에는 그냥 겪어버리면 그만이다. 아무리 힘들어도 안 죽는다. 그러니까 걱정하지 않아도 된다. 고통과 시련 속으로 깊이 들어가서 견뎌내기만 하면 그것은 굳은살이 된다. 취업에 실패하면서 경험한 조직 폭력배들과의 살벌했던 시간은 군대 생활을 편하게 느끼도록 해줬다. 당장은 아프고, 두려웠지만 견뎌내고 나면 굳은살이 되어서 어지간한 시련과 실패에는 끄떡없이 강해져 있는 나를 발견하게 된다. 사람들은 내게 말한다. 카리스마 있어 보인다고. 카리스마는 굳은살이 있는 사람만 가질 수 있는 에너지이다.

5.
이기적인 선택을 하라

우리 집은 기초생활 수급자였다. 매월 동사무소에 가서 20kg짜리 정부미를 배급 받아서 끼니를 해결했다. 쌀을 받는 날이 되면 동사무소 쌀 창고 입구에는 인산인해를 이룬다. 어머니는 가끔 나를 그곳에 데리고 갔다. 쌀을 나눠주는 공무원의 표정은 매우 진지했고, 피곤해 보였다. 신원 확인이 끝나면 20kg 쌀을 수레에 싣고 귀가했다. 정부미는 나라에서 일괄적으로 사들이는 쌀이다. 도정 후 3년 이상 된 경우가 많았다. 정부미로 밥을 하면 색이 누렇다. 창고에서 오래 묵혀 두었기 때문이다. 쌀에 힘이 없어서 간장이나 계란에 비비면 쌀의 모양은 온 데 간 데 없고, 마치 떡을 짓이겨놓은 형태로 바뀐다.

어머니는 새벽부터 밤늦은 시각까지 공장에서 노동을 했다. 월급은 50만 원 정도였다. 방 월세 10만원을 내고 나면 40만원이 남는다. 여기에 동사무에서 지원하는 몇만 원을 보태서 한 달을 버텼다. 100원짜리 하나도 어머니에게는 소중한 돈이었다. 그런 어머니로부터 용돈을 받아 챙기고, 급식용 우유 신청을 한다는 것은 불가능했다. 언제나 친구들이 안 먹는 우유를 얻어 먹었고, 매점은 거의 가지 않았다. 가끔씩 오락실이나 만화방에 갈 때에는 친구들의 도움을 얻었다. 빈곤한 일상 속에서 돈이라는 개념 자체가 거의 없었다. 당연히 갖고 싶은 것을 갖는 것은 불가능했다.

중학교 2학년 때, 초등학교 동창생을 만났다. 교회를 열심히 다니고, 공부도 꽤 잘하는 친구였다. 그는 기타 연주를 매우 잘했다. 그중에서 가장 기억에 남는 곡은 〈라밤바〉였다. 1980년대에 히트를 쳤던 영화 〈라밤바〉의 주제곡이다. 왼손의 손가락들이 기타줄 사이로 오르락내리락 하고, 오른손으로 거침없이 연주하는 그의 모습이 너무 멋져 보였다.

그날부로 기타를 배워야겠다는 열망에 사로잡혀 있었다. 그 열망은 현실 앞에서 무너졌다. 집안 형편상 기타를 살 수 있는 형편이 아니었다. 당장 기타를 사고 싶었지만 그렇게 할 수가 없었다.

그러던 어느 날 장학금을 받았다. 어려운 가정 환경에서 성적이 좋았다는 이유로 담임선생님이 특별히 추천해주신 덕분이었다. 금액은 3만 원. 그 돈으로 기타를 사야겠다고 생각했다. 공장에서 고된 노동을 하고, 귀가한 어머니에게 장학금이 든 봉투와 상장을 내밀었다.

매우 기뻐하셨다. 우리 형편에 3만 원은 적지 않은 돈이었다. 새벽부터 밤늦은 시각까지 노동을 하고 받는 월급이 50만 원이었으니까, 어머니의 일당보다 많은 금액이었다. 어머니는 내심 그 돈을 당신에게 줄 것이라 기대를 하는 것 같았다.

"대단하다. 우리 아들이 효자다."

"저 이 돈으로 기타 살래요."

"저축해뒀다가 나중에 쓰자. 기타는 배워서 뭐 하려고 그러냐."

어머니의 말씀이 귀에 들어오지 않았다. 오로지 기타를 사야 한다는 생각밖에 없었다.

어머니의 서운한 마음, 속상한 마음을 고려하지 않았다. 조금 죄송한 마음은 있었지만, 다음날 3만 원에 중고 기타를 구매했다. 그날부터 〈라밤바〉 연습이 시작되었다. 매일매일 기타를 붙잡고 씨름했다. 손가락이 움직이지 않았고, 더뎠다. 시간이 지나니까, 코드를 짚는 왼쪽 손가락 끝에 물집이 생기기 시작했다. 기타 줄에 손가락을 대는 것조차 고통스러웠다. 너무 아팠다. 이럴 때에는 며칠 연습을 멈춰야 했다. 그렇게 수개월간 연습에 연습을 반복한 끝에 〈라밤바〉 연주를 완성했다. 그 이후, 나는 어디를 가나 〈라밤바〉를 연주할 수 있게 되었다.

고교 시절 수학 여행 장기자랑에서 〈라밤바〉 불러서 1등을 차지했다. 당시 심사 위원이었던 음악 선생님은 가수를 해도 되겠다며 극찬을 해줬다. 그 덕분에 락 밴드의 기타 리스트에 선발되었다. 군대에서 행사가 있을 때마다 이 노래를 불러서 주임 원사를 비롯한 동료들로부터 박수갈채를 받았다. 39세의 나이에 슈퍼스타K에 도전할 수 있었던 것도 이 시기에 배운 기타 연주 덕분이었다. 강의를 할 때에도 통기타 연주와 노래는 큰 도움이 되고 있다.

기타를 잡고 노래를 부르면서도, 며칠 동안 알 수 없는 죄책감에 시달렸다. 어머니의 실망스러운 표정이 떠올랐다. 시간이 지나자 어머니의 기대에 부응하지 못했다는 죄책감을 〈라밤바〉라는 곡을 완성했다는 성취감이 뒤덮어 버렸다.

어머니가 나에게 실망하는 것이 두려웠거나 미안했다면 그 선택을 하지 않았을지도 모른다. 어머니와 기분 좋은 외식을 했거나, 맛있는 고기를 사먹었을 수도 있었다. 내 선택은 어머니를 잠시 기쁘게 하는 것보다 기타를 사는 것이었다. 지금 생각해도 중학교 2학년이었던 내가 했던 선택은 올바른 선택이었다. 어머니는 실망했겠지만, 나는 후회 없는 선택을 했다.

강사가 되겠다고 다짐하고 난 뒤, 2년 만에 전역을 했다. 전역한지 2년이 지난 시기에 강의장을 오픈했다. 강의장을 열어야겠다고 마음먹은 지 일주일 만에 사무실과 집을 계약했다. 모아둔 돈이 없었기 때문에 무리를 해서 대출을 받았다. 책상, 의자, 테이블, 책꽂이, 빔프로젝트, 스크린 등 교육에 필요한 비품들을 세팅을 하기 위해 계속해서 지출이 발생되었다. 간판, 현수막, 전단지 제작도 해야했다. 아내와 함께 매일 사무실에 출근해서 페인트칠을 하고, 내부 인테리어를 직접 했다. 오랫동안 사용하지 않았던 화장실 벽과 천정에는 거미줄과 먼지로 뒤덮여 있었다. 누런 때를 벗겨내기 위해서 사다리를 타고 고개를 쳐들고 수세미로 박박 문질렀다. 얼굴에 구정물이 쏟아지기도 했다. 좌변기와 바닥 타일도 교체했다. 먼지가 자욱한 계단 청소를 수차례 했다. 이곳에서 교육을 받고, 모임에 참석할 사람들이 기분 좋게 다녀갈 수 있도록 최선을 다해서 준비했다.

마음먹은 지 3주 만에 사무실 개소식을 열었다. 많은 사람들이 오지는 않았지만, 사무실이 위치한 지역에서 독서 문화와 행복 문화를 전파하겠다는 각오를 피력했다.

매주 토요일 오전에 독서모임을 진행했다. 다른 교육 회사의 강의장을 대관해서 진행했던 DRI열정 리더십 교육을 주말 저녁마다 진행했다. 커피숍과 타 회사의 강의장에서 진행했을 때보다 사람이 적게 모였다. 지방 선거와 함께 불어닥친 불경기라는 바람이 불었던 것일까? 사업가로서 내 역량이 부족한 것이었을까? 결국 6개월간 운영했지만, 월세를 낼 수 없을 지경에 이르렀다. 매월 월세를 대출과 현금 서비스로 충당했다.

강사가 강의장을 운영한다는 것은 사업을 시작했다는 것을 의미한다. 강좌를 개설하고, 사람들을 모아야 한다. 나는 사무실과 강의장을 경영할 만큼 경력이 화려한 강사가 아니었다. 그 지역에서 태어나고 자란 것도 아니었다. 자유와 존중, 수평문화를 지향하는 나의 철학과 문화를 달가워하지 않는 사람들이 나를 떠났다. 무엇보다도 자금이 없었다. 사업가로서 갖고 있어야 할 인맥, 자금력, 경력 등 모든 것이 부족했다. 그럼에도 불구하고 강의장을 열었다. 그냥 해보고 싶었다. 사업에 대한 자신감 보다는 뭔가를 해보고 싶다는 마음밖에 없었다. 그 시기가 아니면 평생 못할 것 같았다. 돈이 없어서, 인맥이 없어서, 경력이 안 되니까, 손해볼 것 같아서 차일피일 미루고 싶은 생각이 전혀 없었다. 내 이름으로 된 사무실과 강의장을 개업하고 싶었다. 강의장을 열어서 대박이 나면 좋겠지만, 파리가 날린다고 해서 실망하거나 좌절하지 않는다. 그래도 강의장을 열어봤다는 경험은 하게 되었으니 그것만으로 충분히 의미가 있다.

나는 하고 싶은 것은 반드시 했다. 운동을 하고 싶으면 해가 질 때까지 운동을 했다. 기타를 사고 싶으면 샀다. 싫으면 싫은 거고, 좋으면 좋은 것이었다. 싫은데 좋은 척하는 것을 할 수 없었고, 좋은데 좋지 않은 척도 못했다. 늘 이런 생각을 갖고 살았다. 오늘 원하는 것을 오늘 하지 못하면 내일 한다는 보장도 없다. 내일은 내일 하고 싶은 일이 따로 있다.

내가 가진 재능과 욕망을 죽을 때까지 숨기고 있으면 무덤 앞에서 할 수 있는 생각은 '후회'밖에 없다. 어릴 때부터 부모와 주변 사람들은 내가 가진 욕망을 숨길 것을 요구했다. 그래야 착한 어린이가 될 수 있다고 말했다. 늘 주변 사람들의 눈치를 살펴야 했고, 사소한 선택도 조언을 구하고, 허락을 받아야 했다. 결국 그런 문화 속에서 성장한 사람은 어른이 되어서도 스스로의 삶에 용기 있는 결단을 하지 못한다.

인생은 여행이다. 영원하지 않다. 잠깐 태어나서 길게는 100년 짧게는 70~80년 여행을 다니다가 떠나는 것이 인생이다. 그런 면에서 봤을 때 하지 말아야 할 일은 없다. 타인에게 피해를 주지 않는 범위 내에서 얼마든지 내 마음대로 생각하고 행동해도 괜찮다. 머리가 계산한 대로 행동하면 손해는 안 보겠지만, 가슴이 시키는 대로 하지 않으면 후회한다. 과감한 결단을 내려야 할 때에는 뒤도 돌아보지 않고 결단해도 괜찮다. 생각 없이 사는 것도 문제지만, 너무 많은 생각을 하는 것도 문제다.

살면서 선택해야 하는 시기는 자주 온다. 잠깐의 손해가 두려워서 타인의 시선과 평가에 대한 의식 때문에 주저할 때가 있다.

"어쩜 그럴 수 있냐?"

"와, 그럴 줄 몰랐어, 서운하다."

세상에는 '어쩜 그럴 수 있는 일'은 차고 넘치고, '하면 안 되는 일'은 없다. 누구나 '어쩜 그럴 수 있는 일'을 할 권리가 있고, 하지 못할 이유도 없다. 선택의 기준을 타인에게 맞추고, 얄팍한 손해와 비난에 두려움을 가지면 그때부터는 더 이상 나답게 살지 못하게 된다. 나만의 고유한 색이 바랜다. 색을 잃는 것은 세상이 정해놓은 룰에 맞춰서 조용하게 사는 것을 의미한다. 그런 선택들이 쌓이면 후회만 남는다.

물은 위에서 아래로 흐른다. 잠시 제방을 쌓아서 물의 흐름을 막을 수는 있겠지만, 언젠가 그 물은 다시 흐르게 된다. 흐르지 않는 물은 고인 물 밖에 없다. 고인 물은 썩는다. 썩음은 후회다. 후회스러움을 제방 속에 가두지 말아야 한다. 원하는 것을 생각하고, 선택하고, 행동해야 한다. 선택의 순간마다 나에게 질문을 해야 한다.

'이거 진짜 내가 원하는 것이 맞는 거야?'

'이거 안 해도 후회 안 할 수 있어?'

이런 질문은 다른 사람에게 하면 안 된다. 세상에서 나를 가장 잘 아는 사람은 나이기 때문이다. 다른 사람은 내 인생을 책임져 주지 않는다. 내가 처한 환경과 나의 개성을 나보다 더 완벽하게 이해하고 있는 사람은 이 세상에 존재하지 않는다. 선택의 순간에는 가슴이 시키는 것을 해야 한다. 잠깐의 미움과 손해가 내 삶을 뒤흔들도록 놓아두어서는 안 된다. 그럼에도 불구하고 하고 싶어서 한 일이 무조건 성공한다는 보장도 없다. 오히려 실패할 확률이 더 높을지도 모른다. 그렇다 하더라도 최소한 후회는 없다. 안정적이고, 평화롭게 살면서 평생 후회하느니, 실패는 있어도 후회하지 않으면서 사는 것이 더 나은 인생이라고 생각한다. 열정적인 사람은 늘 후회 없는 선택, 자신을 위한 이기적인 선택을 하고, 즉시 행동에 옮긴다. 타인을 위해서 사는 것은 그 이후의 문제다. 영화 〈친절한 금자씨〉의 명대사를 기억하자.

"너나 잘하세요."

6.
계획을 수립하지 마라

친구들의 부모님은 나를 좋아하지 않았다. 당연했다. 나는 중학생 때부터 흡연과 음주, 이성교제를 했던 불량학생이었기 때문이다. 친구의 부모님들은 아들이 인문계 고등학교에 진학해서 서울에 있는 대학에 입학하길 바랐다. 집안 환경 때문에 진학보다는 취업이 더 소중한 나는 유일한 실업계 고등학생이었다.

친구들은 영어, 수학 학원에 다녔다. 나는 그들의 공부를 방해하는 존재였다. 신기하게 그 녀석들은 내가 하자는 대로 했다. 학원가는 시간대에 우리 집에 와서 밥을 함께 먹고, 비디오를 빌려 보고, 담배를 피웠다. 친구들과 함께하는 시간은 아무것도 하지 않아도 행복했다. 그렇게 중학교 시절부터 우리는 늘 함께했다.

취업과 진학을 고민하고 준비해야 했던 고등학교 3학년 때 서태지와 아이들의 〈난 알아요〉라는 노래를 만났다. 노래가 너무 좋았고, 안무가 멋졌다. 매일 노래를 따라 부르고, 춤 연습을 했다. 고등학교 1학년 때부터 2학년까지 활동했던 밴드부를 그만두고, 춤을 추러 다

넜다. 어린이 대공원, 한강, 종로, 이태원 등 사람이 모이는 곳이라면 가리지 않고 춤을 췄다. '회오리 춤'을 연습하기 위해서 장롱을 잡고 손짓 발짓을 연마했다. 이주노를 닮았다는 소리를 듣고, 스프레이로 머리를 세웠다. 일명 우산머리다. 이 머리를 세우기 위해서는 스프레이가 4분의 1가량 소모된다.

낮이나 밤이나 선글라스를 끼고 다녔고, 무더운 여름에도 땀을 뻘뻘 흘리며 가죽점퍼를 입고 다녔다. 학원에 가야 할 시간에 부모님 몰래 춤 연습을 하고, 학원비와 용돈을 락카페 술값으로 써버렸다. 그렇게 1년을 꼬박 미친 듯이 춤추고, 노래하며 고등학교 3학년을 보냈다. 그렇게 놀다보니 성적은 곤두박질쳤고, 자격증은 단 한 개도 취득하지 못했다. 가장 중요한 시기인 고3때 미친 듯이 노느라고 취업이 물건너 가버린 것이다. 대학교 진학을 위해서 학력고사^{지금의} ^{수능시험} 준비를 해야 했던 친구들도 나와 어울리느라 대학 진학에 실패했다.

25년이 지난 지금, 나는 강사가 되었고, 그들은 사업가가 되었다. 친구들은 스스로 하고 싶은 것과 잘하는 분야를 찾아서 열정적으로 살고 있다. 서태지와 아이들의 양현석 역할을 했던 남승우는 ㈜바른의 경영자로서 프랜차이즈계의 거물이 되었다. 그는 치킨 플러스, 두끼, 콜라보 김밥, 도토리 편백집 등 다양한 프랜차이즈 사업들을 국내외에서 성공시키고 있다. 서태지 역할을 했던 구재윤은 〈서먼 러쉬〉, 〈오늘도 사천성〉이라는 유명한 게임을 출시한 게임 회사 만렙^{MANLEV}의 CEO가 되었다. 직장 생활을 하면서 틈틈이 공부해서 대학교 학위도 취득했다. 지혜롭고, 아름다운 아내와 결혼해서 토끼 같은 자녀들과 함께 행복한 가정을 이루고 살고 있는 그들이 늘 자랑스럽다.

학창 시절을 추억하며 친구들은 이런 이야기를 한다.

"이대성, 너 때문에 실컷 놀아봤다."

"요즘에는 술 마시고 유흥업소 가는 것이 별로 재미가 없다. 이대성, 너 덕분에 우리가 이렇게 성실하게 산다."

"우리 인생에 가장 큰 영향을 미친 건 이대성이야."

그들은 지금도 에너지가 떨어지면 내가 있는 곳으로 열차를 타고 달려 온다.

언제 어디서 무슨 일이 생길지 모르는 세상이다. 당장 오늘 하루가 어떻게 될지, 다음주에 어떤 일이 벌어질지 아무도 모른다. 계획을 세우면 안 된다. 계획을 수립하는 것 자체가 나를 감옥 안에 처넣는 행위다. 철저하게 계획을 수립하는 사람들 치고 자유로운 사람, 행복한 사람은 별로 없다. 그저 업무를 잘할 뿐이다. 업무를 잘하는 것과 열정적으로 사는 것은 다른 이야기다. 계획은 업무를 하는 절차 중 하나다. 자기계발을 하라고 하면 계획이라는 틀 안에 나를 몰아넣는 실수를 범한다. 공부를 하면서도 자신의 고유한 본성을 인지하지 못한 채 남들이 하니까 따라하면서 고통스럽게 산다. 스스로 고통을 받고 있다는 것을 알고는 있지만, '언젠가는 성공할 거야'라는 막연한 기대 속에서 하루하루를 힘겹게 보낸다. 나는 그런 삶은 바람직하지 않다고 생각한다. 누구나 성공이라고 생각할 수 있는 것도 알고 보면 후회스러울 수 있고, 누구나 실패일 거라고 생각했던 일이 긍정적으로 승화하는 경우도 있다. 순간순간의 삶을 즐겨야 인생이 전반적으로 행복해질 수 있는 것이라고 믿는다. 청소년기나 청년기에 내 뜻대로 되지 않는 것은 당연하다. 계획대로 사는 사람 치고 재미있게 사는 사람은 별로 없다.

이등병으로 자대배치를 받자마자 나는 A급 관심병사로 분류되었다. 열악한 가정 환경, 유흥업소 업무 경력, 경찰서 출입 경력, 폭력이 우려되는 성격과 이성 문제 등이 그 이유였다. 매주 지휘관과 면담을 했고, 주임원사와 사무실 간부들과 수시로 면담을 했다. 군대 생활 1년이 될 무렵, 부사관 지원을 추천받았다. 사무실에서 함께 근무하는 이 원사님은 늘 부사관 지원에 대한 말을 했다. 이 원사님의 설득과 어머니의 권유로 입대한 지 1년 만에 육군 하사로 임관되었다. 하사로 2년을 복무하고 있던 어느 날, 주임원사가 나를 호출했다. 주임원사는 부사관들의 신상을 관리하는 리더로서 영향력이 대단했다. 주임 원사의 한마디에 보직과 진급이 좌우된다 해도 과언이 아니었다. 급하게 나를 호출하는 데에는 그만한 이유가 있다고 생각한 나는 쏜살같이 달려갔다.

"충성! 하사 이대성 주임 원사실에 용무 있어서 왔습니다."

주임 원사는 다짜고짜 나에게 호통을 치며, 책상 위에 놓여진 서류에 서명을 하라고 했다.

"이대성, 이 서류에 사인해!"

나는 그 서류가 무엇인지 물어보지 않았다. 평소에 언제나 나를 좋게 평가해주시고, 아껴주신 분이었기에 아무 생각 없이 서명을 했다. 그렇게 몇 년이 흘렀다. 부사관은 의무복무 기간이 4년이다. 4년이 지나면 전역을 해야 한다. 개인이 복무 연장이나 장기 신청을 하지 않은 이상에는 의무복무 기간이 만료되면 전역 명령이 내려온다. 그런데 의무 복무 기간이 만료된 후에도 전역 명령이 내려오지 않았다. 이상하게 여긴 나는 인사과에 문의를 했다.

"전역 명령 아직 안 내려왔습니까?"

"너 장기잖아."

"네? 제가 장기라고요?"

4년 복무하고 전역할 거라 생각했는데 장기라니! 알고 보니 하사 시절에 주임 원사실에서 서명했던 서류는 '장기 복무 신청서'였다. 마르고 닳도록 군대 생활을 하겠다는 의사 표시였다. 그렇게 해서 내 삶의 20대와 30대를 군대에서 보내야 했다.

가끔씩 주임 원사가 원망스러울 때도 있었다. 내가 원하는 일을 하면서 살지 못할 때마다 군대 생활을 선택했던 것을 후회했다. 추운 겨울 혹한기 훈련, 봄 가을의 전술훈련에 참가하고, 늦은 밤까지 야근을 해야 할 때마다 '내가 왜 그 서류를 읽어보지도 않고 서명을 했지?'라는 생각을 했다. 그때마다 전역해도 마땅히 할 수 있는 일이 없었기에 현실에 집중하며 살 수밖에 없었다.

지금 생각해 보면 다행이었다. 그분이 아니었다면 나는 또 다른 방황을 했을지도 모르겠다. 군대라는 조직 사회에서 행정 업무 능력을 습득할 수 있었고, 장병들의 마음을 움직이는 리더십, 국가의 소중함과 조직의 경영 체계를 알게 되었다. 군대 생활을 하지 않았다면 유흥업소 종업원의 경험이 전부였던 내가 이런 귀한 기술과 능력을 습득하지 못한 채 중년을 맞이했을지도 모른다. 막노동, 다단계, 도박에 빠졌을지도 모른다. 어린 시절부터 늘 사회적 약자로서 살아왔던 내가 유능함과 신뢰를 얻을 수 있었던 것은 군대라는 국가 조직에 몸담았기 때문이었다. 계획과 의도에 의한 군대 생활은 아니었지만, 큰 경험을 얻은 고마운 시간이었다.

2004년에 공무원과 결혼을 했다. 우리 별명은 '중소기업'이었다. 공무원과 직업 군인이 부부로 사는 모습은 매우 안정적이고, 평화로워 보였다. 그러나 실제로는 그렇지 못했다. 문제는 나였다. 어린 시절부터 자유분방하게 놀았던 내가 정상적인 결혼 생활을 한다는 것은 불가능했다. 5년을 살았지만, 행복하지 않았다. 어느 날 저녁 우리는 저녁 식사를 함께했다. 아내가 뜬금없이 내게 물었다.

"오빠, 사는 게 재미있어?"

"어? 그냥 보통."

"나는 재미가 없어. 이혼하자, 재미없어서 못살겠어."

몇 개월 후, 이혼을 했다. 결혼한 지 5년 만이다. 그녀는 나의 모든 비행 사실을 알고 있었다. 알고 보니 매일 야근을 했던 것은 집에 가기 싫었기 때문이었다고 했다. 여자의 촉은 예리하다. 남자는 여자를 속일 수 없다. 아무리 교묘하게 거짓말을 한다 해도 다 알고 있다. 여자의 감성은 남자가 감히 상상하지 못할 정도로 예민하다. 섬세하게 떨리는 통화 음성, 와이셔츠에 묻은 다른 여인의 체취, 늦은 밤 갑작스런 문자 등 모든 것을 다 알고 있다.

그 당시 직업 군인, 혹은 공무원에게 이혼은 동료들의 입방아에 오르내리는 사안이었다. 공직자뿐만 아니라 사회의 정서상 "한번 결혼하면 참고 살아야 한다"는 것이 일반적인 생각이었다. 이혼은 내가 문제 있는 사람이라는 것을 세상에 공개하는 것이었다. 그러므로 아무리 서로가 맞지 않아도 참아야 했다. 결혼과 사랑의 의미를 이해하지 못한 채 결혼을 했으니 행복할 리가 없었다. 이혼 후 동료들의 얼굴을 마주하는 것이 불편해서, 부대를 옮겨야겠다고 생각했던 나는 대구 경북 지역으로 전출을 가게 되었다.

그러다가 대구에서 지금의 아내를 만났다. 그녀 덕분에 새롭게 살아야겠다는 다짐을 하게 되었다. 내 삶의 방향성을 찾을 수 있었다. 대구에서 만난 소중한 분들과 DRI열정리더협회와 독서포럼 〈나무〉에서 선한 영향력을 나누고 있다. 지금 나는 매우 행복하다.

인생은 계획한대로 흘러가지 않는다. 계획하는 사람들은 업무를 하는 것이지, 인생을 사는 것이 아니다. 인생과 업무는 다르다. 나의 롤 모델 중 한 명인 유시민 작가는 평생 계획하지 않고 살았다고 했나. 그때그때 해야 할 일을 마음이 시키는 대로 하는 것이 옳은 인생이라고 말했다. 그 말이 뒤통수를 세게 때렸다. 그렇다. 계획한 대로 살아진다면 그것보다 재미없는 인생이 어디에 있을까? 롤러코스터가 재미있는 이유는 오르락내리락하기 때문이고, 영화가 재미있는 이유도 예상치 못한 반전이 있기 때문이고, 스포츠가 재미있는 이유도 결과를 미리 알지 못하기 때문이 아니겠는가.

고등학교 3학년 때 춤추고, 노래하면서 놀다가 대학 진학에 실패했던 청년이 중년이 된 지금 기업의 CEO가 되어 승승장구하는 계획은 애초에 없었다. 자격증을 취득하지 못해서 취업을 못하고 유흥업소에서 알바를 하던 내가 직업 군인을 21년간 하게 될 줄 누구도 상상하지 못했다. 이혼을 하고, 대구에 와서 새로운 삶의 동반자를 만나겠다는 계획도 없었다. 그녀 덕분에 그나마 사람답게 살고 있는 현실은 아침에 눈을 뜰 때마다 기적처럼 느껴진다.

고교 졸업 후, 취업에 실패했기 때문에 안정적인 직업 군인을 할 수 있었다. 나의 잘못된 가치관 때문에 실패한 결혼. 그 덕분에 지금의 훌륭한 아내를 만날 수 있었다. 그 어떤 것도 내가 계획한 대로 이루어진 것은 없었다. 그저 순간순간의 욕망에 따라, 가치에 따라 행동했을 뿐이었다.

삶은 예상치 못한 사건의 연속이다. 경험하는 사건은 어떤 것이라도 의미가 있다. 원하든 원하지 않든 그런 사건들은 지금까지 일어났고, 지금도 일어나고 있다. 당연히 앞으로도 일어날 것이다. 밥 한 끼 해결하지 못하는 궁핍한 지경에 몰리게 되면 돈의 소중함과 땀 흘리는 노동의 고귀함을 깨달을 수 있다. 새벽 알바를 다녀 보고, 막노동을 해보면서 인생의 쓴 맛을 느낄 수 있는 기회가 된다. 그런 과정들을 버텨내면 삶의 굳은살이 생긴다. 그 이후에는 어지간한 어려움에는 맞설 용기를 갖게 된다. 그렇기 때문에 현실의 삶이 고난하고, 힘들다 해도 '나는 잘못 살고 있나 보다. 역시 나는 안 돼'라는 생각보다는 '이번 시련도 나에게 어떤 교훈을 주는 것일까? 또 하나의 스토리가 만들어지는군. 이번 위기를 견뎌내면 어떤 사람을 도울 수 있을까?'라고 생각하는 것이 바람직한 삶의 태도다.

모든 일상을 의미 있게 받아들여야 한다. 편의점 알바이거나 치킨집에서 배달을 해도 괜찮다. 평범한 직장인이라면 더더욱 괜찮다. 언젠가는 내가 좋아하고, 잘 할 수 있는 것을 찾는 순간이 올 것이기 때문이다. 인생이라는 강을 흘러가는 대로 둘 것인지, 둑을 쌓고, 땅을 파서 방향을 바꿀 것인지는 내가 선택하는 것이다. 결국 강물은 바다로 흘러가게 되어 있다. 삶은 그렇게 내 마음대로 조정하는 것이 아니다.

사람의 변화와 성장 시기와 방법은 사람마다 다르다. 어떤 사람은 책을 읽는 순간 즉시 마음을 먹을 수 있지만, 어떤 사람은 '이건 남얘기잖아, 나와는 상황이 달라'라고 생각할 수도 있다. 현실의 벽을 깨부수고, 내가 원하는 삶을 향해서 달려가고 싶은 마음이 생기는 순간이 와야 자발적인 열정을 갖고 행동할 수 있다. 그것을 결정하고 싶을 때가 언젠가 올 수도 있지만, 영원히 안 올지도 모른다. 현실에 만족하면서 산다면 굳이 다른 사람의 삶을 동경하면서 나를 혹사 시키며 달리지 않아도 된다.

어떤 사람은 훌륭한 부모님과 좋은 환경 덕분에 바람직한 삶의 방향을 일찍 찾는 사람도 있다. 그들은 어렸을 때부터 인문학적 소양을 갖추고, 세상을 향해서 선한 영향력을 나누겠다는 신념으로 살아간다. 일명 '금수저'. 그러나, 대한민국에는 '금수저'보다 '목수저' 또는 '흙수저'가 더 많다. 그렇다면 그런 삶은 바람직하지 못한 삶인가, 그것도 아니다. 인생은 순간순간의 선택으로 이어진 수많은 경험 속에서 나의 정체성을 찾아가는 여행이다. 세상일은 내 뜻대로 되지 않는 것이 정상이다. 그러니 지금 내 뜻대로 일이 안 풀린다고 해서 좌절해서는 안 된다.

내가 존경하는 아카데미 정보통신㈜ 이기원 대표는 힘들었던 순간에 늘 희망을 버리지 않았다고 했다.

"내가 사업을 하면서 치명적인 실패를 한 적이 있었습니다. 금전적으로 40억 이상을 손해 봤지요. 그러나 우리 부부는 살면서 단 한 번도 희망을 놓지 않았습니다. 내가 절망하면 우리 가족 모두가 절망하게 될 테니까요. 아무리 어두운 상황일지라도 반드시 빛을 보는 날이 옵니다."

그는 지금 행복한 가정을 이끌면서 가난한 이웃에게 선한 영향력을 나누며 존경받으며 살고 있다. 이런 진취적인 태도는 하루아침에 나온 것이 아니다. 열정적인 사람은 현실의 벽에 부딪혀도 포기하지 않고, 계속해서 발걸음을 내딛는다. 방향을 잡을 때까지 나침반 바늘은 흔들리는 게 정상이다. 그 바늘이 멈추는 순간, 우리 삶은 다시 시작된다. 흔들려도 괜찮다. 아니 흔들려야 정상이다. 계획되지 않은 사건은 지극히 당연한 현실이다. 인생의 계획을 수립하라는 사람들의 말에 휘둘리지 말아야 한다. 우리가 해야 할 것은 일상에서 마주하는 경험을 의미 있게 받아들이는 것뿐이다. 그래야 나만의 인생 스토리를 만들 수 있다. 영화 속의 주인공은 극적인 스토리를 갖고 있다. 인생의 주연 배우는 언제나 나여야 한다.

7.
에너지를
변환하라

축구는 초등학교 4학년 때부터 나의 유일한 놀이였다. 새벽에 등교해서 1교시 수업이 시작되기 전까지 축구를 했다. 단칸방에서 음주와 흡연을 자유롭게 했던 아버지 때문에 집에서는 아무것도 하고 싶지 않았다. 새벽부터 함성을 지르면서 미친 듯이 뛰었다. 축구를 통해서 스트레스가 해소되고, 몸에 에너지가 충전되는 것을 느낄 수 있었다. 땀에 흠뻑 젖은 채 수돗가로 달려가서 물이 쏟아지는 수도꼭지에 입을 밀어넣어 정신없이 물을 들이키는 순간에 짜릿한 쾌감을 느꼈다. 수도꼭지에서 쏟아져 나오는 물살 아래에 고개를 처박고 있노라면 천국이 따로 없었다.

초등학교 시절부터 시작된 나의 축구에 대한 열정은 군대에서 폭발했다. 초임 부사관 시절에는 후배들을 강제로 깨워서 새벽마다 축구를 했다. 점심 시간에도 했다. 퇴근 후, 날이 저물 때까지 운동장을 달렸다. 다양한 축구 동호회에 가입해서 활동을 했고, 상사가 된 후에는 팀을 이끄는 감독 역할도 했다. 군대 생활을 하는 동안에도 축구에 미쳐 있었다.

축구는 열정적인 스포츠이다. 스포츠가 모두 그렇겠지만, 축구는 요행이나 운을 기대하기 어렵다. 오로지 스피드, 체력, 기술, 팀워크로 승부가 가려진다. 축구는 상대방 선수들과 직접 마주하고, 부대끼면서 하는 운동이다. 다른 스포츠에 비해 복장, 장소, 기상의 제약을 덜 받는다. 공만 있으면 누구나 할 수 있다. 비가 와도 눈이 와도 할 수 있다. 축구는 그야말로 운동장에서 벌어지는 열정의 한판 승부다. 미친 듯이 달리고, 소리를 지르고, 몸싸움을 하고, 넘어지면서 만들어내는 90분은 팬들의 심장을 뜨겁게 만든다. 축구를 좋아하는 사람들은 열정적이다. 내가 갖고 있는 근성과 열정은 어려서부터 미친 듯이 했던 축구의 영향이 크다.

축구에 이어서 군대에서 가장 많이 하는 운동 중에 하나가 족구다. 족구는 축구와 달리 아기자기한 재미가 남다르다. 군대에서 족구를 처음 배웠다. 비교적 빠른 시일에 족구에 적응했다. 이등병 때부터 연습해서 간부가 된 후에는 부대 대표 선수로 선발될 정도로 공격력을 인정받았다. 나는 언제나 부대에서 가장 키가 작았다. 키가 작다 보니 족구 경기에서도 불리하다. 공식적인 족구장 네트의 높이 기준은 1.05m인데 네트의 높이가 가슴높이와 비슷하다. 군대 네트가 규격대로 설치되어 있지는 않다. 더 높이 설치될 경우에는 더욱 불리했다.

족구 없는 군대 생활은 상상할 수 없었다. 족구는 늘 나에게 에너지를 주는 운동이었다. 점심시간마다 족구를 했고, 한여름이든 겨울이든 날씨에 구애받지 않고 족구를 즐겼다. 족구를 하면서 가장 좋은 점은 운동을 하면서 가까운 거리에서 서로에게 응원과 격려의 함성을 크게 지를 수 있다는 것이다.

"오!예! 나이스!"

"오! 대박! 너무 멋집니다!"

"역시 최고야!"

족구하는 시간은 함성과 감탄사를 마음껏 발산할 수 있는 유일한 시간이었다. 평소에는 그럴 기회가 없었지만, 족구하는 시간만큼은 마음껏 소리칠 수 있었다. 족구를 하는 시간은 열정을 발산할 수 있는 행복한 시간이었다.

"불광불급不狂不及, 미치지 않으면 미치지 못한다."

"검이 짧으면 일보전진하고, 여건이 불비하면 노력을 배가하라." 락카페에서 일하면서 늘 이런 마음을 갖고 일을 했다. 하는 일이 정상적이지 못했고, 당당한 일은 아니었지만 그 안에서 내가 고민하고, 노력했던 근성과 열정은 크나큰 경험이 되었다. 처음 만나는 사람에게 미소를 지으며 말을 건네는 것과 경쾌하게 인사를 하는 습관은 락카페 삐끼를 하지 않았다면 배울 수 없었을지도 모른다. 사람을 설득하는 능력, 대화를 이끌어 가는 능력, 상황을 긍정적으로 바꾸는 생각 연습 등이 그런 것들이었다. 지금 어떤 일을 하는지는 중요하지 않다. 그 일에 임하는 태도가 중요하다. 어떻게 해서든 나의 능력을 최대치로 끌어올리기 위해서 몰입하는 미친 광기를 가진다면 어떤 일을 하더라도 개인의 열정과 근성을 키우는데 큰 도움이 된다. 지금 하고 있는 일에 미쳐본 경험이 없는 사람은 어떤 일을 하더라도 미칠 수 없다. 몰입과 광기의 경험은 그것이 어떤 것이라도 좋은 경험이다.

나의 열정은 언제나 여자에 대한 관심으로부터 시작되었다. 초등학교 때부터 시작된 나의 여성에 대한 관심과 호기심은 중학생이 되면서 더 심해졌다. 청량중학교는 남녀공학이었는데, 다른 반에 내가 좋아하는 여학생에게 편지를 쓰고, 전화 통화를 하는 방식으로 교제하는 것이 유행이었다. 중학교 1학년때부터 연애편지 대필을 했다. 당시 유행했던 원태연 등 유명 시인의 시집을 수십 권을 읽었고, 이문세, 변진섭, 신승훈 등이 부른 대중가요의 노래 가사를 편지에 활용했다. 내가 쓰는 연애 편지는 나만의 형식이 있었다. 날씨와 건강에 대한 안부인사, 나의 소개, 상대방에 대한 나의 느낌과 감정, 건강과 안부 인사, 그리고 추신 등 다섯 단계로 구성되어 있다.

추신란에는 임팩트 있는 명언이나, 로맨틱한 시의 한 구절, 내가 하고 싶은 말을 쓴다. 내가 자주 썼던 말은 주로 감성을 자극하고, 편지를 받은 사람이 내가 원하는 대로 행동하게끔 유도하기 위한 문장이었다. 상대방의 긍정적인 반응을 이끌어내기 위해 한 번 더 강조하는 문장이다. 나에게 편지를 써달라고 하는 친구들이 많았다. 감성이 예민했던 그 시절, 여학생들을 향한 편지 쓰기는 글쓰기와 표현력을 향상시켜 줬다.

고등학교에 진학하면서 여성에 대한 호기심은 극에 달했다. 기타를 치고, 노래 연습을 열심히 했던 이유는 여학생들에게 잘 보이기 위해서였다. 고고 졸업 후에 매일 2시간 이상 노래방에서 미친 듯이 노래 연습을 하고, 춤을 추고, 레게 파마를 했던 것도 여성들에게 잘 보이기 위함이었다.

군대 생활을 할 때에도 변한 것은 없었다. 내가 가진 욕망을 군대라는 조직 생활 때문에 억제하는 것이 불편하고 답답했다. 일반 병으로 지내는 것은 지루했다. 하사로 임관된 후 퇴근이라는 자유가 보장되었다. 우리 부대가 소재했던 지역은 경기도 파주의 최전방 지역이었다. 인구도 적고, 편의시설이 많지 않았다. 내가 에너지를 쏟았던 것은 다방, 노래방, 단란주점, PC통신이었다.

지금의 인터넷 이전 단계였던 PC통신이라는 것이 있다. 전화선을 연결해서 컴퓨터로 사람들과 소통할 수 있었다. 나우누리, 하이텔, 유니텔, 천리안 등 다양한 업체들이 서비스를 제공했다. 인터넷보다는 촌스럽고, 느렸지만, 낯선 사람들과 소통하기에 이만한 것이 없었다. 1990년대 후반부터는 인터넷이 보편화되면서 당시에 유행했던 채팅 사이트에 모두 가입했다. 스카이러브, 세이클럽, 버디버디, 아이러브스쿨, 아이미팅 등 다양한 채팅 사이트와 메신저 프로그램을 하기 위해 퇴근후의 모든 시간을 쏟아부었다. 책을 읽고, 신문을 보면서 좋은 글과 사회적 이슈들을 기록했다. 여자에게 잘 보이기 위한 일에만 열정을 쏟아부었다.

1990년대 말부터 2000년대 초까지 화상채팅이 유행했다. 당시 내가 가장 즐겼던 화상채팅 사이트는 '아이미팅'이었다. 카메라를 설치하고, 마이크를 설치했다. 카메라가 비추는 뒤쪽 벽에 태극기와 장난감 총(M-16)을 걸어놓았다. 얼굴을 알리지 않기 위해서 눈과 입만 보이는 검정색 복면을 썼다. 카메라에 비친 모습은 테러리스트 같았다. 화상 채팅에 참여하는 사람들은 그런 내 모습에 호기심을 가졌다. 화상 채팅은 지역별, 테마별로 접속해서 방을 만들어서 운영했고, 다른 사람이 만들어 놓은 방에 들어가기도 했다.

나는 음악방을 만들어서 운영했다. 나의 대화명은 태극기와 복면이라는 콘셉트를 강조하기 위해서 '국가대표' '한국' '엽기맨' 등이었는데, 당시 아이미팅 사이트에서는 꽤 유명했다. 스마트폰이 발달하면서 이성을 만날 수 있는 어플리케이션이 개발되었다. 이 어플은 개인의 일상과 생각을 글로 써놓으면 낯선 사람들이나 친구로 등록된 사람들이 와서 댓글을 남기거나 쪽지를 보낼 수 있었다. 이 어플에 미쳐서 손에서 스마트폰을 잠시라도 놓지 않았다. 매일 글을 쓰고, 댓글과 쪽지를 보내느라 개인시간을 모두 소모했다.

내 나이 40세, 친구들과 동료들은 결혼해서 아이를 낳고, 각자의 분야에서 전문성을 발휘하면서 올바르게 살고 있었는데 나의 삶은 점점 안 좋은 방향으로 흘러가고 있었다.

문명 사회를 풍요롭고, 편리하게 하기 위해서 만들어 놓은 에너지와 제품들이 원래의 목적으로 사용되지 않으면 재앙이 되고, 범죄가 된다. 과일을 깎고, 무를 자를 때 쓰는 칼을 타인에게 위협을 주고, 피해를 입히기 위해 사용하면 범죄가 된다. 모든 것은 원래의 선한 목적이 있다.

간장은 음식을 짜게 하는 것이 기능이고, 설탕은 달콤하게 하는 것이다.

옷의 기능은 추위나 햇볕으로부터 나를 보호하는 것이며, 나를 돋보이게 하는 것이다. 때론 운동이나 산책, 등산을 갈 때 활동을 편리하게 해준다.

나의 존재가 어떤 존재인지 알지 못한 채 의미 없이 사는 삶은 제기능을 발휘하지 못하는 것이다. 자신이 어떤 사람인지, 무엇을 위해서 살고 있는지, 왜 살고 있는지, 무엇을 좋아하는지 알아야 한다. 인간은 누구나 고유한 기능이 있다. 박지성의 기능, 김연아의 기능, 박정희의 기능, 김대중의 기능 등 각자의 기능이 있다. 유명한 스포츠 스타나 정치인들만 기능이 있는 것일까? 평범한 사람에게는 그런 것이 없을까? 모든 사람에게 고유한 기능이 있다고 생각한다. 다만 개인이 가진 고귀한 기능에 대해서 말해주고, 가르쳐준 사람이 없었고, 스스로 생각하지 못했을 뿐이다. 제 기능을 다하지 못하는 인생은 재미없고, 무의미하다.

40년 동안 나만의 기능을 생각하지 못했고, 발휘하지도 못했다. 출근하고, 봉급 받고, 그 봉급으로 소비하는 것이 전부였다. 그런 일상은 성장도 없고, 행복도 없다. 사회에 선한 영향력을 나누면서 하루하루를 열정적으로 살아가는 삶의 방식은 특별한 사람들의 전유물이 아니다. 누구나 할 수 있다. 내가 갖고 있는 잠재력에 대해서 생각하고, 그것을 찾기 위해서 노력해야 한다. 잠재력은 누구에게 있다는 것을 믿어야 한다. 특별한 인간은 존재하지 않는다. 다만 나만의 고유한 기능을 누가 빨리 알아내느냐의 문제이다. 내 안에 잠들어서 제 기능을 다하지 못하고 있는 본성을 끄집어내야 한다. 그런 다음에 버려야 할 것과 사용할 것을 분류해야 한다.

그러기 위해서는 내 삶을 되돌아 봐야 한다. 내가 가진 욕망과 재능을 파악해야 한다. '나는 무엇을 잘하는가', '어떤 것을 할 때 행복했는가'라는 질문을 끊임없이 해야 한다. 잘하는 것과 좋아하는 것이 일치할 때 진정한 나의 기능을 알게 된다. 내가 가진 고유한 기능을 찾아내고, 그것에 몰입하는 것이 열정이다. 나의 기능을 해야 존재하는 것이다.

어릴 때부터 조용히 있지 못했다. 매 순간 뭔가를 해야 했다. 그런 기질은 축구를 하면서 조금이나마 해소할 수 있었다. 축구를 하는 순간에는 오직 공과 우리 편의 움직임, 상태 팀의 움직임에만 미칠 수 있었다. 그런 기질이 성인이 되어서도 지속되었다. 마음대로 생각하고, 마음대로 행동했다. 세상이 나를 그렇게 만들었는지, 내가 원래 그렇게 생겨 먹었는지는 모르겠지만, 늘 본능에 충실했다. 그 중에 하나가 이성에 대한 욕망이었다. 어릴 때부터 여자에 미쳐 있었다. 내 삶에 안 좋은 일이 생겼던 이유는 나의 광기와 몰입의 방향이 올바르지 않았기 때문이었다. 에너지가 올바른 방향으로 향하지 않으면 재앙이 된다.

과거 2,000년에 걸쳐 위대한 성공을 거둔 사람들의 전기와 역사를 연구하는 과정에서 중대한 사실이 밝혀졌다. 첫째, 위대한 성공을 거둔 사람들은 모두가 강한 성性에너지의 소유자이며, 성적 충동을 능숙하게 전환하는 기술을 터득했다는 것이다. 둘째, 세계적으로 인정받은 남성들은 여성의 영향으로 동기부여가 됐다는 사실이다. 위대한 성공을 거둔 사람들은 남성이든 여성이든 그 생애를 조사해 보면 강한 성에너지를 가지고 있었다는 사실을 알 수 있다.

_《놓치고 싶지 않은 나의 꿈, 나의 인생》(나폴레온 힐 저)

이 책을 읽으면서 온몸에 전율이 흘렀다. 내가 가진 여자에 대한 욕망, 에너지, 열정을 올바른 방향으로 변환시킬 수만 있다면 나도 올바른 인간으로 살 수 있을 것이라는 희망을 갖게 되었다.

인류의 역사 속에서 변하지 않는 욕망 중에 하나가 성욕이다. 이성에 대한 욕망은 원시시대부터 현재까지도 수그러들지 않는 인간의 본능적인 욕망이다. 5공화국 정권에서 '3S정책'을 펼쳤던 이유도 인간의 본성을 이용했다고 볼 수 있다. 1982년에 37년 만에 야간통행 금지를 해제시켰고, 청량리, 천호동, 미아리 등 수많은 곳에서 매춘 업소들이 늘어났다. 포르노 비디오와 에로 영화 제작과 유통이 급증했다. 수많은 국민들이 그런 유혹에 빠질 수밖에 없었다. 이런 욕망의 덫에 빠지게 되면 되돌아오기가 쉽지 않다. 순간의 욕망 뒤에는 언제나 허탈함과 후회가 남는다.

나폴레온 힐의 말이 사실이라면 인간답게 산다는 것은 성(性)에너지를 가치 있는 방향으로 바꿀 수 있는 것을 의미한다.

변화가 필요하다고 깨달았던 때부터 에너지를 다른 방향으로 바꾸기 위해서 다양한 시도를 했다. 슈퍼스타-K에 도전하기 위해서 밤

낮으로 노래 연습을 했고, 색소폰을 배우러 다니기도 했다. 캠핑 장비를 구매해서 주말마다 캠핑을 다녔고, 오토바이를 탔다. 그렇지만 늘 무언가 허전했고 마음이 불안했다.

에너지의 변환은 같은 에너지로 전혀 다른 결과를 만들어낸다. 물에 열에너지를 가하면 수증기로 변환한다. 완전 다른 형태의 물질로 바뀐다. 댐에 고여 있는 물이 높은 곳에서 낮은 곳으로 떨어지는 힘을 이용해서 전기를 만들어내는 수력 발전도 이런 원리이다. 에너지가 변환되면 본질은 같지만 전혀 다른 결과가 발생한다.

사람이 겪는 경험은 저마다 의미가 있다. 나는 어떤 경험도 의미 없는 경험은 없다고 생각한다. 좋은 경험을 통해서 감동을 느끼고 깨달음을 얻는다. 그런 좋은 경험을 많이 하는 것보다 훌륭한 공부는 없다.

젊었을 때 유럽의 선진 문화를 경험하는 것이 좋다고 하는 이유는 좋은 경험이 삶에 도움이 되기 때문이다. 우리나라보다 조금 더 품격 있게 말하고, 자유롭게 표현하고, 긍정적으로 생각하고, 행동하는 선진국 국민들의 문화를 직접 보고, 경험하는 것은 매우 훌륭한 공부다.

실제로 선진국 유학을 다녀온 학생들은 표정과 몸짓, 말투가 남다르다. 자신의 삶에 능동적이고, 타인을 배려하고 자신의 감정을 자유롭게 표현할 줄 안다. 세상을 바라보는 시각도 또래 보다 넓다. 이처럼 긍정적인 경험을 많이 한 사람은 긍정적인 사람이 된다는 말에 전적으로 동의한다.

반대로 부정적인 경험은 어떨까? 부모로부터 심한 구타와 모욕을 당한 아이가 성인이 되어서 범죄자로 전락하는 사례는 무수히 많다. 빈민가에서 태어나서 선배와 친구들로부터 마약을 배우고, 범죄를 저지르는 이야기는 영화 속의 이야기만은 아니다. 좋지 않은 환경은 부정적인 경험을 겪게 한다. 그런 경험들이 축적될수록 삶이 좋지 않은 방향으로 흘러가는 것은 당연하다. 그런 이유로 일상이 만족스럽지 않은 사람들은 부모를 탓하고, 친구와 선배에게 책임을 묻기도 한다.

안 좋은 경험을 많이 한 사람들이 모두 절망하고, 불평 불만을 하면서 사는 것은 아니다. 힘들었던 경험을 통해서 일상의 사소한 일을 감사하게 느끼고, '나는 저렇게 살지 말아야지'라는 동기부여를 받는 경우도 많다. 그들은 지금까지의 잘못된 생각과 행동에 대한 후회와 반성, 자신에 대한 성찰을 통해서 새로운 사람으로 거듭난다.

사람마다 뼈저리게 깨닫는 시기도 다르고, 삶의 행복을 위해서 일상을 변화시키는 방식도 다르다. 풍요롭고 안락한 경험만이 훌륭한 것이라고 말할 수는 없다. 유치장에서 꽁보리밥에 짠지를 먹어본 사람은 가정에서 먹는 흰쌀밥과 김치, 계란프라이의 경이로움을 더 빨리 깨달을 수 있다. 조직 폭력배의 감시와 폭력, 군 조직의 철저한 통제 속에서 지냈던 시간을 경험했기에 지금의 자유로운 일상이 더욱 감사하게 느껴진다.

다양한 취미 활동으로 에너지를 변환하는데 실패한 나는 2013년 성탄절에 새롭게 나의 에너지를 변환시키기로 다짐했다. 내가 잘할 수 있고, 좋아하는 일을 찾고 싶었다. 살면서 단 한번이라도 내 의지대로 올바르게 살고 싶었다. 아내의 헌신적인 사랑에 화답하는 인간이 되고 싶었다. 누군가 나를 믿어주고, 사랑해준다는 느낌이 너무 기뻤기에 그녀를 행복하게 지켜낼 수 있는 인간이 되고 싶었다. 나의 에너지는 변환하기 시작했다. 치열하게 책을 읽었고, 내 본성을 되찾기 위해 일기를 썼다. 태어나서부터 군 입대할 때까지의 에피소드를 글로 써봤다. 매일 책을 읽고, 사색하고, 기록했다. .

　어느 날, 충격적인 사실을 알게 되었다. 나는 강사로서의 자질을 이미 갖추고 있다는 것이었다. 유년 시절부터 내 본성대로 열정적으로 말하고, 행동했던 경험들이 강사가 되기 위한 준비 과정일지도 모른다는 생각이 들었다. 나폴레온 힐이 말했던 것처럼 여성으로부터 동기부여를 받아서 괜찮은 남자로 보이기 위해서 했던 수많은 노력들이 강사의 능력으로 변환할 수 있음을 알게 되었다. 여자들을 즐겁게 해주기 위해서 했던 독서와 기록, 기타 연주와 노래, 재미있는 이야기와 유머는 강사가 반드시 갖춰야 할 덕목이었다. 락카페 삐끼와 군대 생활을 하면서 해왔던 미소와 칭찬, 큰 목소리도 강사가 반드시 갖춰야 할 능력이었다. 이 외에도 흔들리지 않는 눈빛, 연기와 표현력은 강의 중 스토리텔링을 할 때 빛을 발했다. 일반 사람들이 10년 이상 수련해야 습득이 가능한 능력들을 내가 이미 갖고 있음을 깨닫게 되었다.

　인간이 가진 에너지의 본질은 같다. 에너지는 오로지 내가 원하는 대로 생각하고, 행동하는 몰입과 광기다. 그것을 올바른 방향으로 바꾸기 위해서는 나의 에너지가 어느 방향으로 향하고 있는지 매일 생각해야 한다.

8.
한번뿐인 인생,
이대로 놔둘건가?

조직 생활에서는 성실함, 대인관계 능력, 업무 책임, 복장, 태도, 표정, 말투, 업무 능력, 체력 등 다양한 능력과 태도를 요구한다. 이런 것들이 갖춰지지 않으면 직장 생활을 하는 것은 쉽지 않다. 군대 생활을 하면서 철저하게 지켜야 할 것이 몇 가지 있다.

첫째, 출근 시간이다.

정해진 시간에 정확하게 출근해야 한다. 부대의 지휘관과 상급자, 동료들은 나의 게으름과 나태함을 용서할 만큼 여유롭지 않다. 밤을 새서 월드컵 축구를 시청하고 싶어도 다음날 출근하기 위해서는 참아야 한다. 국가 기관에서 근무하기 위해서는 철저한 절제와 성실함이 요구된다. 하늘이 무너져도 출근 시간을 지켜야 한다. 전날 만취를 해도 정상 출근을 해야 한다. 내가 아는 군인들 중에는 과도한 작업으로 만성 허리통증을 앓고 있는 사람들이 많았다. 자녀가 아파서 병원에 가야 하는 상황에서도 일단 출근이 가장 우선이라고 여기는 동료도 있었다. 그들은 조직을 위해서 개인적인 일들을 과감하게 미루는 것을 바람직하다고 생각한다. 군대에는 사명감과 책임감을 가진 사람들이 많다. 그런 공무원들 덕분에 평화로운 일상을 누리고 있음에 감사해야 한다.

둘째, 상급자 눈치를 봐야 한다.

직업 군인은 조직을 위해서 개인의 욕망을 억제할 수 있어야 한다. 그 욕망을 억제하지 못하고, 티를 내면 성공적인 군대 생활은 불가능하다. 어느 해에 대형 오토바이를 구매했다. 엔진소리가 컸다. '부르릉, 부르릉…' 지면이 흔들릴 정도로 굉음을 내는 오토바이의 엔진소리는 생각보다 시끄러웠다. 좋아하는 사람이야 그러려니 하고 들어줄 수 있겠지만, 그렇지 않은 사람들에게는 소음이다. 방음이 제대로 되지 않는 군인 아파트 주차장에 보관하면 안 될 것 같아서 오토바이를 부대 내 위병소 옆에 보관을 했다. 당당하게 정작과에 차량 등록을 신청했다. 등록증을 받아와서 오토바이에 부착도 했다. 부대에서 난리가 났다. 도저히 이해할 수 없는 구제 불능이라는 말을 수없이 들었다. 모든 간부들이 나의 행동에 문제가 있다고 말했다. 직업 군인은 오토바이를 타고 싶으면 몰래 타야 한다. 그게 조직에 대한 예의이나. 상급자나 지휘관과의 회식 자리에서도 말을 아낄 줄 알아야 한다.

새로운 부대로 전입을 와서 회식을 했다. 평소에 사람들과 어울릴 때 주도성을 갖고, 즐거운 분위기를 만드는 것을 좋아했던 나는 회식자리에서 주변 사람들과 술잔을 기울이며 질문도 하고 웃으면서 대화를 했다. 그러자 반대쪽 테이블에 있던 선배가 오른손 검지손가락을 펴더니 자신의 입술에 갖다댔다. 닥치라는 뜻이다. 그렇다. 지휘관과 상급자와 함께 있을 때에는 하고 싶은 말이 있어도 그들이 말을 걸 때까지는 입을 닫고 있어야 한다. 직업군인 생활을 성공적으로 하기 위해서는 때로는 침묵, 아니 자주 침묵하는 것이 중요하다. 길을 가다가 지휘관과 상급자를 보면 목청 높여서 경례를 하고, 나를 부르는 소리가 들리면 번개처럼 달려가서 임무를 부여받아야 한다. 그렇게 자신의 욕망을 억누르고 상급자의 눈치를 잘 보는 사람이 조직 내에서 승승장구한다.

셋째, 업무에 대한 책임을 져야 한다.

21년의 군대 생활을 해본 결과, 권한보다 책임이 많다는 것을 뼈저리게 느꼈다. 계급의 높고 낮음과 상관없이 모든 장병은 맡은 바 직무에 대한 책임을 져야 한다. 이등병은 이등병이 해야 할 책임이 있고, 장군에게는 장군의 책임이 있다. 군대는 권한보다 책임을 묻는 것에 익숙하다. 뉴스에 나오는 것만 봐도 알 수 있다. 지휘관이 임무 수행을 잘 해내는 것은 뉴스거리가 되지 않는다. 국방 예산을 투입해서 임명한 지휘관이 부대 지휘를 잘하는 것은 당연하다고 여긴다. 사고로 인한 장비와 인명 손실, 방산 비리로 연루된 장군들이 뉴스에 등장할 뿐이다. 방송에서 나오는 사람들의 대부분은 책임지는 사람들의 모습이다. 내가 근무했던 군수과는 책임으로 시작해서 책임으로 끝나는 부서였다. 총기, 탄약, 개인 장구류, 피복, 침구, 취사기구, 사무기기, 토지, 건물 등 부대의 모든 장비와 물자, 부동산을 관리해야 했다. 모두 국가 재산이기 때문에 일일이 재산대장에 등재하고 관리해야 한다. 하나라도 잃어버리면 사유서를 쓰고, 배상해야 한다. 내가 잃어버리지 않아도 책임은 져야 한다. 그렇다고 권한이 있는 것도 아니다. 모든 업무는 과장과 지휘관의 승인을 득한 후에 진행해야 한다. 만일 혼자 판단해서 임의적으로 처리했다가 적발되면 징계 위원회에 회부된다. 업무의 실수, 개인 생활의 부적절함으로 인한 사고에 대한 징계와 처벌이 철저하다. 직업 군인은 언제나 자기 관리와 업무관리에 만전을 기해야 한다. 그래야 훌륭한 공직자로 살아남을 수 있다.

이등병에서 육군 상사까지 21년을 군에서 보냈다. 군대 생활을 하면서 가장 아쉬웠던 것은 나만의 색, 나만의 철학이 없었다는 것이다. 2014년부터 책을 읽고, 생각하는 시간을 많이 가졌다. 인생에서 소중한 가치가 무엇인지 생각했다. 책을 읽고 교육을 다니면서 인생의 소중한 가치들을 하나씩 알아갔다. 자신감, 웃음, 행복, 성공, 성장, 열정, 희망, 용기, 도전, 감사, 배려, 경청 등 소중한 가치들이 이 세상에 존재하고 있었다. 그것들이 이미 나에게 존재하고 있었고, 그것을 알아가는 것만으로노 큰 감동과 동기부여를 받을 수 있었다. 하루하루 독서와 사색을 반복할수록 내 가치관은 점점 변화되고 있었다.

삶에서 가장 소중한 가치들이 원래 존재하고 있었지만, 그것보다 우선시 되는 것은 업무였고, 돈이었다는 사실에 적지 않은 충격을 받았다. 시간이 갈수록 내 신념과 철학은 점점 강해지고 있었다. 그렇지만 그것을 부대 업무에 적용하는 것은 불가능했다. 그 시기의 군대 생활은 힘든 순간의 연속이었다. 하루하루 열심히 근무하는 군인들이 존경스럽긴 했지만, 부럽지는 않았다. 하루라도 빨리 군대생활을 그만두고 싶었다. 무엇보다도 상급자의 눈치를 보는 것이 늘 불편했다. 나의 생각, 말, 행동에 제약이 많았다. 부대 위병소에 오토바이를 갖다 놓고 타는 것은 군인으로서 말도 안 되는 행동이었지만, 죄책감을 느끼지 못했다. 내가 원하는 대로 살아야 하는데 그렇지 못한 현실이 답답하기만 했다.

언론인 김어준은 20대부터 세계 60여 개국을 여행했다. 그는 여행을 통해서 인간을 사랑하는 마음보다 소중한 것은 없다고 느꼈다고 한다. 중동의 어느 국가를 여행 했을 때의 일이었다. 국경 지대를 벗어나기 위해서 한참을 걷다가 지친 김어준은 담벼락의 그늘에 몸을 뉘었다. 몇 끼니를 굶었던 그는 주린 배를 채우기 위해서 먼지가 자욱한 배낭 지퍼를 열고, 포장한 지 며칠 지난 샌드위치를 꺼내 들었다. 포장지를 벗겨내고 한입 베어물려고 하자, 중학생쯤 되어 보이는 소년이 앞에 섰다. 마치 자기도 한입 달라는 표정을 짓고 있었다. 어설픈 영어와 바디 랭기지, 그림을 그려가면서 소통을 했다. 그 소년은 내전으로 부모를 잃고 갈 곳이 없어서 거리를 배회하고 있는 처지였다. 며칠을 굶었다고 한다. 순간 김어준은 명치끝이 아파왔고, 눈물이 왈칵 쏟아졌다. '세상에 이렇게 살아가는 사람도 있구나' 라는 생각에 충격을 받았다. 더욱 놀라웠던 것은 그 소년뿐만 아니라 그 나라에는 전쟁으로 가족을 잃고 의식주를 제대로 해결하지 못하는 어린이들이 매우 많았다는 사실이었다.

그는 손에 들고 있던 샌드위치를 소년의 손에 쥐어주고 안아줬다. 전 세계를 여행하면서 그가 깨달은 것은 인간의 존엄을 제대로 보장해주지 못하는 국가 통치자들의 그릇된 가치관에 대한 분노였다. 그 시기부터 그는 언론인이 되기로 마음먹었고, 국제 정세와 국내외 정치에 대한 남다른 통찰과 분석으로 많은 지지를 얻고 있다. 그는 인간은 인간 이상도 인간 이하도 아니라고 말한다. 삶은 그런 인간들이 각자의 욕망에 충실하면서 살아가는 여행이라고 말했다.

많은 사람들이 자유롭게 살고 싶어 하지만, 자유롭지 못하다. 평범한 사람은 시간, 돈, 사람의 영향력으로부터 자유롭기가 쉽지 않다. 그런 시스템이 만들어져 있고, 우리는 그 안에서 살고 있기 때문이다. 하루 24시간 중에서 오로지 나만의 자유를 누리는 시간은 얼마나 될까? 성공한 사람, 행복한 사람은 자유로운 생각과 자유로운 순간을 많이 갖는 사람이다. 모두에게 인생은 한번이다. 재방송이 없다. 되돌아길 수도 없고, 미리 가보지도 못한다. 오로지 현재만 존재한다. 시간, 돈, 사람의 속박으로부터 벗어나서 자유롭게 사는 것이 삶의 본질이다. 현실에서는 말처럼 쉬운 일이 아니다. 미사일 폭격으로 나의 회사, 집, 건물, 은행이 모두 폭파되어도 돈벌이를 할 수 있는 능력, 즉 세상에 전할 수 있는 나만의 가치를 만들어야 한다. 그것이 바로 벌거벗은 힘이다. 그 힘을 가진 사람은 시간, 돈, 사람으로부터 자유로울 수 있다. 2년 동안 미친 열정을 쏟아부은 결과, 상사에서 강사로 직업을 바꾸는데 성공했다. 군부대 강의를 가서 만나는 장병들을 보면 옛날 생각도 나고, 자유롭게 내가 원하는 방향대로 삶을 만들어가고 있는 내 자신이 기특하기도 하다.

프리랜서 강사는 출근 시간에 얽매이지 않고, 타인의 눈치를 보지 않는다. 무엇보다도 복잡한 업무 시스템에서 벗어날 수 있다. 내가 원하는 일, 세상에 좋은 영향을 주는 일을 하고 있음에 감사한 마음으로 충만하다.

세상은 특별하게 변한 것이 없고, 경제적으로 풍요로워진 것도 아닌데, 하루하루가 새롭고 설렌다. 이런 기분은 군대 생활에서는 절대로 느낄 수 없던 것이다. 나는 군인이 천직이 아니었다. 안정적인 '상사' 생활을 하느냐, 불안정한 '강사' 생활을 하느냐 중에서 후자를 선택했을 뿐이다. 전자를 선택하든 후자를 선택하든 개인이 한 선택은 언제나 옳다. 어떤 기준에 의해서 절대적인 옳고 그름은 없다. 안정적인 삶도 좋은 것이고, 역동적인 삶도 좋은 것이다. 조용한 성격도 좋은 것이고, 명랑한 성격도 좋은 것이다. 세상에 무조건 나쁘고, 무조건 좋은 것은 없다. 단지 그것을 바라보는 나의 선택만 옳을 뿐이다. 삶은 동전의 양면이다. 한쪽면만 있으면 동전이 아니다. 세상에는 언제나 다른 것이 공존한다.

개인마다 삶의 소중한 가치가 무엇인지 알기 시작하면 세상이 달라 보인다. 내가 가진 재능, 내가 원하는 삶의 방향을 정하기 위한 공부를 해야 한다. 그리고 실행해야 한다. '한번뿐인 인생, 가장 나답게 사는 방법이 무엇인가?'라는 질문에 나는 '전역'으로 실행했다. 안정적인 직장 생활이 삶의 전부는 아니며, 내가 꿈꾸는 삶을 향해서 도전했다는 자체가 성공이라고 생각한다. 많은 사람들이 말한다.

"지금은 때가 아니다."

"나중에 해도 늦지 않다."

그럴 듯해 보이지만, 결국은 나의 도전에 재를 뿌리는 말들이다. 이런 말을 참고할 필요 없다. 가슴이 움직이는 대로 나를 위해서 결단해야 할 때는 과감하게 결단해야 한다. 지금 당장 내가 세상에 내놓을 수 있는 가치가 무엇이며, 그 가치가 없다면 무엇을 공부할 것인지 적어 보자. 누구에게나 무엇이든지 해낼 수 있는 마력을 갖고 있다. 그 마력을 숨기지 말고, 세상에 드러내야 한다. 한번밖에 없는 인생이다. 더 이상 머뭇거리지 말자.

Dream, Respect, Interest

chapter 4

열정!
이렇게 시작하라

"만약 당신의 아들 딸에게
단 하나의 재능만을 줄 수 있다면 열정을 주어라."
부루스 바튼

1.
재미없는 열정은
쓰레기다

락카페를 그만두고, 잠시 주유소에서 아르바이트를 했다. 어머니는 내가 그곳의 정식 직원이 되어 안정적인 직장인으로 살기를 원했다. 그 일은 내 적성에 전혀 맞지 않았다. 주유소의 업무는 단순함의 반복이다. '차량진입-안내-주유구열기-주유-결제-인사'가 업무의 전부다. 생각 없이, 나의 본성과는 상관없이 동일한 행위를 단순하게 반복적으로 했다. 의자에 멍 때리고 앉아 있는 시간은 너무 괴로웠다. 주유소에 출근할 때마다 고통스러웠다. 몇 주 동안은 성실하게 다녔다.

그러던 어느날, 친구들이 강원도로 여름 여행을 간다는 연락을 받았다. 주유소 사장님께 말씀을 드려봤지만, 알바생이 부족해서 5일씩이나 쉬는 것은 곤란하다고 했다. 친구들은 여행을 떠나는 저녁에 내가 일하는 주유소를 찾아왔다. 주유소 유니폼을 입은 채 그 차량을 타고 여행을 가버렸다. 가지 않았으면 정말 후회할 정도로 재미있는 여행이었다. 그 이후 그 주유소 근처에 얼씬도 하지 않았다.

어떤 형태로든 내 의지가 반영되고, 새로운 일들이 생기고, 순간 순간 보람과 재미를 느낄 수 있는 일을 하고 싶었다.

락카페에서는 주유소에서 일할 때와 다른 태도로 일했다. 출근 시간보다 1시간 일찍 가게에 나와서 청소를 하고 업무 준비를 했다. 출근할 때마다 새로운 손님들과의 만남을 기대하며 들떠 있었다. 거리에서 다양한 사람들에게 말을 걸고, 설득해서 우리 가게에서 돈을 쓰게 하는 것이 재미 있었다. 손님들을 재미있게 해주고, 그들에게서 신뢰를 얻는 것은 일하면서 느끼는 최고의 기쁨이었다. 일하다가 흥이 나면 무대에서 춤을 췄다. 유흥업소에서 열정적으로 일할 수 있었던 이유는 손님들과의 대화, 나의 말에 설득돼서 마음을 바꾸는 손님들의 모습, 나의 열정적인 모습에 감탄하는 사람들의 표정을 보는 것이 재미있었기 때문이다.

유흥업소에서 하루하루를 축제처럼 살던 나에게 군대는 지옥처럼 느껴졌다. 그러나 자대에 배치되면서 생각이 바뀌었다. 군대 생활은 생각보다 재미있었다. PC로 문서 작업을 배우는 것, 창고에서 물자를 정리하는 것도 재미있었다. 차량을 타고 부식 수령, 쌀 수령, 물자 수령과 반납을 다니는 것도 새로웠다. 부동산 업무를 위해서 시청과 등기소에 가는 것도 흥미진진했다. 일과 후의 운동은 그야말로 최고의 시간이었다. 점호 시간에 목청 높여 애국가를 부르고, 구보를 하는 것도 재미있었다. 경례를 크게 할수록 칭찬을 받았다. 마음껏 소리를 지르고, 사람들과 재미있게 말하는 것을 즐겼는데, 군대에서는 그런 것을 마음껏 할 수 있어서 좋았다. 야간 경계 근무 시간에 전우들에게 내 경험을 이야기 해주면 재미있어 했다. 많은 선임병들이 나와 함께 근무 서기를 원했다. 나는 그렇게 군대 문화에 쉽게 적응을 했다. 군대의 모든 업무와 생활 형태는 단순해 보이지만, 그 안을 들여다보면 다양한 문화가 존재했다. 그러다보니 부사관이 되었고 20년의 시간을 군대에서 보낼 수 있었다.

나의 청년 시절은 재미로 가득했다. 재미있었기 때문에 무엇이든 열정적으로 했다. 재미있다고 느끼면 무슨 일이든 앞뒤 가리지 않고 열정적으로 임했다. 화양리 락카페 아르바이트와 직업 군인 생활을 열정적으로 할 수 있었던 이유는 재미를 느꼈기 때문이다. 열정적인 사람들의 가장 큰 특징은 자기가 하는 일에 재미를 느낀다는 것이다. 재미있다고 느끼는 것은 진심으로 그 일을 좋아한다는 것을 의미한다. 좋아하게 되면 저절로 행동하게 되어 있다. 사람이 좋으면 자발적으로 그를 위해서 뭔가를 해주고 싶어진다. 스스로 열심히 일하는 사람들은 재미있게 일하는 사람들이다.

재미는 열정과 동의어이다. 재미는 열정을 불러일으킨다. 재미있게 사는 사람들은 언제나 열정적이다.

친구들과 밤새워 술을 마실 수 있는 이유는 영화가 재미있기 때문이다. 어두컴컴한 공간에서 낯선 사람들과 의자에 앉아 두 시간 동안 영화를 볼 수 있는 이유는 재미있기 때문이다. 재미있으면 과정이 즐겁고, 쉽게 몰입할 수 있다. 놀이가 일이 되고, 일이 놀이가 되면 그보다 더 행복한 삶은 없다. 직원들이 열정적으로 일하기를 원한다면 직장의 분위기를 재미있게 만들어줘야 한다. 재미있게 말하고, 재미있게 행동하고, 재미있게 표정 짓는 사람이 많아져야 한다. 나 같은 강사를 불러다가 동기부여 교육을 시켜줘야 한다. 긍정적인 마인드를 갖게 해주고, 개인의 창의적인 아이디어를 자유롭게 말할 수 있도록 해줘야 한다. 직장에서 일하는 것에 재미를 느끼게 되면 열정적으로 일하게 된다. 직장생활을 재미있게 느끼는 사람들이 많아질수록 그 직장에는 열정적인 에너지가 넘쳐난다. 당연히 충성도가 높아지고, 기발한 아이디어가 넘쳐나서 성과도 높아진다..

괴짜 CEO, 편경영으로 유명한 사우스 웨스트 항공사의 허브 켈러허 회장은 "업무에 필요한 지식이나 기술은 교육을 통해서 익힐 수 있지만 몸에 배어 있는 태도는 쉽게 바꿀 수 없기 때문에 유머 감각이 있는 사람을 찾는다"고 강조했다. 유쾌한 사람은 자신과 타인을 기분 좋게 만든다. 켈러허 회장은 점잖은 오찬장에 엘비스 프레슬리 복장으로 나타나기도 하고, 청바지를 입고 이사회에 참석할 때도 있다. 토끼 분장을 하고 출근길의 직원들을 놀라게 하기도 한다. 그는 언제나 재미있는 분위기를 만들기 위해서 스스로 재미있는 말과 행동을 과감하게 보여준다. 이 항공사의 스튜어디스들이나 남자 승무원들은 유니폼을 착용하지 않는데, 승객들이 탈 때마다 기상천외한 방법으로 사람늘을 즐겁게 해준다. 승객들이 비행기에 다 탈 때까지 승무원들이 아무도 나타나지 않고 있다가 갑자기 천장에 붙어 있는 짐칸에서 나타나 사람들을 놀라게 한다. 사우스 웨스트 항공사가 재정난으로 위기에 처했을 때, 직원들이 자신들의 보너스를 반납하며 회사를 살린 이유는 재미있게 일할 수 있는 곳이었기 때문이다. 회사 분위기가 재미있으면 회사를 사랑하게 되고, 열정적으로 일하게 된다.

열정이 부족한 이유는 지식 능력과 업무 능력의 부족이 아니다. 재미를 못 느끼기 때문이다. 재미없는 사람은 늘 진지하다. 에너지가 부족하다. 마치 배터리가 방전된 자동차와 같다. 함께 일하는 사람도 재미를 못 느끼니까, 직장이 행복할 수 없다. 열정적인 일상을 보내기 위해서는 재미있는 사람이 되어야 한다. 하루를 재미있게 지내다 보면 수시로 길이 열린다. 굴곡진 길을 가고, 원하는 결과를 얻지 못해도 과정이 재미있었으면 그것만으로도 훌륭한 삶을 살았다고 생각해도 된다.

2.
재미와 재능, 그리고
의미있는 일

 나는 게임을 좋아한다. 스타크래프트$^{Star\ Craft}$는 1998년부터 지금까지 하고 있는 게임이다. 스타크래프트는 세 가지 종족이 있는데, 인간과 유사한 테란, 마법사 프로토스, 스스로 변태하는 저그다. 퇴근 후 PC방에 가는 것이 일상이었고, 주말이나 휴가 중에는 PC방에서 밤을 지새우고, 새벽에 귀가하는 날이 많았다. 과도한 게임으로 인해 손목과 오른손 집게손가락이 심하게 아파서 병원을 다닐 정도로 게임에 미친 적이 있었다. 게임은 감동적인 스토리, 화려한 그래픽, 승부욕, 캐릭터를 통한 대리 만족, 성취감$^{레벨\&경험치}$, 시간 때우기 등의 장점이 있다. 요즘에는 스마트폰 게임을 즐기는 사람들도 많다. 다양한 재미를 느낄 수 있는 게임을 즐기는 사람들은 앞으로 더욱 많아질 것이다.

 게임을 좋아하긴 했지만, 프로게이머가 될 수준은 아니었다. 나에게 게임은 취미일 뿐이다. 취미와 일은 다르다. 열정적인 인생을 살기 위해서는 스스로 재미있어 하는 일을 해야 한다. 프로게이머가 될 재능이 되지 않는다면 적당히 해야 한다. 가끔씩 기분 전환 정도로 즐겨야 한다는 말이다. 미친 듯이 한다고 해서 모두 대단한 성과를 내는 것은 아니다. 김연아는 피겨 스케이트, 박지성은 축구에 재능이 있었다. 김연아가 축구를 하고, 박지성이 피겨 스케이팅을 했다고 생각해 보라. 의미 없는 시간을 보냈을지도 모른다. 그들은 자신이 잘하고, 좋아하는 것을 지치지 않고 즐기며 끝까지 했다. 재능은 짧은 시간에 좀 더 빠른 성장과 성과를 낼 수 있는 능력이다. 사람마다 재능의 색깔과 형태가 다르기 때문에 나의 재능이 무엇인지 아는 것은 매우 중요하다.

게임을 하는 순간에는 재미있지만, 게임을 멈추면 즐거웠던 느낌은 어느 순간 사라지고 마음은 공허하다. 더 심한 경우에는 현실과 게임을 구분하지 못하는 지경에 이르는 경우도 있다. 게임의 배경음악과 타격 소리가 들리고 캐릭터의 모습이 눈에 아른거리는 경우도 있다. 게임의 재미를 즐기기 위해서 과도한 시간과 에너지를 쏟아부으면 정신과 육체가 약해진다.

클럽, 나이트, 노래방, 룸싸롱, 술집 등 유흥과 쾌락에 한번 빠지면 빠져 나오기가 쉽지 않다. 가장 쉽게 빠지는 것이 쾌락의 늪이다. 나는 40세가 될 때까지 그 늪 속에 흠뻑 빠져서 나오지 못했다. 이런 쾌락에 너무 오래 빠져 있으면 돈, 에너지, 가족, 존엄 등 모든 것을 잃게 된다. 미투 운동으로 정치인, 영화감독, 연극인, 배우 등 다양한 분야의 전문가들이 사회적으로 대거 퇴출되는 사건만 봐도 알 수 있다. 이런 본능적인 욕망을 제어하지 못하면 한방에 훅 간다.

"재미만을 추구하는 사람은 단순해지고, 단순한 사람은 세상의 도구로 전락한다."

　게임과 유흥에 너무 깊이 빠지면 습관이 된다. 이런 습관들이 반복되면 에너지가 고갈된다. 정신적으로 나약해지고, 건강이 안 좋아진다. 부정적인 사건에 연루될 때도 있다. 나의 재미를 위해서 타인에게 피해를 주면 피의자가 되어 법정에서 재판을 받아야 한다. 재미만을 추구하면 어제보다 나은 오늘, 오늘보다 나은 내일이 되는 일은 절대로 불가능하다. 시간이 갈수록 내 가치는 걸레조각이 된다. 결국 도태된다. 내 경험에 의하면 쾌락과 재미만을 추구하는 사람은 가시밭길을 걸을 각오를 해야 한다.

　인간은 감정을 갖고 있고, 생각하는 동물이다. 스스로 존엄하다고 느껴야 동기부여가 되고, 그래야 열정이 생긴다. 그런 느낌을 갖기 위해서는 재미있으면서 의미도 있는 일상을 살아야 한다. 의미 있는 하루가 모여서 의미 있는 인생이 된다. 어떻게 사는 것이 의미있는 삶일까? 의미는 나 자신을 위한 것이 있고, 세상을 위한 것이 있다. 나 자신을 위한 의미는 어제의 나보다 오늘 좀 더 성장한 기분을 느끼는 것이다. 달리기를 하는 것, 책을 읽는 것, 글을 쓰는 것, 영어 공부를 하는 것 등 일상 속에서 어제보다 좀 더 나은 나로 만들어 가는 과정에서 느낄 수 있다.

　세상을 위한 의미는 '선한 영향력'이다. 나로 인해서 누군가의 삶이 긍정적으로 변화되는 것을 느끼는 것이다. 인간으로 태어나서 나로 인해서 누군가의 삶을 나를 만나기 전보다 좀 더 낫게 변화시키는 것처럼 의미 있는 것도 없다. 자원 봉사, 재산 기부, 강의, 코칭, 콘텐츠 창조, 자연보호 운동 등의 활동을 통해서 소풍처럼 놀러온 세상이 나로 인해서 조금 더 나아진다고 느끼는 사람들은 매우 열정적이다. 재미있으면서 세상을 긍정적으로 변화시키는 일을 하면 열정적으로 임하게 된다.

영화, 노래, 연극, 게임, 음악 등 재미를 제공하면서 부를 쌓는 사람들이 많다. 요즘에는 스마트폰에서 할 수 있는 다양한 콘텐츠가 제공되기 때문에 마음만 먹으면 얼마든지 개인의 재미를 추구할 수 있다. 인터넷에는 자극적이고, 흥미를 유발하는 글과 사진, 영상이 봇물을 이룬다. 지하철, 버스 등 대중교통을 이용해 보면 많은 사람들이 스마트폰을 들여다보는 광경을 쉽게 목격할 수 있다. 우리는 재미의 시대를 살고 있다고 해도 과언이 아니다.

재미만 추구하게 되면 생각이 단순해진다. 과거에는 학업의 기회를 갖지 못했던 가난한 노동자들이 사회적 약자였다면, 미래 사회는 단순하게 재미만 추구하는 사람이 사회적 약자다. 세상이 만들어 놓은 재미있는 콘텐츠를 '생각' 없이 소비만 하는 사람은 '욕망의 노예'로 전락한다. 결국 이런 사람들이 하게 되는 일(직업)은 욕망을 충족시키기 위한 도구(돈벌이)가 될 수밖에 없다. 직업의 선택 기준, 자기 성장의 기준이 오로지 돈이 된다. 그런 사람들이 다니는 직장은 언제나 힘든 곳이 될 것이다. 일상생활을 재미만으로 채우려 할수록 삶은 점점 의미 없이 흘러간다. 의미가 빠진 일상의 재미는 단순하고, 어리석은 인간을 만든다. 재미만을 추구하는 사람은 세상의 유혹에 쉽게 흔들리고, 스스로 삶을 주도하는 주인으로 살기 어렵다. 나는 40년 동안 재미만을 추구했지만, 결국 인생은 재미없게 흘러갔다.

"천국의 입구에서 신은 우리에게 두 가지 질문을 한다. 첫째, 너 스스로 기뻐했느냐, 둘째 너로 인해서 단 한 명이라도 기쁘게 해줬느냐?"

영화 〈버킷 리스트〉의 마지막 장면에 등장하는 대사다. 스스로 기뻐하지 못하고, 타인에게 기쁨을 주지 못하면 바람직한 삶이 아니라는 것이 영화의 메시지였다. 하고 싶은 일을 재미있게 하는 것 못지않게 타인에게 기쁨을 주는 것도 중요하다는 것을 깨닫게 해준 영화였다.

인간의 삶을 곤충에 비유하기도 한다. 개미는 오로지 자신의 가족과 조직을 위해서만 일하는 사람들이다. 그들은 매우 성실하고, 책임감이 뛰어나다. 타인에게 피해를 주지 않지만, 도움도 주지 않는다. 오로지 자신들이 먹고 사는 일에만 최선을 다하는 사람들이다. 우리 사회에는 이런 사람들이 가장 많다.

거미는 자신의 경험과 경력, 인맥을 바탕으로 특별한 노력을 하지 않고 사는 부류다. 거미 같은 사람은 다른 사람을 이용하면서 살기 때문에 사람들과의 관계 속에서 성과를 낸다. 사람을 도구로 여기기 때문에 도움이 되지 않는다고 여겨지면 상처주는 것을 당연하게 여긴다. 교도소에 복역 중인 사람들만 죄인이 아니다. 이런 사람들도 세상을 어지럽게 만들고, 우리의 일상을 힘들게 만드는 죄인이다.

마지막으로 나비 같은 사람들이다. 그들은 자신이 가진 재능과 욕망이 일치하는 일을 하기 때문에 하루하루가 행복하다. 꽃가루를 다른 꽃으로 옮겨줌으로써 생명력을 전달한다. 나의 열정과 신념을 통해서 세상을 좀 더 긍정적으로 만드는 에너지를 전해준다. 나로 인해서 다른 사람이 기뻐하고, 성장하는 데 기여한다. 세상은 이런 사람들이 진보 시켜 왔고, 앞으로도 그럴 것이다.

빛나는 성취와 행복을 거머쥐는 사람은 늘 타인에게 이익을 주기 위해서 노력한다. 가치를 전하지 못하는 사람은 타인에게 영향력을 미칠 수 없고, 성공도 성장도 불가능하다. 그러므로 의미 있는 삶을 살기 위해서는 언제나 스스로에게 이런 질문을 해야 한다. '내가 세상에 줄 수 나만의 고유한 가치는 무엇인가?'이 질문에 대한 답변을 스스로 할 수 있어야 의미 있는 삶을 살 수 있다.

DRI열정리더십 교육을 수료한 박정순이라는 분이 있다. 그녀는 만나는 모든 사람들이 행복한 기분을 느끼게 해준다. 인생과 인간에 대한 사랑이 각별한 그녀가 가진 에너지는 남다르다. 일터와 교회에서 그녀를 따르는 사람들이 많다. 그녀는 부모가 안 계시는 어린이를 초등학교 시절부터 성인이 된 지금까지도 돌봐주고 있다. 이런 사람이 전형적인 나비형 인간이다. 스스로 소중하다고 생각하는 신념에 따라 스스로의 힘으로 삶을 올바른 방향으로 이끌고, 타인의 삶에 긍정적인 영향력을 미치면서 사는 사람은 자발적이고, 밝고, 긍정적이다. 유익한 모임을 통해서 선한 영향력을 나누는 사람들, 가난한 사람들을 위해 재산을 기부하는 사람들, 장애인 복지회관과 노인 복지회관 등에서 봉사 활동을 하는 사람들도 의미있는 삶을 사는 사람들이다. 이런 사람들의 하루는 의미가 있다. 이렇게 의미 있게 사는 사람들의 삶은 그 자체만으로도 가치가 있고, 세상을 아름답게 변화시킨다.

돈을 많이 버는 것만을 삶의 목적으로 삼으면 안 된다. 그런 삶은 까칠하게 표현하면 인간다운 삶이라고 보기 어렵다. 돈은 인간이 만든 도구이기 때문이다. 도구 자체가 목적이 되어서는 안 된다. 돈을 멀리하라는 것이 아니다. 돈보다 세상에 전할 수 있는 가치가 무엇인지 깨닫고, 그 일을 하는 것이 더 중요하다. 삶이 재미있기만 하면 공허하고, 의미만 있으면 고리타분해질 수 있다. 그러므로 우리는 재미와 의미가 공존하는 삶을 살아야 한다.

군대에 있을 때 주기적으로 봉사 활동을 다닌 적이 있었다. 부대 행사였기 때문에 내 의지와는 상관없이 무조건 참여해야 했다. 그곳에는 장애인들이 계셨는데, 우리는 그분들을 위해서 시설물을 고치고, 냉난방기 설치와 청소를 도왔다. 뿌듯한 마음도 있었지만, 늘 거기 계신 담당자들의 지시에 따라야 했고, 부대 동료들의 눈치를 봐야 했다. 시설물을 고치고, 냉난방기를 손보는 일은 내 적성과 전혀 맞지 않았다. 봉사도 내가 재미있어 하는 것을 재미있는 방법으로 자발적으로 해야 더 큰 보람과 기쁨을 느낄 수 있다. 차라리 내가 좋아하는 노래를 불렀거나, 강의를 했다면 좋았을 것이다.

모든 것은 나의 재미로부터 비롯되어야 한다. 다른 사람과 다른 나만의 욕망과 본성을 되찾아야 한다. 그러기 위해서는 재미있는 일상을 보내야 한다. 재미없는 인생보다 우울한 인생이 어디 있을까? 재미와 의미 중에 하나를 꼽으라면 재미가 우선이 되어야 한다. 재미있게 이것저것 하다 보면 의미 있는 것을 찾아낼 수 있지만, 처음부터 의미 있는 일만 하려고 하면 나의 고유함을 잃어버릴 수 있다. 재미없고, 조용하고, 차분하고, 근엄한 사람이 될 가능성이 높다. 그렇게 되면 타인의 시선과 평가를 의식하게 된다. 당연히 행복하지 않다. 다른 사람과 다른 나의 고유함은 재미로부터 시작된다.

3.
사용하지 말고
사랑하라

    우리 집에는 반려견 두 마리가 있다. 이름은 뽀삐와 해피이다. 나와 아내는 바쁜 일정 속에서도 주기적으로 산책을 시킨다. 산책을 시킬 때마다 배변 회수용 비닐봉지, 휴지, 물티슈를 챙긴다. 강아지들의 갈증에 대비해서 깨끗한 물도 한 통 준비해야 한다. 산책 중에 똥을 싸면 가방 속의 휴지와 비닐봉지를 꺼내서 처리해줘야 한다. 행여나 덩치 큰 맹견을 만나기라도 하면 목줄을 바짝 끌어당겨야 한다. 산책하는 사람들에게 피해를 주지 않기 위해서, 뽀삐와 해피의 안전을 위해서 산책 중에는 긴장의 끈을 놓으면 안 된다. 산책이 끝나면 목욕을 시킨다. 양치질과 귀청소도 해준다. 목욕이 끝난 후 헤어드라이기로 정성껏 털을 말려주고, 면봉으로 귀 내부를 닦아준다. 건조가 끝나면 얇은 빗으로 털을 빗겨준다.

    우리가 반려견을 위해서 시간, 열정, 돈을 쓰는 이유는 오로지 그들을 위해서이다. 해피와 뽀삐는 우리를 위해서 특별히 해주는 것이 없다. 그들이 우리를 위해서 해주는 것은 존재하는 것밖에 없다.

우리가 해주는 것이 더 많다. 오로지 그들의 입장에서 생각하고 행동한다. 우리는 그들을 사랑한다. 사랑하지 않는다면 그런 행동을 할 이유가 없다. 돈과 시간, 열정이 낭비되는 그 일을 왜 한단 말인가. 사랑하기 때문에 자발적으로 행동한다. 사랑하면 손익을 계산하지 않는다. 사랑은 무조건적인 헌신을 자발적으로 하게 한다. 사랑은 위대한 힘을 창조하는 신비로운 감정이다. 그러므로 인간을 사랑한다는 것은 아무나 할 수 있는 것이 아니다. 이스라엘에서 수천 년 전에 태어난 아기 예수의 생일에 전 세계가 열광하는 이유가 여기에 있다. 인간에 대한 사랑을 실천했던 사람이었기에 위대한 성인으로 인정받는 것이다.

> '사랑하는 이유는 존재하지 않는다. 사랑은 계산하거나, 주고받는 것이 아니다.'

사랑은 영원불멸의 콘텐츠이다. 대중문화 속에서 사랑은 언제나 단골 주제이다. 황순원의 《소나기》가 1960년대부터 교과서에 수록되고, 영화 〈사랑과 영혼〉이 대박 났던 이유도 사랑이 주제였기 때문이다. 사랑이라는 인간의 감정은 강하고, 감동적이고, 위대하다. 아이에 대한 어머니의 사랑은 어떤 어려움 속에서도 용기와 희망을 잃지 않게 해준다. 사랑하는 배우자는 30~40년이 지나도 서로에 대한 소홀함이 없다. 사랑을 받지 못하고, 사랑을 해본 적이 없는 사람은 정신적으로 나약하다. 그런 사람들은 세상의 두려움에 쉽게 무릎 꿇고, 때로는 삶을 포기하기도 한다. 인류 최고의 고전이라 불리는 성경에 "믿음과 소망과 사랑 중에 그중에 제일은 사랑이라"고 언급되어 있을 정도로 사랑은 세상에 존재하는 소중한 가치들 중에서 가장 의미 있는 것이다. 자녀를 키우는 부모가 자녀에게 가장 먼저 선물해야 할 힘은 사랑이다. 사랑받고, 사랑할 줄 아는 사람은 아무리 힘든 상황에서도 굴하지 않는 마력을 갖고 있다.

사랑에 대해서 깊이 생각본 적이 별로 없었다. 사랑을 가르쳐 주는 사람도 없고, 학원도 없었다. 당연히 사랑에 서툴다. 사랑 때문에 고민하고, 상처받는 것은 당연한 것이었다. 사랑을 구걸하기도 하고, 상대방의 입장은 전혀 고려하지 않고 오로지 소유하려고 했던 집착이 사랑이라고 착각했던 적도 많았다. 사랑하는 사람은 상대방의 입장에서만 생각한다.

사랑하는 것은 자신의 입장이 아니라 타인의 입장에서 생각하는 것이다. "저 사람을 사랑하게 된 이유는 열정적인 삶의 태도, 잘생긴 외모와 젠틀함, 그리고 능력 때문입니다"라고 말하는 것은 사랑하는 것이 아니다. 사랑하는 이유는 이 세상에 존재하지 않는다. 사랑은 계산하거나, 주고받는 것이 아니다. 사랑은 세상이 만들어 놓은 그 어떤 지식으로도 설명할 수 없는 감정이다.

우리는 사람, 직업, 조직, 물건 등 많은 것들을 사용한다. 사용하는 것은 철저하게 내가 중심에 있다. 나의 필요에 의해서 사용한다. 사용하는 사람이 필요하지 않으면 함께할 이유가 없고, 직업과 조직이 내게 도움이 되지 않으면 그만두고 떠나야 한다. 쓸모없는 물건을 버리는 것은 당연하다. 연애를 하면 상대의 외모, 직업, 경제력, 가정환경, 인격, 술버릇, 말투, 사주, 건강 등을 파악하는 이유는 사용 하려는 의도가 있기 때문이다. 심하게 표현하면 액세서리나 소유물쯤으로 여기는 것이다. 사랑에는 어떤 조건도 이유도 없다. 사랑하는 것과 사용하는 것을 착각하니까, 결혼 생활이 만족스럽지 못하고, 이혼율도 높아지는 것이다. 사랑해서 결혼한 사람에게는 죽을 때까지 상대방의 단점이 보이지 않는다. 단점마저도 사랑스럽게 느껴지기 때문이다. 단점마저도 좋아지는 감정, 이것이 진정한 사랑이다. 사랑하는 것과 사용하는 것이 다르다는 것을 깨달아야 진정한 사랑을 할 수 있다.

나는 나의 욕망을 채우기 위한 수단으로 직업을 사용했다. 군인이라는 직업을 사랑하지 않았다. 직업 군인을 20년간 할 수 있었던 것은 국가와 국민에게 충성을 다하고, 국민의 생명과 재산을 지킨다는 숭고한 소명 의식보다는 안정적인 봉급과 비교적 쉬운 업무와 운동 때문이었다. 가끔씩은 조국의 평화와 민주주의를 위해서 희생한 순국선열에 대한 감사의 마음이 생길 때도 있고, 군복을 입고 국방의 의무를 다하기 위해서 존재하는 내 자신이 자랑스럽고 기특할 때도 있었지만, 늘 그런 마음을 가진 것은 아니었다. 내가 재미있어 하는 일(노는 짓)을 하기에도 시간이 부족했기 때문이다. 매월 꼬박꼬박 입금되는 봉급으로 어디에 놀러 갈지, 누구를 만날지에 대한 생각만 했다. 군인이라는 직업은 나에게 목적이 아니라 수단에 불과했다.

독서와 자기계발 교육을 통해서 내 삶을 돌아봤다. 내가 원하는 것은 무엇이며, 나는 어떤 사람인지를 생각했다. 어느 날, 매우 소중한 것을 깨닫게 되었다. 그것은 "삶은 영원하지 않다"는 것이었다. 내가 하는 일이 다른 사람들에게 긍정적인 영향을 미쳤으면 좋겠다는 욕망도 생기기 시작했다. 나 혼자 잘 먹고 잘사는 것이 아니라, 다른 사람에게 좋은 영향력을 나누어 주는 일을 하고 싶었다.

주말마다 독서모임과 자기계발 교육을 들으러 갔고, 부대에 〈열비솔저(열정 비전을 가진 청년 군인)〉라는 독서모임을 만들었다. 독서모임에 나오는 장병들은 나와 함께 유익하고, 즐거운 시간을 만들었다. 같은 책을 읽고, 토론하면서 서로가 가진 생각을 자유롭게 발표하는 모임이었기에 유익하지 않을 수 없었다. 그 모임을 통해서 변화된 사례가 많았다. 그들의 소감문에서 뜨거운 열정이 느껴졌다. 나와 함께 모임을 주도적으로 이끌었던 예비역 해군 병장 박동우는 나에게 자신의 모교에서 강연할 기회를 주기도 했다. 군대 독서모임을 통해서 새로운 삶의 열정을 얻은 그는 지금은 캐나다에서 제2의 인생을 꿈꾸고 있다.

독서와 사색을 통해 인간의 존엄과 자유, 삶의 본질적인 의미를 조금씩 알아가기 시작하면서 군대의 수직적인 인간관계에 대한 회의를 느끼기 시작했다. 조직에 몸담고 있으면서도 그 속에서 의미를 찾지 못한다면 더 이상 남아 있어서는 안 된다. 조직에도 해롭고, 개인에게도 해롭기 때문이다. 조직의 가치와 성과를 위해서 일해야 하는 사람이 다른 생각에 사로 잡혀 있다면 조직을 떠나는 것이 옳다.

나는 하루하루 재미있고, 의미 있는 삶을 살고 싶었다. 내가 잘할 수 있는 일, 그 일로 인해서 누군가에게 긍정적인 영향력을 줄 수 있는 일을 하고 싶었다. 무엇보다도 내가 진심으로 사랑하는 일을 하면서 살고 싶었다. 돈을 벌기 위해서 그 일을 사용하는 것이 아니라. 그 일 자체가 목적이 되어 인생을 걸 만큼 사랑하는 일을 하고 싶었다. 사람들에게 즐거움과 유익함을 주고, 그들의 마음을 긍정적으로 변화시켜서 내 주변이 조금이라도 나아지면 좋겠다고 생각했다. 그 일은 강사와 작가였다. 강사나 작가는 말과 글을 이용해서 동시에 많은 사람들에게 긍정적인 영향력을 나눌 수 있는 직업이었다. 그 일에 올인 하기 위해 전역을 결심했다. 나는 글을 쓰고, 강의를 하는 내 일을 사랑한다. 돈을 많이 벌면 좋고, 많이 벌지 못해도 괜찮다. 작가와 강사라는 내 직업을 이유 없이 사랑하기로 했다. 일을 사용하지 않고, 사랑하게 되면 내면의 열정이 화산처럼 폭발한다.

사랑하는 일을 찾기 위해서는 무엇을 준비해야 할까? 개인별로 차이는 있겠지만, 두 가지 정도의 치열한 준비 과정이 필요하다.

첫째, 내가 가진 가치를 찾아야 한다.

내가 세상에 내놓을 수 있는 재능, 가치가 무엇인지 아는 것이다. 서태지는 음악이었고, 박지성은 축구였다. 그들은 자신이 가진 재능과 욕망을 어린 시절부터 알고 있었다. 나의 재능과 욕망을 알기 위해서는 나를 들여다보는 연습이 필요하다. 내가 잘하는 것, 좋아하는 것, 내가 남들보다 좀 더 많이 했던 경험이 무엇인지를 세밀하게 파악해야 한다. 생각날 때마다 기록하면 좋다. 나의 경우에는 사람을 즐겁게 하는 것, 큰 목소리, 다양한 표현력, 힘들게 살아왔던 어린 시절, 가난하면서도 당당했던 자존감, 교회 활동, 유흥업소 경험, 군대 생활 21년의 경력, 이혼과 사기, 징계와 소송 등 나의 과거들을 철저하게 되돌아봤다. 잘한 것뿐만 아니라, 미흡하고 실패했던 것까지 모두 살펴봐야 한다. 성공하고, 멋진 모습만이 내가 아니다. 현재의 나는 과거의 아픔, 실패, 상처, 성공, 기쁨 등의 결과물이다. 그런 것들이 버무려져서 할 수 있는 일을 생각해야 한다.

둘째, 어떤 방식으로 세상에 전할 것인지를 고민해야 한다.

의미 있는 일은 누군가에게 도움이 되는 일이다. 물론 취미 활동이나 봉사로도 가능하다. 주말에 시간을 내서 양로원에서 세탁과 목욕 봉사를 하고, 고아원에 가서 부모 없는 어린이들과 함께 시간을 보내는 것도 의미 있는 행위다. 낡은 집을 고쳐주고, 해마다 겨울이 오기 전에 연탄을 구매해서 나눠주는 운동선수들의 봉사는 언제나 우리의 마음을 훈훈하게 해준다. 그런 사람들로 인해서 우리 사회는 아직 살 만하다는 것을 느낄 수 있다. 그렇지만, 그런 일련의 활동들은 개인의 고유한 일이 아니다. 일 외에 추가적으로 하는 봉사 활동이다. 내가 원했던 것은 내가 하는 일 자체에 의미가 있었으면 하는 바람이었다. 솔직히 말하면 나란 인간은 봉사 활동을 다닐 만큼 착한 사람도 아니다. 나는 내가 가진 재능으로 이 세상을 조금이라도 행복하게 하는 데 이바지하고 싶은 마음이었다. 그렇게 해서 결정한 직업이 작가와 동기부여 강사였다. 글과 강의를 통해서 사람들의 마음에 인생의 행복을 위한 열정적인 에너지를 전하는 것, 그로 인해서 삶의 에너지를 얻어서 좀 더 행복해지기를 원했다. 물질보다 소중한 정신적인 가치를 전하는 일을 하고 싶었다. 방황하는 청소년과 청년들에게 "나도 할 수 있다"라는 희망을 전하는 사람이 되고 싶었다. 삶의 질이 높지 않다고 여기는 평범한 사람들도 꿈을 꾸고, 행복하게 살 수 있다는 것을 보여주고 싶었다.

약 2년 동안 고민하고 준비했다. 나에게 작가와 강사라는 직업은 돈을 벌기 위한 수단이 아니라, 그 자체가 목적이 되었다. 교육 예산이 부족한 지방의 작은 중학교에 독서 교육을 갈 때에 강의료를 묻지 않고 달려간다. 기업에 비해 강의료가 적은 교도소나 군부대 강연도 일정이 허락되는 한 최대한 달려가는 이유는 강의 자체가 사랑하는 일이 되었기 때문이다. 사랑의 책 나누기 운동본부에서 시행하고 있는 군부대 독서코칭 강사로 활동하고 있다. 청송교도소, 대구교도소, 김천소년교도소에서 재소자들의 인성 교육과 심리치료 과정에 고정적으로 참여하고 있다.

직업 자체를 사랑하게 되면 돈을 많이 버는 것과 유명해지는 것은 우선순위에서 밀린다. 학교, 관공서, 기업, 병원 등 다양한 곳에서 행복한 일터, 행복한 가정, 인문학 특강, 독서 동기부여 등을 주제로 강연 요청이 이어지고 있다. 나의 강의로 인해 삶이 변화되고 있다는 편지와 이메일을 받을 때마다 돈으로는 환산할 수 없는 큰 보람과 감동을 느낀다.

남들이 만들어 놓은 콘텐츠와 PPT로 앵무새처럼 말하는 강사의 강의는 공허하다. 그런 부류의 강사들은 생존을 위해서 경쟁이 불가피하다. 나는 경쟁하면서 살고 싶지 않았다. 경쟁과 비교가 지긋지긋하다. 40년 넘는 세월동안 그런 문화는 충분히 경험해봤다. 강사라는 직업의 목적은 자신이 직접 경험해 본 것과 깨달은 것을 전달함으로써 청중을 긍정적으로 변화시키는 것이다. 그러므로 강의는 강사의 삶과 경험, 신념이 녹아있는 것이어야 한다.

행복하지 않은 사람은 행복에 대한 강의를 해서는 안 된다. 나는 가난하고, 키도 작은 보통 이하의 남성이었지만 언제나 자존감을 잃지 않았다. 안정적인 급여와 정년이 보장되는 직업 군인의 삶을 포기하고 자유롭고, 행복한 일상을 되찾았다. 타인의 평가와 시선보다는 나 자신의 기쁨과 성장에 집중하는 것이 소중하다는 것을 깨달았다. 육군 상사 이대성이 아니라 자연인 이대성으로 살아가고 있다. 돈과 명예와 상관없이 나는 지금 행복하다. 누구보다도 열정적으로 표현하고, 재미있고, 소중하다고 여기는 것에 미치면 아무것도 생각하지 않고 그것에 몰입하는 광기가 있었다. 내가 직접 경험하고, 실천해온 삶의 본질적인 가치가 나의 콘텐츠였다. 바로 행복과 열정이었다. 나는 이 두 가지의 키워드에 내 인생을 걸기로 마음먹었다. 그로 인해 파생되는 독서, 스피치, 기록, 강의기법, 강사양성, 리더십 등의 콘텐츠들은 삶의 열정과 행복을 되찾기 위한 기술과 방법이 되었다.

나의 강의를 듣고, 청중들의 표정이 밝아지고, DRI열정리더십 교육을 통해서 삶의 의미를 찾고, 일상의 행복을 찾아가는 수많은 수강생들의 모습을 볼 때마다 말로 표현할 수 없는 보람과 긍지, 감사함을 느낀다. 나는 이 일을 죽을 때까지 하고 싶다. 강사와 작가는 재미와 의미가 교차하는 직업, 내 영혼이 사랑하는 일이 되었다.

사랑하는 일을 찾기 위해 과감하게 도전하는 것을 멈춰서는 안 된다. 매일매일 나의 재능과 욕망, 경험을 생각하고, 그 일을 어떤 방법으로 구현할 것인지를 고민해야 한다. 그 고민을 멈추지 말아야 한다.

4.
존엄하다는 착각이
열정을 낳는다

　어머니는 가죽 잠바 공장의 보조로 일을 했다. 새벽에 나가서 밤 10시가 넘어서야 귀가했다. 깊은 밤에 귀가하는 어머니의 얼굴에는 언제나 피곤함이 역력했다. 지금은 학교에서 급식을 하지만, 그 시절에는 도시락을 싸갖고 가야 했다. 우리 집은 도시락 싸줄 형편과 여건이 되지 않았다. 초등학생 때부터 수저만 들고 등교를 했다. 점심 시간마다 도시락 뚜껑을 빌려서 친구들로부터 밥과 반찬을 얻어 먹었다.

　"밥 한 숟가락만 주면 안 돼?"

　"쏘시지 한 개만 먹어도 될까?"

　능청스럽고, 당당한 나의 요구에 친구들은 미소를 지으며 밥과 반찬을 나눠줬다. 가끔씩 밥을 먹기 싫어하는 여학생들의 도시락을 싹싹 비워주기도 했다. 내게 점심시간은 풍요로운 뷔페였다. 얻어온 밥과 반찬이 너무 많아서 다 먹지 못할 때도 있었다. 도시락을 준비해 오지 못하는 친구가 몇 명 더 있었다. 그들은 쉬는 시간에 매점을 가거나, 수돗가에서 물을 마셨다. 얻어먹는 것을 부끄러워했던 것 같다.

점심시간마다 밥과 반찬을 얻어먹었던 그 시절, 부끄러움이나 열등감을 느끼지 않았다. 그런 내 행동은 당연한 것이었다. 공장 노동과 살림, 척추 장애인이었던 아버지까지 돌봐야 했던 어머니는 누구보다도 바빴다. 그런 어머니가 도시락을 싸주지 못하는 건 당연하다고 생각했다.

내가 할 수 있는 효도는 도시락 없이도 씩씩하게 학교에 다니는 것이었다. 가끔씩 밥과 반찬을 주지 않는 친구가 있어도 속상해 하지 않았다. 잘 주는 친구들이 훨씬 많았기 때문이다. 수저 하나로 끼니를 해결하는 내 모습을 부러워하는 아이들도 많았다.

"이대성, 너는 정말 대단한 놈이야."

"무인도에 떨어뜨려놔도 살아남을 거야."

내 친구들은 나의 뻔뻔함과 당돌함을 특이하게 생각하고, 부러워했다.

서울 홍파 초등학교 4학년에 재학 중일 때, 부모님은 경동 시장에서 리어카로 노점상을 했다. 한푼이라도 더 벌고 싶었던 어머니는 리어카를 두 대 운영했다. 한 대는 휠체어에 앉은 아버지가 쥐포와 엿을 팔았고, 한 대는 어머니가 야채를 팔았다. 새벽마다 아버지의 휠체어를 끌고 한약상가에 위치시키는 것이 나의 임무였다. 쥐포리어카는 어머니가 끌었다. 이렇게 1차 수송이 끝나면, 어머니는 두 번째 리어카를 끌고 야채 도매 시장으로 향했다. 아버지의 휠체어를 끌 때마다 등굣길에 마주치는 친구들을 불러 모았다.

"야~같이 밀어줘."

내 부모가 노점상을 하는 것, 아버지가 장애인이라는 사실을 부끄러워하지 않았다.

초등학교 4학년 겨울 방학이었다. 어머니는 야채 리어카를 두 대 운영해보자고 말씀하셨다. 초등학생이었던 나에게 장사를 해보라고 제안한 것이다.

"대성아, 너는 성격이 밝으니까 잘할 수 있을 거야."

어머니는 나의 명랑한 모습을 믿었다. 내가 맡았던 야채는 '대파'였다. 처음에는 쑥쓰러웠다. 리어카 옆에 멍하니 서있기만 했다. 리어카 옆을 지나치는 행인들이 힐끔 나를 쳐다보았다. 어느 정도 시간이 지나자 용기가 생겼다.

'아, 이거 오늘 다 팔아야 집에 갈 텐데…'

한편으로는 어머니가 기뻐하는 모습을 기대하기도 했다. 그때부터 리어카에 올라탔다. 또래 아이보다 키가 작았던 나는 리어커 한 쪽 바퀴 쪽의 받침대 위에 올라서서 소리를 치기 시작했다.

"대파 2단에 500원!"

"싱싱하고, 맛있고, 몸에도 좋은 대파가 두 단에 500원!"

지금도 그 가격과 수량을 기억하고 있다. 평소에 교회를 다니면서 통성 기도, 찬송가와 복음성가를 목청 높여 불렀다. 성가대에서 활동했고, 축구를 하면서 크게 소리치는 것이 생활화되어 있었다. 사

람들 앞에서 소리 지르는 것에 자신이 있었던 나는 순식간에 시장의
분위기에 적응했다. 지나가던 사람들의 시선이 순식간에 나에게 집
중되었다.

"어머, 너 몇 살이니? 에고, 귀여워라."

시장을 거닐던 사람들이 구름처럼 몰려 왔다. 대성공이었다. 순식
간에 리어카 바닥이 보였다. 대파가 필요한 사람도 샀겠지만, 호기
심에 재미로 사주는 사람도 많았다. 청과물 시장 한복판에서 어린아
이가 리어카 위에 올라가서 야채를 팔고 있는 것이 신기하고, 기특
하다고 느낀 것 같았다. 그렇게 초등학교 시절, 장애인 아버지의 휠
체어와 노점 리어카를 함께 끌고, 야채장사를 하면서 어머니와 아버
지의 삶을 현장에서 생생하게 경험했다.

리어카 위에 처음 서 있을 때에는 멈칫했는데, 한번 소리를 내기
시작하니까, 걷잡을 수 없는 열정이 뿜어져 나왔다. 스스로의 존엄
을 잃지 않았기에 가능했다. '친구들이 보면 어떻게 하지?' 이런 생
각이 조금이라도 있었다면 그날 그 장사를 할 수 없었을 것이다. 대
파를 빨리 팔겠다는 목표 의식, 어머니를 기쁘게 해드리겠다는 다짐
덕분에 대파를 팔 수 있었다. 부끄럽다는 생각보다는 스스로 대단하
다고 여기는 마음이 그런 행동을 가능하게 했다. 초등학생 이대성은
가난한 장애인 부모를 부끄러워하지 않았다. 언제나 당당하고 씩씩
했다.

나의 부모는 언제나 나를 과대평가했다. 아버지는 담배를 입에 물
고, 소주잔을 기울일 때마다 나를 범상치 않은 인물이라고 칭찬했

다. 부모님의 칭찬과 기대는 도가 지나칠 정도였다. 매일 이런 소리를 듣다 보니 스스로 특별한 존재로 인식했다. 부모님의 칭찬과 과대평가로 나는 언제나 당당했고, 열정적이었다.

인간은 누구나 각자의 고유함을 갖고 태어난다. 어떤 사람은 처음 보는 사람 앞에게 말을 잘 걸고, 어떤 사람은 잘 들어준다. 운동 능력이 뛰어 나고, 그림을 잘 그리는 사람도 있다. 사람은 모두 다르다. 같을 수가 없다. 그러니까 본성대로 살아야 한다. 생겨먹은 대로 살아야 한다. 그래야 좋아하고, 잘 하는 일을 할 수 있고 행복할 수 있다. 각자가 생겨 먹은 대로 사는 것이 가장 바람직한 삶의 모습이다. 우리 집이 가난하고, 어머니가 바빠서 도시락을 싸가지 못하는 것은 내 책임이 아니었다. 나는 나를 특별한 존재로 여겼다. 부모가 가난한 것과 나와는 별개라고 생각했다. '왜 나는 도시락을 싸줄 수 없는 엄마를 만난 거야, 왜 우리 엄마는 돈이 없는 거야, 왜 우리 아빠는 용돈을 안 주는 거야' 이런 생각을 해봐야 바뀌는 것은 아무것도 없다.

사람은 누구나 단점이 있다. 나의 단점은 키가 작다는 것이다. 장점도 있다. 목소리가 컸다. 어떻게 생각해 보면 단점은 단점이 아닐 수도 있다. 초등학교 시절에 대파를 조기 매진 시킬 수 있었던 것은 작은 키 덕분이었다. 타인의 시선을 많이 의식하지 않았던 것도 도움이 되었다. 성인이 된 다음에도 내 키는 크게 자라지 않았다. 어머니는 내게 늘 말했다.

"키는 엄마 닮으면 안 되는데."

안타깝게도 어머니의 바람과 반대로 성장하지 못했다. 나의 키는 어머니를 닮았다. 현재 나의 신장은 159cm이다. 대한민국 성인 남성들 중에 나보다 작은 사람은 별로 없다. 강의 현장에서 내 키를 공개하면 청중들은 열광한다. 신체적인 단점을 당당하게 공개했다는 것에 즐거워한다. 청중들에게 동기부여를 자연스럽게 해줄 수 있다. 신체, 외모, 가정환경 등 내가 선택하지 않은 것들은 단점이 아니다. 부정적으로 보니까 그것이 단점처럼 느껴지는 것이다.

키가 작다면 '나는 아담한 사람이야'라고 생각해야 한다. 열정적인 사람은 키 따위에는 신경을 안 쓴다. 역사상 키가 작으면서도 위대한 일을 해낸 사람은 셀 수 없을 만큼 많았다. 가난하다고 불만을 갖는 것보다는 '나는 그러지 말아야지'라고 생각해야 열정이 생긴다. 키가 작아도, 못생겨도, 부모가 가난해도 스스로 존엄한 존재라고 믿어야 한다. 인간이라는 이유 하나만으로도 가치는 충분하다. 부모가 어쩌고저쩌고, 환경이 어쩌고저쩌고 하는 것은 핑계이고, 변명일 뿐이다. 우리는 스스로에게 의미를 부여할 의무와 권리가 동시에 있다.

나를 과소평가하는 사람들을 향해 용기 있게 저항해야 한다. 착각하면서 살아야 한다. 가난해도, 못생겨도, 소심해도 괜찮다. 그것조차도 나인 것을 어쩌겠나. 자신이 스스로 대단하다고 착각하는 사람들이 삶의 주인으로 살아가고, 각자의 욕망대로 성취를 해낸다. 열정은 자신을 소중하고, 특별하고, 고귀한 존재로 인식하는 착각 속에서 시작된다. 그것이 열정의 핵심 요소다. 내 주변의 모든 상황을 온전히 받아들여야 한다. 스스로 존엄하다고 미친 듯이 착각해야한다. 자존은 인생에서 가장 중요한 태도다. 기술과 지식 따위는 금방 습득할 수 있다. 위기의 순간에 용기와 희망을 주는 것은 자존이다. 이 세상에 나에게 힘을 줄 수 있는 사람은 나 밖에 없다. 나에 대한 다른 사람의 부정적인 시선과 평가는 쓰레기다. 분리수거할 가치도 없다. 타인에게 피해를 주지 않는 범위 내에서 멋대로 생각하고, 행동해야 한다. 스스로 세상을 구하는 기사라고 착각했던 돈키호테가 되어야 한다. 오늘 아침에도 거울 속에 비친 나를 향해 윙크와 함께 엄지척을 날리자. 그리고, 이렇게 외치자.

"나는 단점이 없는 사람이야."

5.
열정은 간절할 때
가장 뜨겁다

어머니는 재산도, 지식도 없었다. 음주와 폭행을 일삼는 아버지로
부터 벗어나 하루라도 마음편히 살고 싶었던 어머니는 서울에서 울
산으로 야반도주를 했다. 여인숙에서 청소와 빨래를 했던 어머니는
몇 년 만에 전세방을 얻었고, 작은 분식점을 운영하게 되었다. 그럭
저럭 먹고 살 만했다. 우리 가족의 가난은 울산에서 서울로 올라오
면서 모든 재산을 사기당한 후부터 시작되었다. 초등학교 시절부터
군 입대까지 늘 가난에 허덕였다.

직업 군인이 된 후 어머니에게 생활비를 꾸준하게 보내드렸다. 그
일을 중간에 그만두지 않았던 덕분에 어린 시절의 가난과 결핍으로
부터 일부 해방될 수 있었다. 안정적인 직업이라는 것이 왜 중요한
지를 알게 되었다.

2004년 공무원과 결혼을 하면서 어머니는 잠시 안도의 한숨을 내
쉬었다. 결혼 생활 5년 만에 이혼을 했다. 내 삶의 첫 번째 시련이 닥
쳤다. 모아둔 재산은 없었고, 아내 명의로 된 자동차도 돌려줘야 했

다. 하루아침에 빈털터리가 되었다. 더욱더 힘들었던 것은 지휘관과 주임 원사, 동료들의 따가운 시선이었다. 후배들의 시선도 예전 같지 않았다. 이혼 소식은 순식간에 부대 전체에 퍼졌다. 내 이야기를 들어주는 사람은 없었다. 늘 주변 사람들의 관심과 칭찬을 원하고 있었는데, 그런 것들이 사라지니까 내 자신이 한없이 원망스럽고, 초라하게 느껴졌다.

이혼 후, 부대에서 극도로 외로워진 나는 출근해서 만나는 사람들을 마주할 때 웃을 수 없었다. 애써 밝은 표정을 지으며 점심시간에 족구를 하고, 업무도 미친 듯이 해봤지만 그때뿐이었다. 운동과 업무만으로는 마음이 치유되지 않았다. '나는 쓸모없는 인간'이라는 생각을 했다. 이렇게 사느니 차라리 죽는 게 낫겠다는 생각도 들었다.

부정적인 감정은 불행의 시작이다. 일상이 슬픔과 절망이라는 감정으로 가득했다. 위로가 필요했다. 아무라도 상관없으니, 내 옆에서 내 이야기를 들어주기만 해도 좋을 것 같았다. 다양한 채팅과 SNS 활동에 몰입했다. 내가 올린 글에 댓글을 달아준 사람이 너무 고마웠다. 나에게 관심을 가져주는 사람은 인터넷 상에서 소통하는 정체불명의 사람들뿐이었다.

그러던 어느 날, 사무실에 새로운 과장이 전입 왔다. 김××소령이었다. 그는 소위 시절부터 부대에 대한 애정과 열정이 남다르다고 소문이 났던 사람이다. 중대급 제대의 지휘관을 하면서 새벽에 용사들과 함께 구보를 했다. 부지런히 부대 곳곳을 순찰했다. 부대와 장병들을 사랑하는 훌륭한 군인이었다. 낡은 승용차는 늘 주차장에서 먼지가 쌓이도록 운행을 안 했고, 휴가도 가지 않았다. 소위·중위·대위를 거쳐 거침없이 소령 진급을 했다.

"정말 김××소령님이 오시는 겁니까? 완전 좋습니다!"

이등병부터 대위까지 모든 장병들은 그가 온다는 사실에 기뻐했다. 그는 여러 가지 혁신적인 업무들을 추진했다. 군인 가족 청와대 견학이 그 대표적인 것이었다. 아는 분 중에 청와대 부대변인이 계시다는 것이었고, 청와대에 단체로 견학을 가자는 것이다. 지휘관을 비롯한 간부들은 정치 쪽에 그런 인맥이 있다는 사실에 적지 않게 놀랐다. 지원과장(인사, 군수)이면서도 정보과 업무를 도와줬다. 언제나 적극적인 태도로 부대업무에 임했다.

과장은 나의 운동시간을 철저하게 보장해줬다. 너무 고마웠다. 그를 위해서 충성을 다하겠다고 다짐했다.

어느 날부터인가 그는 내게 개인적인 이야기를 하기 시작했다.

"보급관은 꿈이 뭐예요?"

"특별한 꿈은 없습니다. 그냥 군 생활 무사히 정년까지 하는 겁니다."

솔직히 나는 꿈이라는 것을 생각해 본 적도 없었고, 그런 것에 관심도 없었다. 그저 하루하루 무사히 버텨내고, 안정적으로 봉급을 받는 것만으로도 충분히 만족하면서 살고 있었다.

"이혼하셨다면서요? 힘드시겠어요."

그는 나의 과거와 현재, 미래에 대해서 묻기 시작했다. 나의 한마디 한마디에 귀를 기울이며 공감해줬다. 감정에 복받쳐서 울기라도 하면 함께 눈물을 글썽이며 나를 안아줬다. 거의 매일 대화를 나누면서 내 외로움과 슬픔이 사그라지고 있었다. 사람이 사람의 이야기를 들어주는 것만으로도 치유가·되고, 위로가 되고, 힘이 된다는 것을 이때 처음 느꼈다. 그는 전역 후에 큰 사업을 할 것이라고 말했다.

"나는 세계적인 기업을 만들 겁니다. 이대성 상사 같은 인재가 필요합니다."

"네? 제가요? 과장님 과찬이십니다."

"아니에요, 이대성 상사님 같은 분은 군대에만 있기에는 아까운 분입니다."

늘 나를 존중해주고, 칭찬해주는 그가 좋았다. 그러던 어느 날, 그는 나를 조용한 곳으로 불러냈다.

"경주에 원전 부지를 갖고 있는데, 지금 보상금 문제로 법적 소송이 진행 중이에요."

경주에 엄청난 규모의 땅을 갖고 있고, 보상금만 나오면 사업 자금으로 활용할 계획이라고 했다.

"그래요? 과장님 엄청 부자시네요."

나의 말을 들어주고, 칭찬으로 기분 좋게 해주는 그의 인격에 더해서 재산까지 많이 있다니! 과장에 대한 신뢰가 더욱 깊어졌다.

"경주 시골집에 어머니 혼자 사시는 집이 있는데, 그 집 공사를 해야 해요. 급하게 현금이 필요한데, 지금 제 수중에는 한 푼도 없네요. 며칠만 도와줄 수 있을까요?"

그는 나에게 돈을 빌려달라고 했다. 당시 나는 이혼을 하고 난 후라서 통장에 돈이 없었다.

"제가 가진 돈이 없어요. 과장님. 어쩌죠?"

"대출 한번 알아봐 보세요, 며칠만 쓰고 이자는 후하게 드릴게요."

한 사무실에서 일을 하고 있었고, 군인이었고, 나를 믿어주는 사람이었기에 나는 한 치의 의심 없이 대출을 받아서 입금했다. 그로부터 일주일이 지났지만, 입금이 되지 않았다.

"과장님, 입금은 언제 가능하신가요?"

"내일 보내드릴게요. 어머니가 좀 바쁘다고 하시네요."

의심하지 않았다. 그 다음날도 입금이 되지 않았다. 그 다음날도, 그 다음 달에도 입금하지 않았다. 알고 보니, 그 사람은 나 외에도 초임장교와 부사관 등을 상대로 수억을 빌린 후 갚지 않고 있었다. 이상하게 생각한 나는 단도직입적으로 물었다.

"과장님, 며칠만 쓰고 주신다더니 벌써 몇 달째입니까?"

"힘들죠? 제가 빨리 마련해 볼게요. 일주일만 기다려 주세요."

독촉을 받을 때마다 늘 일주일, 또는 내일이라고 말했다. 돈을 빌려준 사람이 조급해 하는 반면 그는 언제나 여유로웠다. 어떤 대위는 대부업체로부터 1억이 넘는 돈을 대출 받아서 빌려 줬다고 했다. 김 소령은 소위 시절에 알았던 현역 대령을 찾아가서 5천만 원을 빌리고 갚지 않는 대담성을 보이기도 했다. 더 이상 참을 수 없었다. 나의 아픈 마음을 이용했다는 사실에 분노했다. 헌병대에 사기죄로 신고했다. 결국 그는 구속되었고, 빌려준 돈은 받지 못했다. 군인은 상호간 금전 거래가 금지되어 있었는데, 지시사항 위반이라는 건으로 징계도 받았다. 이혼이라는 상처가 아물기 전에 당했던 치명적인 사기 사건이었다.

같은 해 3월 어머니, 12월에 아버지가 세상을 떠났다. 연이은 어머니와 아버지의 죽음으로 극단적인 외로움을 느꼈다.

'왜 나한테만 이런 일이 벌어지는 걸까?, 사람을 믿었던 내가 그렇게 잘못한 일일까?'라며 세상을 원망했다. 나란 존재는 세상이 버린 존재라고 생각했다. 나는 패배자였고, 외로운 존재였다.

미치광이가 되어 있었다. 여기서 바람직한 방향으로 나의 에너지를 전환시키지 못하면 평생 낙오자로 살지도 모른다는 생각이 들었다. 미치도록 간절했다. 그것이 하루하루를 긴장감으로 몰아 세웠다. 절박함이 없는 사람은 절대로 열정적일 수 없다. 세상은 나를 알아주지 않았지만, 오로지 프리랜서 강사가 되어야겠다는 생각만 했다. 그러다 보니 방법이 하나씩 보이기 시작했다. 40년간 한 번도 알아보지 않았던 강사가 되는 방법을 검색하기 시작했다. 강사들이 모이는 카페에 가입을 했고, 교육을 들으러 다녔다. 수천만 원의 대출금과 카드빚이 있었지만, 숫자 따위가 내 앞을 막아설 수는 없었다. 내 간절함은 돈에 대한 두려움조차도 녹여 버렸다. 한 명당 200만 원이 넘는 교육을 듣기 위해서 아내와 함께 서울까지 달려갔다. 새벽 기차, 때로는 직접 운전을 해서 갔다. 교육 현장에는 대단한 열정을 가진 사람들이 많았다. 50대, 60대에 인생 2모작을 준비하는 사람들이 달려왔다. 창원, 김해, 울산 등 전국에서 새벽잠을 설치며 오는 사람들도 있었다.

어떤 교육을 듣더라도 사람들로부터 동기부여를 받았다. 나를 가르쳤던 강사들이나 함께 교육 받았던 사람들은 늘 나에게 '열정적인 사람'이라고 말했다. 한명도 빠짐없이 '열정'이라는 단어를 붙여서 나를 표현했다. 나중에 들었는데, 너무나도 간절했기 때문에 평범한 사람의 눈빛이 아니었다고 한다. 그 이유로 나를 부담스럽게 생각하는 사람도 많았다. 경제적 궁핍, 군대 생활의 피폐함, 자기관리의 부실, 부모의 사망, 인간관계의 고립 등으로 외롭고, 힘겨운 나날을 극복하기 위해서 안간힘을 쓰는 내 눈빛은 흔들렸다. 늘 누군가를 경계하고, 경쟁에서 최고가 되기 위해서 미친 듯이 달려들었다. 누구라도 만나러 갔고, SNS를 통해서 수백 명의 사람들과 소통했다. 목숨을 내어 놓을 정도로 간절하다 보니까, 뭐든지 자연스럽게 행동으로 이어졌다.

3P바인더로 시간 관리를 배웠을 때에는 펜과 노트를 잠시도 손에서 놓지 않았다. 매일 시간을 기록하고, 시간에 의미를 부여했다. 30분 단위로 시간을 계획하고, 기록했다. 하루하루 기록된 시간은 그야말로 신문 기사의 그것처럼 빽빽하고 빈틈이 없었다. 나의 시간 관리 기록은 3P자기경영연구소 강규형 대표로부터 극찬을 받기도 했다. 독서 노트도 새로운 형식으로 작성했다. 파워포인트로 만든 화면을 사진파일로 전환해서 독서노트에 첨부시켰다. 매주 1권씩 그

런 식으로 만들었다. 처음에 작성할 때에는 시간이 오래 걸렸다. 이틀 넘게 걸렸던 것으로 기억한다. 하지만, 지금은 몇 시간이면 해낸다. 강사가 되기 위해서는 책의 내용을 사진과 함께 쉽게 보여줄 수 있도록 PPT로 작성할 줄 알아야 한다고 생각했다. 그러기 위해서는 지금 당장 이런 훈련을 스스로 하지 않으면 안 된다고 생각했다. 내 나이는 40대였고, 시간이 별로 많지 않다고 느꼈기 때문이다. 당시 독서 교육을 진행했던 《본깨적》의 저자 박상배 작가는 나의 새로운 독서노트에 대해서 큰 칭찬과 격려를 해줬다. 강사가 되겠다는 간절한 마음이 나로 하여금 그렇게 하게 했다.

41세의 어느 날, 새로운 그릇에 새로운 삶을 담고 싶었다. 그녀의 바람대로 바람직한 인간으로 변화하고 싶었다. 가슴이 시키는 일, 내 본성이 이끄는 일, 그 일이 강사였다는 사실을 알게 되었다. 강사가 되고 싶었다. 목숨을 내어 놓을 정도로 간절했다. 하루하루 강사가 되기 위해서 자발적으로 노력했다. 군대 생활을 하면서 평일에는 하루에 네 시간 이상 글을 쓰고, 책을 읽었다. 주말에는 다양한 교육을 미친 듯이 뛰어 다녔다. 단 1초도 그냥 흘러가게 두고 싶지 않았다. 어떤 상황도, 그 누구도 내 간절함을 막을 수 없었다. 광기서린 간절함으로 보낸 일상 속에서 아름다운 희망을 보게 되었다. 강의 현상에서 사람들에게 나의 이야기를 전하고, 그로 인해서 기뻐하는 아내의 모습을 상상했다. 2년이 지난 후, 나는 강사가 되었다.

간절함은 몸과 마음을 저절로 움직이게 한다. 간절하지 않은 사람은 아무것도 하지 않는다. 아무것도 하지 않으면서 간절하다고 말하는 사람은 거짓말을 하는 것이다. 간절하면 몸과 마음이 저절로 움직인다. 내가 진행하는 DRI열정리더십 교육에서도 간절한 사람과 그렇지 않은 사람은 확연하게 차이가 난다. DRI 열정리더십에서는 하루 3시간 자기 성장을 위한 시간을 가지라고 강조한다. 자기 성장의 시간이라 함은 운동, 독서, 글쓰기, 사색 등 몸과 마음을 어제보다 좀 더 낫게 만들기 위해 사용하는 시간이다. 매주 5~6가지의 숙제를 해야 하는데, 간절한 사람은 눈빛부터 다르다. 치열하게 책을 읽고, 글을 쓴다. 강의 준비도 치열하게 한다. 반면에 간절하지 않은 사람은 숙제는 당연히 소홀하게 하고, 출석조차 안 한다. 나는 간절하지 않은 사람에게 간절해야 한다고 강요하지 않는다. 동기부여랍시고, 서로를 경쟁시키고, 채찍질하지 않는다. 자발적이며, 간절한 사람만이 변화와 성장이 가능하다. 자발적이지 않고, 간절하지 않은 사람은 아무것도 할 필요가 없다. 해봤자 재미도 없다. 자발적인 척, 간절한 척하는 사람들은 타인의 시선과 평가에 연연해하는 사람일 뿐이다. 타인에 의해서 강제적으로 뭔가를 하는 것처럼 어리석은 것도 없다. 낭장은 뭔가 하는 것처럼 보이지만 곧 식는다. 차가워진다. 원래 상태로 돌아간다. 수많은 교육현장에서 내가 직접 확인했다.

스스로 깨달았을 때라야 간절해진다. 스스로 필요하다고 뼛속 깊이 느껴야 한다. 그래야 열정적으로 행동한다. 목이 마르면 스스로 우물로 달려간다. 목이 마르지 않은 나귀는 강제로 우물에 데려다놔도 물을 먹지 않는다. 스스로 필요하다고 느끼면 알아서 찾아다니고, 경험하고, 부딪힌다.

변화의 필요성을 가장 강력하게 느끼는 시기는 죽도록 힘든 상황이다. 힘든 상황을 극복하기 위해서 노력하는 사람은 열정적인 사람으로 변화한다. 반대로 힘든 상황 속에서 주저앉아서 울부짖고, 신세 한탄만 하는 사람은 열정적인 사람이 될 수 없다.

열정의 특징은 지속성이다. 지속적이지 않는 것은 열정이 아니다. 다른 사람의 영향력만으로 변화하는 사람은 지속성이 떨어진다. 일회성, 단발성에 그치는 열정은 열정이라고 말할 가치가 없다. 2002년 월드컵의 대한민국 국민의 열정도 진정한 의미에서는 열정이라고 볼 수 없다. 월드컵이 끝난 후에는 모두 사그라졌기 때문이다. 열정은 지치지 않아야 한다. 지속적으로 지치지 않으려면 무엇보다도 스스로 간절해야 한다. 스스로 변화해야 한다.

'절대로 멈추면 안 돼. 나는 반드시 할 거야'라고 매일매일 다짐해야 한다. 매일 스스로 이런 생각을 할 수 있어야 열정적인 사람이다. 이런 자발성을 이끌어내기 위해서는 무엇보다도 간절함, 즉 절박한 심경이 있어야 한다. '여기서 멈추면 내 인생은 끝이다. 이것만은 반드시 해낸다'라는 간절한 마음이 있어야 스스로 할 수 있는 힘이 생긴다. 이런 마음이 없는 사람은 절대로 변화할 수 없고, 성장할 수 없다.

간절한 사람은 낭떠러지에서 위태롭게 서있는 사람이다. 낭떠러지에 위태롭게 서 있다가 뒤로 밀려나면 나뭇가지라도 잡으려고 안간힘을 쓰게 된다. 이렇게 자신이 가진 모든 에너지를 쏟아부어서 안간힘을 쓰게 되면 나도 모르게 강한 힘이 생긴다. 그 힘이 잠재력이다. 잠재력은 불가능을 가능하게 하는 힘이다. 잠재력이 폭발해야 진정한 열정으로 승화된다. 그러기 위해서는 스스로 목숨을 걸 만큼 간절한 대상이 있어야 한다. 이런 간절한 마음이 열정 에너지를 지속적으로 펌프질해준다.

6.
열정적인 사람들은
열정 충전기다

어려서부터 내 주변에는 바쁜 일상 속에서 하루하루를 버텨내는 부모님과 이웃들이 있었다. 어머니는 새벽부터 밤늦게까지 공장 노동과 리어카 행상을 했다. 생계를 위해서 고된 하루하루를 보냈다. 공장에서 일할 때에는 월급날을 기다리는 것만이 인생의 유일한 목적이었다. 척추 장애로 스스로 머리조차 감을 수 없는 아버지는 매일 술에 취해서 세상에 대한 불만을 쏟아냈다.

밤마다 술에 취한 아버지의 욕설과 폭언이 골목길을 가득 메웠다. 우리 가족은 하루 벌어 하루 먹고 사는 삶의 프레임에 갇혀 있었다. 이웃들의 모습도 비슷했다. 뭔가에 쫓기는 사람들처럼 아침부터 밤늦은 시각까지 분주했다. 귀가 후에 가족들과 행복한 식사 시간을 갖는 사람들은 거의 없었다. 자녀와 부모, 부부, 형제간의 갈등으로 조용한 날이 없었다. 그런 집에 있는 것이 싫었다.

중학교에 입학하면서 방황이 시작되었다. 나와 비슷한 환경의 친구들과 어울렸다. 밤마다 컴컴한 아파트 놀이터 구석을 장악하고,

담배를 피우고, 술을 마셨다. 늦은 밤 귀가하는 여성들의 핸드백을 빼앗고, 술에 취해 길에 쓰러져 있는 아저씨의 지갑을 훔쳤다. 학원을 마치고 귀가하는 학생을 협박해서 돈을 빼앗았다.

유흥업소에는 돈과 쾌락, 권위를 중요하게 생각하는 사람들이 많았다. 조직 폭력배들은 철저한 수직 관계였다. 형님과 아우로 서열을 나누었다. 나이가 적으면 반말과 욕설을 들어야 했다. 나이가 어리고, 돈이 없는 자들에게 인간의 존엄 따위는 없었다. 서로를 존중하고, 배려해주는 모습은 볼 수 없었다. 경찰이나 단속요원들에게 붙잡히면 그 상황은 더 심하다. 어떤 의경과 형사는 내 얼굴만 보면 욕을 했다. 조직 폭력배, 유흥업소 종사자, 경찰들과 부대끼는 동안 삶의 소중한 에너지, 긍정과 존중을 경험하기 어려웠다.

군 간부가 되면 결혼하지 않은 사람들에게는 독신자 숙소가 지원된다. 방 한 개에 2~3명이 함께 생활했다. 지금은 각 실마다 침대, 책상, 신발장 등 기본 가구들이 비치되어 있지만, 당시에는 개인이 모두 구비해야 했다. 한두 명의 애주가 때문에 퇴근 후에는 언제나 술 파티가 벌어졌다. 냉면 그릇에 소주를 가득 부어서 원 샷을 하면 진정한 사나이라고 했다. 매일 반복되는 소주 파티는 고통스러웠다. 나는 아버지와 밤 문화의 경험 때문에 그런 술 파티가 더욱더 싫었다. 당직 근무, 휴가가 아니면 매일 참여해야 했다. 술 파티의 마무리는 폭력이었다. 술만 마시면 폭력적으로 변하는 선배는 술자리에서 폭력을 자주 행사했다. 대화를 나누다가 갑자기 벌떡 일어나더니 한

명씩 뺨을 때리거나, 발로 걷어찼다. 반항할 수 없었다. 퇴근 후 그렇게 지내는 것이 자연스러웠다. 새벽마다 단란주점과 노래방을 전전했다. 가기 싫어도 나오라고 하면 나가야 했다. 대부분의 술값은 더치페이로 계산했지만, 만취한 선배를 데리러 갔다가 내가 술값을 낸 적도 있다. 술꾼 선배에게 군대 생활의 목적은 오로지 술과 여자였고, 후배 위에 군림하고자 했던 추악한 권위였다. 나도 점점 그렇게 변해갔다.

나는 군대 교육 성적이 뛰어났다. 임관반, 중급반, 고급반 교육에서 늘 1등을 차지했다. 그 덕분에 상사 진급을 빨리 했다. 상사 진급을 앞둔 상황에서 상급 부대로 발령이 나서 예하 부대를 통제하는 업무를 맡게 되었다. 계절별로 식중독 사고 예방 활동, 하계 재난 예방 점검, 창고관리 실태 점검, 동계 화재사고 예방 활동 등 다양한 검열 활동을 계획하고 시행했다. 검열을 다닐 때마다 카메라를 갖고 다녔다. 미흡한 현장을 여과 없이 촬영했다. 어떤 날은 200장 이상 촬영하기도 했다. 세상 만사가 그렇겠지만, 완벽은 불가능하다. 특히 군대는 의무복무를 하는 용사들이 많다보니, 어느 분야를 막론하고 미흡한 점이 있을 수밖에 없다. 나는 언제나 장점보다는 단점을 찾으려고 혈안이 되어 있었다. 그렇게 업무를 수행하면 지휘관과 과장으로부터 칭찬을 들을 수 있기 때문이다. 덕분에 '부대의 문제를 잘 파악해서 보고하는 실무자'로 인식되었다. 훗날 전해들은 바에 의하면 내가 검열 가는 날이면 부대가 비상에 걸릴 지경이라고 했다. 많은 간부들이 내가 부대를 방문하는 것을 싫어했다고 한다. 군인으로서 나의 가치관은 권위와 안정이었다. 권위는 계급이 낮은 사람 위에 군림하려는 것이었고, 안정은 책임지지 않으려는 것이다. 군대 생활을 하는 내내 불필요한 권위 의식, 책임 회피를 위해서 하루하루를 살았다. 나도 모르는 사이에 어릴 때부터 경험해왔던 문화의 파편이 수없이 박혀 있었다. 소리 없이 내리는 안개비에 온몸이 젖고 있는지 모르는 것처럼 권위적이고, 부정적인 사람이 되어 있었다.

개인의 잠재력을 찾고, 미래의 경쟁력을 갖추기 위해서는 세 가지의 요소가 필요하다고 한다. 《결국 이기는 사람들의 비밀(리웨이원 저)》에서 언급된 '자아 발견의 3요소'를 살펴보자.

첫 번째는 희소성이다.

누구도 따라오지 못하는 나만의 특별한 재능을 찾아야 한다. 누구나 쉽게 따라할 수 있는 것이라면 경쟁을 해야 하기 때문이다. 어떤 누구도 범접할 수 없는 나만의 특별한 재능을 찾는 것이 중요하다.

두 번째는 실천 능력이다.

제 아무리 위대한 재능을 가진 사람이라도 실천하지 않는 재능은 빛이 날 수 없다. 말하는 재주가 뛰어나도 말을 하지 않는다면 아무것도 아닌 것이 된다. 글 쓰는 재주가 있는 사람이 글을 쓰지 않는다면 그 재능은 빛을 잃는다. 능력을 가졌더라도 실천하지 않는다면 아무 의미가 없다.

마지막 세 번째는 지속 가능성이다.

생이 끝날 때까지 지속적이어야 한다. 송해, 이순재, 나훈아 등 배우나 가수들 중에는 평생 그일을 지속적으로 해오고 있는 사람들이 있다. 그들은 자신의 일을 사랑한다. 그런 삶은 참 멋지다. 우리도 이렇게 되어야 한다. 타인의 시선과 평가에 짓눌려서 하는 것은 그 어떤 것이라도 무의미하다. 평생 할 수 있는 일, 좋아 하는 일을 하면서 살아야 열정적으로 살 수 있다.

열정적인 사람들과 함께하는 시간이 길어질수록 나의 잠재능력을 찾는 시간을 단축시킬 수 있다. 그들의 행동하는 모습을 보면서 나도 그들처럼 행동하고 싶어진다. 그러다보면 지치지 않는 끈기도 갖게 된다.

강사가 되기로 마음먹었을 때부터 만났던 사람들은 지금까지 만났던 사람들과는 확연하게 달랐다. 그들은 긍정적이었고, 열정적이었다. 현실에 안주하기 보다는 좀 더 나은 미래를 향해서 한걸음 한걸음 내딛는 사람들이었다. 사람을 향해서 긍정적으로 말하는 것이 너무나도 자연스러워서 충격을 받을 지경이었다. '왜 저렇게 긍정적이지? 너무 가식적인 거 아니야?'라며 의심을 한 적도 있다. 그게 옳은 것이었나. 미소, 칭찬, 감사, 자존감, 꿈, 열정, 목표 등 그들을 만날 때마다 삶의 소중한 가치들을 하나씩 깨닫게 되었다. 초등학교부터 고등학교를 다니고, 일을 하면서 세상에 그런 가치가 있다는 것조차도 몰랐다. 다람쥐가 쳇바퀴 돌리듯 살아온 내 삶이 그들을 만나면서 놀랍게 변화하기 시작했다. 강사들의 모임, 독서모임에 참여했고, 다양한 교육을 받았다. 교육 현장에서 만났던 사람들은 모두 남다른 사람들이었다. 나에게 자극이 되어 줬고, 격려를 해줬다.

삶이 재미없고, 유익하지 않고, 희망이 없는 이유를 알고 싶다면 나와 관계하고 있는 사람들의 삶을 들여다봐야 한다. 그들은 열정적인가? 타인을 배려하는가? 긍정적인가? 돈, 외모, 권위에 쉽게 흔들리지 않는 사람인가? 인간 존엄을 생각하는 사람인가? 함께하면 기분이 좋아지는 사람인가? 이 질문에 명쾌하게 'OK'라는 대답을 할 수 있는 사람들을 만나야 한다.

열정적인 사람이 되고 싶다면 당장 만나는 사람을 바꿔야 한다. 지금까지 만났던 사람들이 아니라 다른 사람을 만나야 한다. 좀 더 긍정적이고, 좀 더 활기차고, 좀 더 열정적인 사람들로 내 주변을 채워야 한다. 그렇게 해야 좀 더 빠르게 삶을 변화시킬 수 있다.

동호회에서 새로운 사람을 만나면 좋다. 독서모임에 참여하면 열정을 충전할 수 있다. 조기 축구회, 등산 동호회, 색소폰 동호회, 자전거 동호회 등 특별한 취미와 영입의 목적을 위해서 이루어지는 모임도 좋지만, 독서모임은 책을 통해서 각자가 가진 생각을 나누는 모임이기 때문에 내적 성장을 기대할 수 있다. 독서모임에 참여하는 사람들은 대부분 긍정적이고, 진취적이다. 나는 독서모임에서 만난 사람들로부터 좋은 영향력을 얻을 수 있었다.

세상에 존재하는 모든 투자 방법 중에 가장 위대한 투자는 자신을 위한 투자다. 절대로 손해볼 일이 없다. 서울, 대구, 대전, 부산 등 전국을 다니면서 교육을 받았다. 비용도 많이 투자했고, 시간과 열정도 쏟아부었다. 교육을 통해서 얻는 지식과 콘텐츠도 훌륭했지만, 열정적인 사람들을 만나는 것이 큰 도움이 되었다. 자기계발 교육을 받으면 열정적인 사람들을 만날 가능성이 높다. 그들은 현실의 삶에 안주하지 않고, 성장하고자 하는 욕구가 강하다. 나와 가족, 사회를 향한 애정이 있는 사람들이 많다. 자신의 삶과 일에 대한 사랑이 크다. 그런 사람들의 표정과 몸짓, 말을 잘 살펴보면 배울 점들이 보인다. 그들을 자주 만나면 점점 그들을 닮아간다.

열정적인 사람이 되려면 열정적인 사람들을 자주 만나야 한다. 교육을 받으면 그런 사람들을 만날 수 있다. 내가 진행하는 DRI열정 리더십 교육에 참여하는 사람들은 모두 열정적인 사람들이다. 그들은 서로를 존중하며, 늘 웃으면서 악수를 먼저 청한다. 직업과 성별, 재산, 사회적 지위로 상대를 평가하지 않는다. 나이가 많다고 어른 행세를 하는 사람도 없고, 재산이 많다고 가난한 사람을 무시하는 사람도 없다. 젊고, 가난해도 당당하고 기분좋은 관계를 맺을 수 있다. 이런 교육과 모임을 찾아가면 열정적인 사람들을 만날 수 있다.

인간의 변화에 가장 강력한 영향을 미치는 것은 사람이다. 열정적인 사람의 표정, 말, 감정을 보고, 듣고, 느끼는 것만으로도 기분이 좋아지고, 동기부여를 받는다. 자기 계발 교육의 목적은 단순한 기술과 지식, 지혜를 습득하는 것이 아니다. 그곳에 가면 좋은 사람을 만날 수 있다. 그들은 대부분 긍정적이다. 불만이나 불평보다는 칭찬과 응원을 한다. 타인의 단점보다 장점을 보려고 노력한다. 타인의 성장을 돕고 싶어 하고, 좋은 에너지를 나누고 싶어 한다. 현실의 삶에 안주하지 않고, 본질을 찾기 위해서 끊임없이 사색한다. 이런 사람들과 자주 어울리다 보면 나도 그들을 닮아간다. 그러다보면 내 삶의 방향이 어떻게 바뀔지 모른다. 이런 사람들과 인연을 이어간다 면 그것보다 좋은 인연은 없다. 운명 같은 인연으로 이어지는 사람 은 특별한 바람 없이 나의 잠재력과 개성을 믿고, 존중해 주는 사람 이다. 자기계발 교육에 참여하면 운명적인 인연이 되어주는 열정적 인 사람을 만날 가능성이 높다. 사람은 사람으로부터 영향을 받게 된다. 변화는 내가 갖고 있는 것을 버리고, 새롭게 태어나는 것이 아 니다. 변화는 내가 가진 재능과 열정의 방향을 올바르게 바꾸는 것 이다. 그렇게 하기 위해서 가장 먼저 해야 할 일은 만나는 사람을 바 꿔야 한다.

7.
열정은 단순함과
몰입이다

　군대에 있을 때 나의 직책은 보급관이었다. 중요한 업무 중 하나가 물자 분야였는데, 급식, 피복, 취사기구, 사무기기, 난방기구 등 장병들이 사용하는 물자들을 관리하는 업무였다. 개인별로 지급하는 품목, 시설에 비치해서 사용하는 물자들의 가짓수가 수백 가지가 넘는다. 모든 물자를 전산 재산 대장에 등재하고, 청구, 수령, 저장, 정비, 반납 등의 업무를 했다. 개인과 부대별로 지급하고 남는 물자들은 품목별로 구분해서 창고에 저장해야 한다. 이론과 실제는 언제나 달랐다. 창고 곳곳에는 불필요한 물자들이 넘쳐나고, 제 기능을 발휘하지 못하는 정비품과 폐품들이 공간을 차지하고 있었다. 수시로 그것들을 처리하지 않으면 각종 검열과 평가 시에 지적을 받는다.

　지금은 부대의 거의 모든 시설과 물자들이 국가 예산으로 조달되고 있지만, 내가 군대 생활을 할 당시에는 많은 시설과 물자들을 자급자족해야 했다. 총기는 보급되었지만, 총기 보관함은 자체 제작했고, 벽돌로 만들어진 창고 내부의 선반은 직접 만들어서 비치했다. 중대 행정 보급관들은 시설물 보수와 증축, 구성품 제작을 위해서 목재, 합판, 철근 등의 자재와 절단기, 용접기, 드릴 등 다양한 공구를 갖고 있어야 했다. "대한민국의 행정 보급관들이 한 곳에 모이면 마징가 제트도 만들 수 있을 것이다"라는 말이 있을 정도로 행정 보급관들의 작업 능력은 대단했다. 그러다 보니 중대 창고와 작업장에는 정체불명의 자재들이 산더미처럼 쌓여 있었다.

군대는 전쟁이 발생하면 신속하게 전투 물자를 적재하고, 전투 준비를 해야 한다. 전투에 필요하지 않은 폐자재들이 부대 곳곳에 방치되어 있으면 전투 준비에 제한을 초래할 수 있다. 따라서 전투 부대는 실시간으로 불필요한 자재를 처리해야 한다. 전쟁이 발발했을 때 물자들을 신속하게 처리하기 위해서 〈전시 물자 분류 지침〉에 의해서 사전에 적재 계획을 수립한다. 전시 상황을 고려한 물자 관리의 핵심은 '창고 경량화'이다. 한마디로 싣고 가야 할 물건들을 최소화하고, 가볍게 관리하라는 말이다. 그래야 전투준비를 신속하게 할 수 있다.

지식 과부하 시대, 역대급 초강력 울트라 소비 시대를 살고 있는 우리의 삶도 경량화시켜야 한다. 내려놓을 것은 과감하게 내려놓아야 한다. 열정적인 일상을 살기 위해서는 단순한 마음을 가져야 한다. 우리에게 주어진 시간과 열정은 제한적이다. 문어발식으로 이 사람 저 사람 모두 다 연락하고, 이것저것 다하려고 하면 시간과 열정만 낭비되고, 성과는 별로 없다. 열정적인 사람은 선택과 집중을 잘하는 사람이다. 중요한 일 한두 가지만 확실하게 하면 나머지는 그리 중요하지 않다. 우리의 삶이 피곤하고, 바쁘고, 힘든 이유는 복잡하기 때문이다. 전투 준비를 위해서 창고를 가볍게 하듯이 우리의 삶도 가볍게 만들어야 한다.

> '죽음의 순간에 사람들은 못 다한 일이나 인생 계획표에 대해 생각하지 않는다. 오직 사랑과 가족에 대해 생각한다.'
>
> _ 릭 루빈

가족이라는 단어는 언제나 가슴 뭉클하고, 감동적인 단어다. 세상 사람 모두가 내게 등을 돌려도 가족만은 내 편을 들어줄 거란 기대감을 갖고 있다. 사랑하는 가족을 위해서라면 뭐든지 다 할 수 있다. 그것이 죽음이라 할지라도… 그만큼 가족은 소중한 존재다. 우리는 늘 가족과의 행복을 꿈꾼다. 가정이 화목한 사람은 표정도 밝고, 하는 일도 잘 풀린다. 조상에 대한 감사의 마음을 갖고 부모님께 효도하고, 일가친척이 화목하게 사는 것처럼 의미 있고, 행복한 일은 없다. 인간으로 태어나서 가족을 갖는 것은 의무이자 권리라고 말하는 사람들이 많은 이유이다. 가족은 존재만으로도 소중한 의미를 가진 존재이다. 반대로 생각해볼 수도 있다. 가족은 내가 하고 싶어 하는 일을 못하게 할 때도 있다. 자녀를 낳고 키우는 부모는 그들을 올바르게 성장시키기 위해서 자신의 고유한 삶을 희생한다. 자녀는 부모의 반대 때문에 하고자 하는 것을 마음껏 하지 못할 때가 있다. 가정을 지키기 위해서 만성 피로와 스트레스, 과음 속에서 매일 천근만 근 무거운 몸을 일으켜 출근하는 아버지의 헌신이 필요하다. 어머니는 자신이 가진 재능과 욕망을 세상에 마음껏 내어 놓지 못한 채 늙어간다. 부모님의 생신, 조상을 기리는 제사, 결혼식, 장례식 등 다양한 집안 행사를 준비하고, 참여한다. 그런 것을 제대로 해내지 못하면 '후레자식'이라는 비난의 대상이 되기도 한다. 집안의 다양한 행사는 우리나라 자녀들의 자유로운 욕망을 자연스레 억제시키는 족쇄와도 같다. 그런 행사를 준비하기 위해서 쓰는 시간과 에너지, 감정의 소비는 상상을 초월한다. 나는 그 모든 행사들이 간소화되거나 사라져야 한다고 생각한다. 그런 복잡한 관습들은 우리 삶의 본질적인 행복과 크게 상관이 없기 때문이다. 자손을 사랑하는 조상은 그것을 원할 것이다. 그런 이유 때문에 가족이 없는 편이 낫다고 생각하는 사람도 있다. 가족이라는 이름은 소중한 가치를 가지기도 하지만, 삶의 짐이 되기도 한다. 가족은 양날의 검이다.

나에게는 대구에서 재혼한 아내 외에는 가족이 없다. 구체적으로 말하면 부모, 형제자매, 자녀가 없다. 친척이 있긴 하지만, 연락 안하며 산 지 오래되었다. 이 세상에 혼자다. 부모님이 계시고, 형제자매와 자녀가 있는 사람을 보면서 '부럽다'라고 생각한 적이 별로 없다. 자유롭고, 행복하다. 가족이 없어서 행복한 것이 아니라, 어찌하다 보니 가족이 없게 된 상황을 긍정적으로 받아들일 뿐이다. 가족이 없기 때문에 내가 하고자 하는 일에 집중하면서 살 수 있다. 글을 쓰고, 책을 읽고, 강의 준비 하는 것을 방해하는 사람은 없다. 강의 준비, 독서, 글쓰기, 운동, 게임 등을 내가 원하는 시기에 원하는 만큼 할 수 있다. 가족이 없기 때문에 가능한 일이다. 일반 강사보다 조금 더 빠르게 직업을 바꿀 수 있었던 것도 온전히 하고 싶은 일에 집중할 수 있는 시간이 많았기 때문이다.

결혼을 하든지 안 하든지, 가족이 있고 없고는 중요하지 않다. 내가 마주한 상황을 긍정적으로 받아들이는 것이 중요하다. 가족이 있다고 무조건 좋은 것도 아니고, 안 좋은 것도 아니다. 가족이 없는 것이 무조건 좋은 것도 아니고, 안 좋은 것도 아니다. 상황이 중요한 것이 아니라, 태도가 중요하다. 불행하다고 생각하면 한없이 불행하고, 행복하다고 생각하면 누구나 행복해질 수 있다.

세상에 정답은 없다. 진리라 하는 것도 뒤집어 생각하면 진리가 아닐 수도 있다. 누구도 반대할 수 없는 진리가 하나 있다. 그것은 바로 우리 모두는 죽는다는 것이다. 누구나 늙고, 누구나 죽는다. 인류 역사상 그 어떤 사람도 영원히 사는 사람은 없었다. 조선의 태평성대를 이끌었던 세종대왕, 광활한 만주벌판을 호령했던 광개토대왕, 만리장성을 축성하고 영생을 꿈꾸었던 중국의 진시황제도 지금은 이 세상에 존재하지 않는다. 우리의 젊은 시설도 곧 끝난다. 그러므로 하루를 어떤 생각으로 보내느냐는 매우 중요한 문제이다. 해야 할 일을 하느라 하고 싶은 일을 못하고 있지 않은지, 의미 없는 일을 하느라 의미 있는 일을 할 시간을 흘려 보내고 있지 않은지 돌아봐야 한다. 나를 위해 무엇을 투자하고 있는가? 돈, 시간, 열정을 어디에 사용하고 있는가? 일상에서 아버지와 어머니, 형님과 언니, 남편과 아내, 아들과 딸, 친구로서의 의무를 잠시 내려놓을 수 있는 시간이 필요하다. 이 세상 누구도 내 삶을 대신 살아주지 않기 때문이다. 내가 내 삶을 사는 것이다. 너무 많은 의무를 이행하느라 내가 하고 싶은 것을 할 수 있는 권리를 포기하지 말아야 한다.

경주의 김치찌개 전문점에서 식사를 했다. 그곳에서 판매하는 메뉴는 오직 '김치찌개' 하나였다. 최상의 밥을 제공하기 위한 개별 압력 밥솥 운영, 계란 프라이 셀프 조리 외에는 특별한 것이 없었다. 주문을 하면 김치찌개 재료가 담긴 냄비와 밥을 내어주는데, 그다음부터는 손님이 알아서 조리해서 먹어야 한다. 식사를 하는 내내 연신 감탄을 쏟아냈다. 얼큰한 김치찌개와 계란 프라이의 담백함이 조화를 이루어 맛이 기가 막혔다. 전기 압력 밥솥에서 방금 꺼내온 밥맛도 일품이었다. 그 식당은 김치찌개, 계란 프라이, 밥에만 집중하는 식당이었다. 식당에는 손님들로 북적거렸지만 일하는 분들은 한가로워 보였다.

동네 분식점에는 다양한 메뉴들이 즐비하다. 김밥, 떡볶이, 순대, 냉면, 국수, 라면, 우동, 수제비, 칼국수, 쫄면, 라볶이, 만두, 오뎅, 각종 덮밥, 오무라이스, 볶음밥, 된장찌개, 김치찌개, 고등어조림, 해장국, 육개장, 호박죽, 단팥죽, 돌솥비빔밥, 잡채밥, 돈까스 등 한식, 양식 가릴 것 없이 모든 식사 메뉴를 망라해서 취급하고 있다. 이런 분식점은 가격은 저렴하지만, 맛이 훌륭하지는 않다. 분식점에서 식사를 해결하는 이유는 간단하게 허기를 채우기 위함이다. 귀한 손님과의 식사를 분식점에서 하는 경우는 없다. 김치찌개 전문점은 김치찌개를 선택하고, 나머지는 내려놓았다. 분식점은 너무 많은 것을 손에 쥐고 있다. 나는 전문점인가, 분식점인가?

강의를 처음 시작했을 때 모든 강의를 다 하려고 했다. CS(고객 만족), 스트레스 코치, 웃음 치료사, 힐링 지도사, 레크리에이션, 팀빌딩, 조직활성화, 동기부여, 펀리더십, 독서법, 기록관리, 시간관리, 지식관리, 진로캠프, NCS, 인문학 등 다양한 분야의 모든 강의를 하려고 했다. 이것도 좋아 보이고, 저것도 좋아 보였다. 모두 다 내가 할 수 있을 것 같았다. 누구보다도 다양한 분야의 강의를 많이 하고 싶은 욕심이 있었다. 그것이 잘못된 생각이었다는 것을 깨닫는 데는 그리 오랜 시간이 걸리지 않았다. 내 몸은 하나였기 때문이다.

우리에게 주어진 시간은 영원하지 않다. 하루하루 보내는 시간의 합은 곧 인생 전체에 영향을 미치게 된다. 에너지도 유한하다. '두 개의 심장'을 가진 박지성이라 할지라도 90분 풀타임의 축구 경기를 하루 종일 할 수는 없다. 언젠가는 지치게 되어 있다. 수시로 휴식과 충전의 시간을 가져야 한다. 이 세상에 완벽한 사람은 없고, 영원불멸의 에너지를 가진 사람도 없다. 모든 것을 완벽하게 할 수 없고, 언젠가는 멈춰야 할 타이밍이 있다. 선택과 집중을 해야 한다. 내가 집중해야 할 일을 단순화시켜야 한다. 단순해야 열정적으로 할 수 있다. 하고 싶지 않은 것은 하지 않아야 한다. 과도한 욕심을 버려야 한다.

욕심이 앞서면 억지로 하게 된다. 그렇게 되면 준비하는 과정도 힘들고, 성취감과 보람도 별로 못 느낀다. 너무 많은 것을 모두 잘 해내려고 하는 것은 어리석은 선택이다.

중요한 것 한두 가지만 잘해도 인생을 사는 데 큰 문제가 없다. 모든 공부를 다 하려 하고, 모든 사람들과 좋은 관계를 맺으려 노력하고, 모든 사업을 다하려고 하는 사람의 모습을 열정적인 삶이라고 생각하는 사람들이 의외로 많다. 물론 더 큰 꿈을 이루고, 더 큰 성취를 이루기 위해서 노력하는 것은 중요하다. 그러나 그것만이 열정은 아니다. 인생 전체를 봤을 때는 열정이 아니다. 그것은 독버섯 같은 욕심이다. 욕심을 채우기 위해서 뛰어다니는 것을 열정이라고 생각하기 때문에 마음이 힘들다. 너무 많은 것을 가지려 하고, 너무 많은 것을 하려고 하고, 너무 많은 것을 알려고 하는 사람치고 표정이 해맑고, 하루하루를 행복하게 보내는 사람은 없다.

열정의 본질은 사랑이다. 진정한 열정은 자신의 삶을 미치도록 사랑하는 마음에서 비롯된다. 자신의 삶을 사랑한다는 것은 일만 열심히 하는 것을 의미하지 않는다. 때로는 열정적으로 놀 줄 안다. 열정적인 인생을 사는 사람들은 여유가 있다. 자신이 하고자 하는 한두 가지 일과 공부, 놀이에 집중한다. 그리고 그것을 뜨겁게, 확실하게, 멋지게, 재미있게 한다. 너무 많은 사람들과 치열하게 관계하지 않는다. 개인의 자유와 존엄을 지키며, 일상과 업무를 조화롭게 만들어간다. 그런 생각을 가진 사람들과 연대하면서 살아간다. 좀 더 큰 의미의 열정은 복잡하지 않고, 치열하지 않은 것이다. 그래야 에너지를 집중할 수 있고, 그래야 여유를 가질 수 있다. 스스로 행복하지 않은 그 어떤 선택도 정당화될 수 없다. 복잡함을 강요하는 열정에 용기 있게 저항해야 한다.

모든 것을 잘하는 사람은 없다. 그것은 진리다. 예수는 사랑을 실천했기에 위대한 성인으로 추앙받고 있다. 예수가 수학 문제를 잘 풀고, 영어를 잘하고, 운동을 잘했다는 기록은 어디를 찾아 봐도 없다. 예수는 사랑을 실천했다는 사실만으로 위대하다. 손흥민 선수는 축구에 집중한다. 자유 시간에는 게임을 즐긴다. 손흥민 선수가 피겨 스케이팅이나 수학 공부를 잘하지는 않는다. 그의 표정은 언제나 훈훈하고, 열정적이다. 탁월한 성과를 내고, 행복한 삶을 사는 사람들은 언제나 단순하다. 내가 얄팍하게 아는 분야라도 나보다 뛰어난 전문가들은 넘쳐난다. 다른 사람들이 하니까, 얼떨결에 배우러 다니는 것은 내게 주어진 제한된 시간과 에너지를 길거리에 버리고 다니는 것과 다를 바 없다. 모든 것을 다하려고 애쓸 필요 없다. 내가 하고 싶은 것, 내가 잘하는 것 몇 가지에 집중해야 열정적으로 즐기면서 할 수 있다.

'척당불기倜儻不羈 : 뜻이 있고, 기개가 있어 남에게 얽매이거나 굽히지 않는다.'

타인의 배려와 평가에 기대는 것이 습관이 된 사람은 평생 덫에 갇힌 채 산다. 그들은 그것이 덫인지조차 모른다. 그 덫에서 나와야 한다. 그래야 자유로울 수 있다. 당당하게 남에게 얽매이거나 굽히지 않는 삶을 살기 위해 가장 먼저 해야 할 일은 무엇일까? 욕심을 줄이는 것이다. 타인에게 뭔가를 요구하고, 받아먹는 행위를 하는 순간 기개는 온 데 간 데 없고, 얽매이게 된다. 인생을 살면서 비루하게 살지 않는 것은 당연한 일인데, 주변을 돌아보면 비루한 사람이 더 많은 것 같다. 내 부모에게 자랑스러운 자녀가 되기 위해, 내 배우자와 자녀에게 자랑스러운 부모가 되기 위해, 누구보다 내 자신을 위해서 찌질하고, 비겁하고, 초라하게는 살지 말아야 한다. 단순해져야 하는 이유가 여기에 있다.

나는 여행을 다닐 때 짐을 많이 갖고 다녔다. 친구들과 여행을 가면 집에서 즐겨 입는 옷과 액세서리를 거의 다 챙겼다. 춤추기 위해서 입어야 하는 다양한 청바지와 힙합 스타일의 옷들, 잠잘 때 입는 체육복, 선글라스도 5~6개 챙겼다. 헤어젤과 스프레이, 선크림, 스킨과 로션 등 다양한 화장품, 헤어드라이기와 여러 켤레의 운동화와 샌들도 가방에 쑤셔 넣었다. 보드게임, 카드, 화투 등 놀거리도 챙겼다. 내 키만큼이나 길쭉한 등산 배낭을 꽉 채웠다. 여행을 가기 전에는 물건을 챙기기 위해서 많은 시간과 노력을 쏟아부었다. 무엇이 필요할지 꼼꼼하게 고민하고, 없는 물건은 구매했다. 여행 떠나기 전부터 빠뜨린 것은 없는지 다시 체크했다. 여행가방은 부피도 크고, 무거웠다. 여행을 준비하면서 너무 많은 에너지를 쏟아부었다.

여행지에 도착해서 가장 먼저 해야 할 일은 가방을 내려놓는 일이었다. 가방을 들고 다니면 제대로 여행을 즐길 수 없었다. 그렇게 가져간 대부분의 물건들은 여행에서 필요하지 않았다. 오히려 여행에

방해가 되었다. 여행에서 너무 큰 가방을 갖고 가면 몇 가지 문제가 발생한다. 첫째, 이동이 불편하다. 가방의 부피가 크고, 무거울수록 이동이 제한된다. 둘째, 마음이 불편하다. 가방에 있는 물건이 없어 질까 봐 신경이 쓰인다. 행여나 가방을 잃어버리기라도 하면 큰일이다. 여행을 여행답게 즐기기 위해서는 큰 가방에 많은 짐을 채워서 가는 것은 바람직하지 않다. 여행객의 가방은 작고, 가벼워야 한다. 그래야 더 많은 곳을 구경할 수 있고, 더 빠르게 이동할 수 있다. 잃어버릴 물건이 없기 때문에 마음도 홀가분하다.

백화점이나 마트에 가면 쇼핑하는 사람들이 넘쳐난다. 계절별로 옷을 구매하고, 집안 분위기를 바꾸기 위해서 다양한 가구와 가전제품, 소품들을 구매한다. 여성들은 명품 가방과 액세서리, 고급 화장품에 열광한다. 쇼핑은 스트레스를 해소시켜준다고 하지만, 쇼핑은 인간의 낮은 수준의 욕망이다. 초등학생에게는 장난감 로봇이 훌륭한 선물이 되겠지만, 성인에게는 유치한 장난감에 불과하다. 삶의 본질을 생각하는 사람, 옳다고 믿는 신념을 향해서 하루하루를 의미 있고, 재미있고, 열정적으로 사는 사람에게 쇼핑은 큰 의미가 없다.

갖고 싶은 것을 가져야 한다는 강박관념은 우리를 점점 더 치열한 경쟁으로 내몰고 있다. 가지지 못한 사람들은 열등감 때문에 괴로워한다. 좋은 차를 갖고, 건물을 갖는 것이 꿈이고, 목표라고 생각하는 사람들이 많다. TV에 나오는 연예인들의 화려한 일상을 보고 있노라면 평범하게 사는 내 모습이 초라해 보인다. 대중들의 소비 욕구를 자극하는 기업들의 제품 개발과 마케팅 전략은 상상을 초월한다.

앞으로도 기술의 발전은 계속될 것이며, 기발한 아이디어와 기술이 융합된 상품들은 끝없이 쏟아져 나올 것이다. 그것을 갖기 위해서 이리 뛰고, 저리 뛰면서 발버둥칠 것이다. 가계 부채가 늘어가고, 범죄가 늘어가는 이유가 다 여기에 있다. 욕망의 주인보다 노예의 수가 증가할수록 사회는 점점 병들어간다.

어떤 사람도 세상의 모든 것을 소유하는 것은 불가능하다. 물질에 대한 과도한 욕심을 버리지 않는 이상 행복한 삶을 사는 것은 불가능하다. 끊임없이 진화하는 마케팅 전략에 생각 없이 휘둘려서는 안 된다. 즉흥적으로 구매하는 물건들은 짧게는 며칠, 길게는 몇 개월 이내에 필요 없게 되는 경우가 많다. 소유를 향한 욕망의 방향을 바꾸지 않으면 삶은 점점 더 복잡해진다. 피곤하다.

내 집을 마련하기 위해서 부동산 담보로 대출을 받아서 집을 구매하고, 그 대출금을 갚느라 허리가 휘어지는 삶을 살 필요도 없다. 셋방살이도 나름대로 재미있다. 남의 집에 세 들어 살면 불행하다는 것은 옛날이야기다. 요즘에는 세 들어 사는 사람에게 갑질하는 집주인도 별로 없다. 가까운 미래에는 집은 넘쳐 나고, 인구는 줄어들어서 다양한 형태의 집들이 비게 된다. 그런 집을 바꿔 가면서 살아 보는 것도 재미있을 것 같다. 많은 사람들이 새 집을 사고 싶어서 안달이다. 이 세상의 모든 집을 내 것으로 만들 수는 없다. 그것은 불가능하다. 설사 그 집들이 내 소유가 된다고 해서 행복한 것도 아니다. 소유를 하게 되면 관리를 해야 한다. 관리를 하기 시작하면 즐겨야 할 시간이 부족해진다. 인생을 진정으로 즐기는 사람들은 내 집 마련에 대한 미련도 없다. 살다 보면 집이 생길 수도 있고, 계속 셋방 살이를 할 수도 있다. 집이 있느냐, 없느냐가 중요한 게 아니다. 내가 좋아 하는 일을 하면서, 재미있고, 의미 있게 하루하루를 사는 것이 더 중요하다. 그렇게 살다 보면 돈도 벌게 되고, 집도 가질 수 있게 될 것이라고 생각하는 것이 바람직하다. 설령 그렇지 않더라도 상관 없다. 내 삶에 열정적으로 임했기에 후회는 없다. 나는 그런 삶이 멋 진 삶이라고 생각한다.

우리는 벌거벗은 상태로 태어났고, 벌거벗은 채 죽는다. 과도하 고 불필요한 욕심을 버려야 한다. 욕심을 부리게 되면 신념대로 사 는 것이 불가능해지기 때문이다. 타인의 시선과 평가를 의식하게 된 다. 욕심이 많은 사람은 언제나 다른 사람의 눈치를 본다. 타인이 원 하는 대로 움직여야 한다. 타인을 이용한다. 그런 사람만이 욕심을 채울 수 있다. 삶을 행복하게 일궈가고, 선한 영향력을 나누면서 살 아가기 위해서는 자신이 가진 재능과 욕망, 그리고 그것을 구현하는 신념과 기술 한 두 가지에 집중해야 한다.

나의 일상은 단순하지 못했다. 많은 사람들과 만나고, 관계하면서 사는 것이 행복한 것이라고 생각했다. 그들이 언젠가는 나에게 도움 이 될 사람들이라는 욕심을 가졌다. 다양한 모임에 가입을 하고, 그 들이 주최하는 모임에 참석했다. 다양한 교육을 들으면서 만난 모든 사람들과 친해지려 애를 썼다. 모든 분야의 모든 것을 알고 싶어 했 다. 그곳에서 만나는 사람들과의 관계를 유지하고, 그들이 하는 일 에 동참하고 지지하기 위해 열정을 쏟아부어야 했다. 그들이 말하는 모든 것이 옳은 것이라 믿으려 노력했고, 나에게 해주는 충고나 지적은 수용해야 한다고 생각했다. 그것이 의리이고, 열정이라고 생각했다. 그렇게 해야 나중에 그들로부터 콩고물이라도 얻어먹을 수 있을 것 같았다. 그들의 마음에 들어야 내 욕심을 챙길 가능성이 있기 때문에 내가 가고자 하는 방향과 달라도 수용하면서 함께해야 했다.

그러는 동안 내 자신의 성장을 위해서 써야 할 시간과 에너지가 부족하다는 것을 깨달았다. 내가 원하는 것을 하면 죄책감을 느껴야 할 때도 있었다. 세상 사람들은 내가 원하는 것을 하는 것보다 그들이 원하는 대로 생각하고, 행동하기를 바라고 있었다. 욕심이 내 마음을 불편하게 만들고 있었다.

각종 모임에서의 활동을 멈추었다. 내가 원하는 대로 사는 것을 싫어하는 사람들과 거리를 두었다. 더 심한 경우에는 관계를 끊었다. 오로지 내가 하고 싶은 것을 하기 위해서, 내가 옳다고 생각하는 신념대로 살아야겠다고 다짐했다. 사람들이 나를 떠나도 상관없다고 생각했다. 나의 일상과 업무를 단순화시켰다. 글쓰기, 외부 강의, DRI열정리더십교육, 독서모임 등 핵심적인 활동 외에는 일정을 잡지 않았다. 그렇게 하다 보니 이렇게 책을 쓰게 되었고, 교육 과정도 더욱더 내실 있게 진행되고 있다. 아내와 반려견 뽀삐, 해피와 함께하는 시간이 늘었다. 일상이 여유롭고, 행복해졌다. DRI 8대 문화를 포함해서 내가 추구하는 신념과 문화를 긍정적으로 생각해주는 사람들과 함께 공동체를 유지하고 있다. 단순화시키고 나니 에너지가 넘치고, 성장도 빨랐다. 나의 존엄을 가벼이 여기는 사람들의 시선과 평가가 두려워서 마음 가는대로 행동하지 않는 것은 스스로에게 저지르는 죄악이다.

돈과 명예에 대한 과도한 욕심을 내려놓으면 모든 사람이 똑같아 보인다. 돈 많은 사람들 앞에서 주눅 들지 않고, 돈 없는 사람들을 가벼이 여기지 않게 된다. 유명한 사람이나 평범한 사람이나 똑같아 보인다. 수천억의 자산가와 가난한 대학생이 비슷한 존재로 느껴진다. 내가 생각하는 훌륭한 사람의 기준은 타인의 존엄과 자유를 보장하느냐 안 하느냐이다. 돈 많고, 유능하고, 유명한 것이 훌륭함의 기준이 아니다. 타인을 존중해 주는 사람이 훌륭한 사람이다. 욕심을 내려놓으면 사람을 대하는 태도가 달라진다. 당당해지고, 섹시해진다. 나의 신념대로 내가 하고자 하는 일 몇 가지에 집중하면 삶의 질이 놀랍게 달라진다.

삶은 여행이다. 여행 기간은 정해져 있다. 열정도 한계가 있다. 하루하루 쏟아부을 수 있는 시간과 에너지는 유한하다. 4차 산업혁명의 시대다. 새로운 기술과 콘텐츠들이 넘쳐난다. 이 시기에 우리가 선택해야 할 것은 둘 중 하나다. 새로운 기술 발전에 발맞춰서 힘겹게 달릴 것인가, 본질에 집중하며 행복한 나날을 보낼 것인가. 너무 많은 것을 가지려 하고, 너무 많은 것을 알려고 하고, 너무 많은 사람들과 관계하려고 하는 사람은 바쁘기만 하고, 불행해질 가능성이 높다. 여행지에서 집채만한 가방을 양손에 들고, 머리에 이고, 등에 매고 다니는 것과 같다. 내가 가진 것을 떨어뜨리지 않고,

잃어버리지 않기 위해서 한걸음 한걸음 내딛는 것이 마냥 힘겹기만 할 것이다.

모든 것을 잘하려고 발버둥칠 필요가 없다. 영어가 재미있으면 열정적으로 공부하면 된다. 그렇지만, 영어가 필수라고 하니까 좋아하지도 않는 영어를 빡세게 공부할 필요는 없다. 적당히 다른 과목 만큼만 해도 괜찮다. 좋아하지도 않으면서 욕심 때문에 억지로 하는 공부는 별로 도움이 안 된다. 그 시간에 내가 좋아하는 과목에 몰입하는 게 바람직하다. 멋진 몸매를 만들기 위해서 휘트니스에 다니고, 수영장에 다니는 것도 진심으로 즐기지 않는 것이라면 적당히 하거나, 다른 운동을 하는 게 낫다. 단지 다른 사람에게 멋진 몸매를 보여주기 위해서 힘들어도 억지로 참고 견디면서 하는 것이라면 안 하는 게 낫다. 그걸 왜 하고 있나? 그 시간에 내가 좋아하는 것을 해야 한다.

내가 하고 싶은 것 한두 가지에 좀 더 많은 시간을 내어서 에너지를 집중한다면 인생은 더욱더 열정적으로 변화한다. 모든 사람들을 알고 지내고, 모든 사람들에게 잘 보이려고 노력할 필요도 없다. 내가 옳다고 믿는 것을 열정적으로 하다 보면 그것에 대해서 긍정적으로 평가해주는 사람과 자연스럽게 인연이 된다. 그런 사람들이 내 삶을 진정으로 염려해주고, 응원해주는 사람들이다. 세상에 그런 사람 몇 명만 있으면 충분하다. 좋은 사람으로 평가되려고 에너지를 낭비하는 것은 어리석은 짓이다. 그 에너지를 나의 성장을 위해 사용해야 한다. 나를 바로 세우는 것이 가장 중요한 일이 되어야 한다.

열정적인 사람은 언제나 단순하다. 지금보다 더욱더 단순해지려고 노력해야 한다. 만나는 사람을 줄여야 한다. 하는 일을 줄여야 한다. 배우는 것을 줄여야 한다. 욕심을 줄여야 한다. 돋보기로 태양 빛을 하나로 모으지 않으면 절대로 종이를 태울 수 없다. 그렇게 단순하게 살아야 유한한 시간과 에너지를 효율적으로 사용하면서 여유롭고, 즐겁게 살 수 있다.

8.
나를 아는 것보다
급한 일은 없다

강사가 되겠다고 마음먹었을 때 내가 할 수 있는 것은 별로 없었다. 당장 강의를 할 수 있는 것도 아니고, 나를 강사로 인정해주는 사람도 없었다. 할 수 있는 것이라고는 교육을 듣는 것, 글쓰기, 책읽기 밖에 없었다. 교육은 교육비를 부담하고 해당 장소로 가야 했고, 글쓰기와 책읽기는 스스로 온전히 그 행위에 집중해야 했다. 교육은 담당강사, 동료들, 새로운 장소라는 세 가지의 동기부여 요소가 있다. 일단 그 장소에 가기만 하면 어찌되었든 공부를 하게 된다. 글을 쓰고, 책을 읽는 행위는 오로지 나만의 열정으로 해야 한다. 아무도 도와주는 사람이 없다. 책상 앞에서 홀로 해야 하는 일이다. 철저하게 나와 마주하는 시간이다. 그 순간이 나의 열정을 일깨우는 데 가장 소중한 시간이다.

매일 퇴근하자마자 PC 앞으로 달려갔다. 태어난 해부터 기억이 나는 대로 글을 썼다. 하루에 1개씩 최대한 구체적으로 썼다. 과거의 이야기를 찾아나서는 일은 마치 어두운 동굴 속으로 모험을 떠나는 기분이었다. 처음에는 막막하고 아무것도 보이지 않지만, 이내 동굴을 지나 드넓은 바다가 보이고, 푸른 잔디가 펼쳐진 초원이 보이기도 한다. 신기한 경험이었다. 글을 쓰는 시간은 내 삶을 되돌아보는 기회가 되었다. 매번 몰입이 되어서 과거의 내가 되는 기분을 느꼈다. 꼬리에 꼬리를 무는 생각들이 추억에 대한 기억을 되살렸다. 부모님의 결혼 이야기, 아버지의 음주와 폭행, TV 대신 동화책과 위인전을 읽었던 유년 시절, 큰아버지의 지원, 교회 이야기, 중학교 시절음란 만화와 비비탄 총 사건, 첫 흡연과 첫 성경험, 밴드부, 축구, 기타, 고교 졸업 후 취업 실패, 유흥업소, 음악사 알바, 주유소 알바, 군대 입대 등 추억의 사건들을 기록해 나갔다.

이렇게 나의 과거를 하나하나씩 곱씹으면서 내가 어떤 사람이었으며 지금은 어떤 사람인지를 알아가게 되었다. 6개월간 하루도 쉬지 않고 글을 썼다. 출생에서 군대 입대 전까지의 이야기가 125가지로 정리되었고, 분량은 318페이지에 달했다.

"일기는 사람의 훌륭한 인생 자습서다."

_ 수필가 이태준

2014년 일 년 동안 미친 듯이 일기를 썼다. 일기를 쓴다는 것은 나의 일상을 돌아보고, 내가 가진 생각을 알 수 있는 중요한 일이라는 확신이 들었다. 하루도 빠지지 않고, 하루에 최소 한 시간 이상 시간을 내서 일기를 썼다. 하루를 되돌아보고, 그날그날 느꼈던 기분과 생각을 여과없이 기록해봤다. 나의 일기는 세 가지 내용으로 구성되어 있다. '사실-구체적인 사실-의미'이다.

첫 번째는 사실Fact 이다. 그날 있었던 상황이다.

예) 오늘은 몸이 아파서 병원 진료를 갔다.

두 번째는 구체적인 사실Detail Fact이다.

구체적으로 어디에서 무엇을 했느냐를 기록한다.

예) 머리가 많이 아프다. 그래서 형제의원에 가서 링겔을 맞고 왔다.

세 번째는 의미Meaning이다.

가장 중요한 부분이다. 내가 느낀 감정과 생각을 기록한다. 하루 하루를 의미있게 만드는 역할을 한다.

예) 의사들이 고맙게 느껴졌다. 이분들이 없었으면 나의 두통을 누가 치료해줄 수 있었을까?

이런 식으로 매일 일기를 썼다. 부대에서 있었던 일들, 만났던 사람들, 독서나 영화감상을 하면서 기억에 남는 글귀나 대사를 적었다. 그날의 사건에 대한 내 생각과 감정, 깨닫거나 새롭게 알게 된 사실을 적었다.

일기 샘플 1

Date. 2014. 1. 1. 수   Title.

오늘은 새로운 한해가 시작되는 1월 1일이다. 오늘부터 일기를 쓰기로 했다.

그냥 저냥 잊혀져 가는 시간들을 모두 기억할 수 없어서 일기를 쓰기로 한 것이다.

물론 일상 속에서도 얼마든지 즐겁고, 추억하고 싶은 일들이 있기 때문이기도 하다.

오늘은 하루 종일 이곳저곳에서 새해 인사를 하는 문자들이 왔다.

그래도 나를 생각해주는 분들이 있다는 것에 감사하는 마음으로 아침을 열었다.

물론 나도 새해 인사를 문자로 보냈다. 하지만, 모든 분들에게는 못 보냈다. 저녁
에는 〈웹툰 예고살인〉이라는 영화를 봤다.

복싱선수도 하는 이시영이라는 배우가 나왔는데, 생각보다 연기를 잘했다.

웹툰 작가의 고뇌와 탐욕… 그런 것에 포커스를 맞추고 봤는데 재밌게 봤다. 작
가라는 직업이 얼마나 스트레스를 받는 직업인지도 공감할 수 있었고, 역시 "스
토리"라는 것이 얼마나 중요한지도 알았다. 공장에서 물건을 만들고, 판매하는
것처럼 이야기를 만들고, 그것을 파는 일도 그에 못지않게 중요하다는 것을 깨달
았다. 작년에 있었던 안 좋았던 일들은 모두 잊고,

새출발 하는 마음으로 내일 출근 준비를 하고 자야겠다.

첫날의 일기는 이렇게 짧았다. 영화를 봤는데, 영화 속 웹툰 작가
가 만들어내는 스토리가 중요하다는 사실을 깨닫게 되었다. 나의 스
토리를 세상에 꺼내 놔야겠다는 다짐도 했다. 그 이후의 일기는 더
욱 자세하게 기록했다.

Date. 2014. 1. 5. 일   Title. 리드교육원 수강신청

어제 당직근무를 서고, 아침에 집으로 와서 셰이크와 차를 마신 후 일찍 휴식을 취했다. 3시간쯤 지난 후 일어나서 서둘러서 리드교육원으로 출발을 했다. 리드교육원은 대구 중구에 위치하고 있는데, 피곤한 몸 상태를 감안하여 지하철을 타고 갔다. 지하철에 내려서 리드교육원을 가는 내 발걸음이 마냥 가볍지만은 않았다. 태어나서 처음으로 그런 곳에 가는 것이었고, 과연 어떤 곳이며, 나를 본 교육원 관계자들이 어떤 느낌을 받을지도 궁금했다. 내가 선택한 교육원이 과연 내가 원하는 것을 충분히 잘 가르쳐주고, 진로 안내도 잘해줄 수 있을까라는 의구심도 있었다.

리드교육원은 23년간의 전통과 노하우를 바탕으로 강사를 양성하는 교육원이다. 시간이 지나면서 강사라는 직업이 취업을 위주로 하게 되고, 정부지원 취업프로그램에도 교육비 지원이 반영되어서 실업자 구제 프로그램 위주로 교육이 진행되기도 하고, 병원 코디네이터라는 신종 직업이 활발하게 활동을 하게 되면서 내가 원하는 것이 맞는지 궁금했다.

(중략)

나에게 정성스레 메일을 보내주셨던 김윤해 팀장과 또 한분이 반갑게 맞이해줬다. 결론은 리드교육원이 강사의 기본을 성실하게 가르쳐줄 것이고, 강사의 첫걸음을 걷는 과정은 서비스 강사 과정이 가장 기본이라고도 했다. 강의 자세, 스킬, 각종 노하우부터 세부적인 전문 분야까지 가르쳐준다는 것이었다. 기간도 꽤나

길었다. 1월에 시작해서 4월에 수료하고, 자격증을 취득하기 위해서는 필기 시험과 실기 시험을 합격을 해야 한다고 했다. 단순하게 수료를 하는 것보다는 자격증까지 취득하는 것이 바람직하다고 했다. 강사 자격증을 취득하고 나면 보조강사로 출강하는 담당강사와 강의 현장체험을 5회 이상 한 후에는 인턴강사로 실제로 강의를 할 수도 있다.

리드교육원에서 교육을 받았던 이들이 훌륭한 강사가 되기 위해서 열정적으로 덤벼들고, 배우려고 노력하는 사람보다는 기존 직장이 있는 사람의 경우에는 하루하루 직장 생활에 대한 부담감이 있어서, 젊은 실업자들은 보조강사와 인턴강사까지의 과정이 당장 돈벌이가 되지 않는다는 이유로 끝까지 열정을 보이지 못해서 연락이 끊기거나, 강사 생활을 제대로 하지 못하는 경우도 상당했다고 했다. 교육원측에서는 잘하고, 좋아하는 강사를 원하고 있었다. 내가 지금은 좋아하지만, 앞으로는 잘할 수도 있는 강사가 되어야겠다고 마음속으로 다짐을 했다.

(중략)

집으로 돌아오면서 계속 생각에 빠졌다. 어떤 자세로 배울 것이며, 처음 보는 이들과 어떻게 친해질 것이며 갑자기 앞에 나와서 1분 스피치 같은 당황스러운 과제가 주어졌을 때 무슨 이야기를 할 수 있을지도 적어봤다. 이런저런 생각과 메모를 하면서 집으로 돌아오는 길은 그 어느 때의 외출보다도 설레기도 했고, 긴장도 했다.

오늘 하루는 당직근무 다음날인데도 TV 한번 켜보지 못했고, 소파에 누워 있을 시간도 없었다. 바빴던 하루였다. 몸은 피곤하지만, 중요한 곳에 갔고, 매우 중요삼 일째 되는 날부터 길게 쓰기 시작했다. 하루의 일과 중에서 의미 있는 일에 대해서 깊이 생각하기 시작했다. 강사가 되기 위해서 첫걸음을 내딛는 역사적인 날이었기 때문에 더 길게 썼던 것 같다. 이 일기를 읽을 때마다 그날의 감흥이 되살아난다.

일기를 쓰다 보니 내가 하루 종일 어떤 생각으로 살았으며, 내가 경험한 상황과 사람에 대한 감정 상태와 생각을 파악할 수 있었다. 내가 어떤 성향의 사람인지 조금씩 알아가기 시작했다. '이대성 하면 떠오르는 단어가 무엇일까'라는 질문을 끊임없이 하면서 혼자만의 시간을 가졌다. 이런 식으로 하루하루를 내가 원하는 것과 고민하는 것에 대해서 생각을 하다 보니, 1년이 지난 후 내가 어떤 것을 원하는 사람이며, 어떻게 살아야 할 것인지를 조금씩 알게 되었다. 많은 양의 글을 쉬지 않고 쓰다 보니, 생각하고, 글을 쓰는 것에 대한 두려움이 사라졌다. 2014년 1년 동안 써놓은 일기는 160매 320페이지, 바인더로 두 권 분량이었다.

일기를 쓰는 것만으로도 내가 어떤 삶을 살고 있고, 어떤 생각을 하는 사람인지 알게 된다. 이순신 장군은 전쟁 중에도 일기를 썼다. 세상의 마케팅과 소비성 콘텐츠에 현혹되지 않고, 1년간 하루도 빠짐없이 일기를 썼다. 그 시간은 나 자신을 알아가는 소중한 시간이었다. 일기쓰기로 인해 내 자신에 대해서 알게 되었다.

나는 이런 사람이었다. 가난한 집안에서 자란 기초생활 수급자의 외아들이었다. 가난했지만, 씩씩하게 지냈다. 본성을 잃지 않았다. 친구들과의 관계도 매우 좋았다. 재미있는 것이다 싶으면 물불 가리지 않고 행동했다. 축구를 좋아했고, 성인이 되어서는 족구를 좋아했다. 남들보다 우월해지고 싶은 욕망이 또래 친구들보다 강한 편이었다. 노래, 춤, 발표, 유머, 운동, 공부 등 경쟁에서 지는 것을 매우 싫어했다. 키가 작았고, 감성이 충만했다. 슬픈 영화를 보면 닭 똥같은 눈물을 뚝뚝 흘리며 휴지를 품에 안고 울었다. 노래를 듣고, 부르는 것을 좋아했다. 슬픔, 기쁨, 환희, 사랑, 분노를 자유롭게 표출했다. 이성에 대한 호기심과 욕망이 어린 시절부터 강했고, 성인이 된 후에도 지속되어 문제를 일으키기도 했다. 어린 시절부터 교회에 다니면서 사람들 앞에서 말하고, 노래하는 것이 자신 있었다.

유년시절 읽었던 동화책과 위인전 덕분에 탁월한 인물과 사건에 대해서 격하게 감탄했다. 일반적이고, 상투적이고, 평범한 인물과 사건에 대해서는 감흥을 느끼지 않는다. 인성이 매우 훌륭하거나, 엄청난 용기와 신념을 가진 사람을 존경했다. 내가 존경하는 인물은 조선의 바다를 지키기 위해서 장렬하게 전사했던 이순신 장군, 부모와 개인 교사를 잘 만난 덕분에 장애인임에도 불구하고 미국의 사회 운동가로 열정적으로 활동한 헬렌 켈러였다. 그들은 극한 상황에서도 용기와 희망을 잃지 않고, 자신이 옳다고 믿는 가치에 따라 행동하는 사람들이었다.

연예인 중에는 자유와 도전 정신으로 충만한 서태지, 신해철을 좋아했다. 음악적 재능뿐만 아니라 삶에 대한 철학을 존경했다. 운동 선수 중에는 4할의 타율을 넘나들며 도루왕, 홈런왕까지 거머쥔 이종범 선수를 좋아했다. 군 입대 직전이었던 1994년에는 그의 기사를 스크랩해서 모으기도 했다. 타인의 시선에 얽매이지 않는 자유로운 사람을 좋아했는데, 대표적인 연예인이 최민수였다. 자신의 스타일을 숨기지 않고, 자유롭게 표현하는 그의 모습을 일찍이 좋아하고 따라하고 싶어 했다.

글은 인간의 마음을 표현하는 방법 중 하나다. 일 년 동안 나 자신을 숨기지 않고 정직하게 글을 썼다. 그러다보니 나의 진짜 모습이 보이기 시작했다.

지금 나의 모습은 과거의 나로부터 비롯되었다는 사실을 깨닫게 되었다. 지금까지 경험해온 모든 사건들 속에 의미가 있었다. 그것들이 나를 성장시키고, 때로는 추락하게 만든다는 사실을 깨닫게 되었다. 나의 경험과 본능적인 에너지를 올바르게 다듬기만 한다면 남들보다 짧은 시간에 강사가 될 수 있을 거라는 확신이 생겼다. 강사라는 직업은 나에게 재능, 재미, 의미를 모두 충족시켜주는 직업이었다. 더 이상 멈칫거리지 말아야겠다는 자신감이 온몸을 휘감았다. 내가 보낸 시간의 합이 지금의 나를 만들었고, 또 앞으로 보내는 시간의 합이 미래의 나를 만든다. 내 경험 중 대부분은 자유에 대한 갈망, 주어진 환경에 열정적으로 행동하는 광기로 채워져 있었다. 방향이 잘못되어 안 좋은 일들이 생긴 것이었다. 내 삶은 일반적인 사람들과는 달랐다. 많이 거칠고, 어두웠다. 그 경험들이 누군가에게는 희망이 될 수 있고, 열정을 불러일으킬 수 있는 동기부여를 할 수 있을 것이라고 생각했다.

> "인간은 타인의 욕망을 욕망한다."
>
> _ 라캉(프랑스 철학자)

내가 누구이며, 내가 무엇을 좋아하고, 무엇을 의미 있게 생각하는지, 내가 가진 재능은 어떤 것이 있는지 생각하지 못하는 사람은 언제나 타인의 시선과 평가에 흔들릴 수밖에 없다. 스스로 삶을 이끌어가는 것은 지극히 당연한 일인데, 늘 부모가 원하는 자녀가 되기 위해서 노력한다. 그렇게 하지 못하면 불효자로 낙인 찍힐 수도 있다. 친구들에게 인정받고, 이웃들에게 인정받는 삶이 바람직한 것이라고 생각하고 산다. 그런 삶은 진정한 나의 삶이 아니다. 나는 왜 사는 것인가? 나는 무엇을 위해서 사는가? 나는 무엇을 좋아하는가? 나는 어떤 일에 미쳤던 적이 있었는가? 이런 질문을 끊임없이 자신에게 해야 한다. 누구나 자신을 알고 싶어 하지만, 자신의 과거를 구체적으로 되돌아보지 않는 오류를 범한다. 바쁘게 살다보니 나를 되돌아볼 시간이 없다. 타인의 시선을 의식하는 사람들은 자신의 과거 중에서 부끄럽고, 후회스러웠던 것을 끄집어내기 싫어한다. 그것이 자신의 단점이라고 생각한다. 그것이 공개되었을 때 세상 사람들의 비난과 뒷담화의 주제가 되는 것을 염려한다. 철저하게 옛날 사고방식이다.

세상이 바뀌었다. 감성의 시대, 스토리의 시대이다. 세상은 정직하고, 투명하고, 특별한 이야기를 기다리고 있다. 그것이 바로 나의 이야기이다. 그것이 나다. 나를 숨겨서는 진정한 열정을 찾을 수 없다. 열정은 철저하게 자신을 아는 것부터 시작해야한다.

나의 삶에 관심을 가져야 한다. 정치인의 행보, 주가 변동, 스포츠 스타의 환상적인 플레이, 인터넷의 재미있는 영상, 연예인의 결혼, 이혼, 사건 사고보다 나를 아는 것이 가장 중요하다. 내 삶을 돌아보는 일을 해야 한다. 모든 인간의 모든 이야기는 소중하고, 의미가 있다. 내가 경험한 이야기에 의미를 부여하면 나의 정체성을 알기가 쉬워진다. 내 인생 이야기를 정리하는 것은 나의 정체성을 알아 보기 좋은 방법이다. 내 삶의 이야기를 정직하게 글로 쓰다보면 삶을 사랑하는 마음이 생긴다. 거짓과 꾸밈없이 내 자신에게 솔직하게 글을 썼던 일 년의 시간을 잊을 수 없다. 글을 썼던 그 시간 덕분에 현실이 어둡고, 갑갑한 이유가 모두 내 선택의 결과였음을 알게 되었다.

열정은 고유한 나의 욕망을 충족시키기 위해서 스스로 노력하게 하는 에너지이다. 그러기 위해서는 무엇보다도 내가 어떤 사람인지 알아야 한다. 인류의 스승이라 일컫는 최고의 철학자 소크라테스는 "너 자신을 알라"라는 말을 남겼다. 열정을 갖기 위해서 가장 먼저 할 일을 이미 수천년 전 위대한 철학자가 수도 없이 우리에게 말하고 있었다. "내 자신을 알자." 다른 이들이 원하는 대로 사는 것이 아니라 내가 원하는 대로 살 수 있는 신념을 가져야 한다. 그것이 인간다운 삶이고, 그것이 행복한 삶의 첫 출발이다.

내가 어떤 사람인지를 명확하게 알아야 한다. 내 부모가 어떤 사람이었는지, 어린 시절의 환경은 어땠으며, 어떤 생각을 하며 지냈는지, 친구들은 어땠는지, 학교생활과 직장생활에서 느꼈던 감정은 무엇이었는지, 내가 소중하다고 여기는 삶의 가치는 무엇인지 찾아야 한다. 그랬을 때 열정적으로 말하고, 열정적으로 행동할 수 있다.

사람은 누구나 한번쯤 쓰이는 시기가 반드시 온다고 믿는다. 어떤 사람은 청년 때 오고, 어떤 사람은 중장년, 어떤 이는 노인이 되어서야 오는 경우도 있다. 삶의 궤적이 순식간에 바뀌는 순간, 그 결정적인 순간은 나 자신이 어떤 사람인지 제대로 확인하는 순간일 것이다. 그 순간이 다시 태어나는 일이다. 지금 바로 내 이야기를 글로 써보자. 밑도 끝도 없이 생생하게 써보자. 아무도 의식하지 말고, 오로지 과거의 나를 만나러 가보자. 현실의 삶은 어떤지 일기를 써보자. PC 화면에 한 글자 한 글자 찍힐 때마다 진정한 나를 만나러 가는 여행의 즐거움을 느낄 수 있을 것이다.

Dream, Respect, Interest

chapter 5

열정 넘치는 일상,
행복한 인생

"열정없이 사느니 차라리 죽는 게 낫다."

커트 코베인

1.
열정은 무한 에너지다

학교의 교육 지원 예산을 얻기 위한 프레젠테이션을 하는 공과대에서는 항상 어느 과에서 연구비를 얼마나 더 갖게 되느냐가 논란거리였다. 어느 대학교에서 전기, 전자, 전파공학과 교수들이 모여서이 문제를 논의했다. 먼저 전파공학과 교수들이 목청을 높였다.

"우리들 중에 휴대폰 없는 사람 있습니까? 21세기는 정보통신 시대입니다. 스마트폰 기술이 곧 국가의 경쟁력을 높이는 것입니다. 그러니까 모든 연구비는 전파공학과로 몰아줘야 합니다."

강당에 모인 수많은 대학생들은 자신의 주머니 속의 스마트폰을 만지작거리며 그들의 말에 설득되었다. 전파공학과 학생들은 모두 기립 박수를 쳤다.

"역시 스마트폰이 대세입니다. 우리 교수님 최고입니다!"

그러자 전자공학과 교수가 벌떡 일어나 말했다.

"그게 무슨 소립니까? 컴퓨터와 최첨단 전자 제어 장치 없는 정보통신이 가능하다고 보십니까? 오늘날 기업의 대부분의 업무는 전자공학을 기초로 개발된 소프트웨어와 하드웨어를 사용하고 있습니다. 전자공학이 없으면 모든 산업은 마비될 것입니다. 스마트폰을 구동하는 기지국에서 사용하는 모든 기술이 전자공학이라는 것을 잊으셨습니까? 올해 연구비는 모두 전자공학과로 주세요!"

학생들은 이번에도 설득되었다. 생각해보니까, 가정이나 직장에서 사용하고 있는 스마트TV, 노트북 등 모든 전자제품에 전자공학기술이 들어가 있지 않은 것이 없었다. 전자공학과 학생들은 우레와 같은 함성과 박수로 교수의 발표에 감탄을 표현했다.

"와~~!! 역시 우리 교수님 짱입니다! 정말 대단하십니다. 전자공학이 가장 중요합니다!"

전기공학부 학생들은 기가 죽어 있었다. 그들은 전봇대 설치, 전선의 지중 매설 기술, 변압기와 고압선의 설치 기술이 너무 오래 되고 진부한 기술이라는 회의적인 생각을 하고 있었다. 전기공학과 교수는 조용히 자리에서 일어나서 강단으로 향했다. 모두들 숨 숙여그 교수가 어떤 말을 할지 기다렸다. 전기공학과 교수는 나지막하게속삭였다.

"얘들아, 나가서 누전 차단기 내려라."

그 해 예산은 전기공학부가 모두 챙겼다.

인공지능 세탁기, 인공지능 CCTV등 최첨단 기술을 탑재한 가전제품들이 쏟아져 나오고 있다. 스마트 TV로 인터넷 동영상을 볼수 있고, TV 홈쇼핑의 제품을 리모컨으로 주문하는 것도 가능해졌다. 움직이는 사람을 따라다니면서 냉방을 해주는 인공지능 에어컨은 연료비를 절약해준다고 한다. 최근에는 옷걸이에 걸어놓으면 자동으로 미세먼지를 털어내고, 다림질까지 해주는 에어드레서도 등장했다. 기술의 발전으로 우리 생활은 역사상 어느 때보다도 편리해졌다. 앞으로도 더 많이 편리해질 것이다. 전자제품들을 작동시키는 것은 '에너지'이다. 에너지가 없으면 아무것도 할 수 없다. 아무리 형편이 어려워도 가스와 전기, 수도만 공급되면 생계는 유지할 수 있다. 최고급 조명, 고가의 전자 제품들이 설치된 초호화 빌라라도 가스와 전기 공급이 중단되면 아무 의미가 없다. 당연해 보이지만, 당연한 것이 아니라고 깨닫는 순간 무엇이 중요한 것인지 알게 된다. 에너지가 없는 모든 것은 무용지물이다. 시계 바늘은 주기적으로 배터리를 교체해줘야 아무 도움 없이 스스로 움직일 수 있는 힘을 갖는다. 배터리가 가진 에너지 때문이다. 에너지는 무언가를 움직이게 하는 힘을 갖고 있다. 디자인이 훌륭하고, 기능이 뛰어나도 멈추어 있는 시계는 고물이다.

휴가철이 아니라면 밤 12시가 넘으면 고속도로 휴게소는 스산하다. 그곳에는 운행을 끝낸 대형 화물 트럭들이 줄지어져 주차되어 있다. 엔진 가동을 멈춘 채 주차된 트럭들은 마치 잠을 자고 있는 것 같다. 엔진이 가동되지 않는 그 순간 트럭은 고철이다. 제 아무리 거대한 화물 트럭일지라도 움직이지 않으면 아무것도 아닌 존재가 된다. 스스로의 힘으로 목적지까지 가는 자동차는 여러 가지 조건을 갖추어야 한다. 차량이라는 하드웨어가 있어야 하고, 핸들을 잡은 운전자가 있어야 한다. 대부분의 운전자는 목적지를 정하고 운전한다. 브레이크와 가속 페달도 작동되어야 한다. 그러나 시동이 걸리지 않으면 차량은 절대로 움직이지 않는다. 엔진 점화 플러그에서 불꽃이 튀어야 하고, 연료가 분사되어 엔진을 구동시켜야 한다. 연료가 없으면 차량은 움직이지 않는다. 에너지를 가진 차량은 자신이 가고자 하는 곳으로 이동할 수 있다. 강제로 막아서지 않는다면 연료라는 에너지와 목적의식을 가진 운전자만 있으면 차량은 원하는 곳으로 이동할 수 있다.

차량을 움직이게 하는 것도 에너지이고, 시계를 움직이게 하는 것도 에너지이다. 글을 쓰기 위해 손가락을 움직이는 것도 에너지 덕분이다. 에너지를 가진 것은 그것이 생물이든 무생물이든 스스로 움직일 수 있다. 연어들은 강의 흐름대로 흘러가는 자신을 그냥 두지 않는다. 자신이 가진 에너지를 이용해서 거친 물살을 거슬러 올라간다. 물이 끓기 시작하면 완전히 다른 물질로 변화한다. 물과 열이 만나서 에너지를 만들어내기 때문이다. 제임스 와트James Watt는 물과 열의 반응으로 만들어진 수증기를 이용해서 증기 기관의 효율성을 높임으로써 19세기 산업 혁명을 이끌었다. 모든 것은 에너지가 있어야 스스로 움직일 수 있다. 모든 변화는 에너지로부터 시작된다.

"내 언젠가 이 꼴 날 줄 알았지I knew if I stayed around long enough, something like this would happen"

자신의 묘비명으로 유명한 조지 버나드쇼는 영국의 극작가 겸 소설가이자 수필가, 비평가, 화가, 웅변가이다. 출생 당시에는 중산층에 속하는 가정환경이었으나 아버지의 사업실패로 가세가 기운다. 가난한 유년 시절을 보내야 했던 조지 버나드쇼의 최종학력은 초등학교 졸업이다. 학력은 하층에 속했지만 '명언 제조기'로 불릴 정도로 기가 막힌 필력을 자랑한다. 풍자와 기지로 가득 찬 신랄한 작품을 쓰기로 유명하다. 최대 걸작인 《인간과 초인》을 써서 세계적인 극작가가 되었다. 1925년에 노벨문학상을 수상하기도 했다. 그는 1856년에 출생해서 1950년, 94세에 사망할 때까지 글을 썼다. 직장생활이라곤 에디슨의 전기회사에서 잠시 근무했던 것이 전부였던 그는 평생 글을 쓰는데 열정을 쏟았다. 노인이 되어서도 뭔가를 한다는 것은 가슴속에 청년의 열정이 살아 있기 때문이다. 그를 움직이게 한 것은 에너지였다.

인간에게 열정은 삶의 에너지다. 일상에서 에너지가 넘치는 사람은 반드시 뭔가를 해내고, 매일매일 진취적이고 행복한 삶을 살 수 있다. 역사적으로 위대한 성과를 내고, 세상을 긍정적으로 변화시킨 모든 사람들은 열정적인 사람이었다. 열정의 방향과 색, 온도는 다르지만, 그들의 공통점에 열정을 빼놓을 수는 없다. 열정은 삶에 지쳐서 힘들어 하는 사람에게 희망과 동기부여를 해준다. 유명하고, 위대하지 않더라도 우리 주변에는 열정적인 삶을 살아가면서 주변에 선한 영향력을 나눠주는 사람들이 있다. 그들은 언제나 긍정적이며, 자신의 일을 사랑한다. 하나에 몰입하면 세상의 어떤 유혹에도 흔들리지 않는 신념을 갖고 있다. 열정이라는 에너지는 인간의 성취를 돕고, 행복에 빨리 도달하게 하는 연료다. 열정 에너지가 없는 사람은 매사에 자신이 없고, 기분도 안 좋다. 일이 재미가 없고, 왜 사는지도 모른다. 뚜렷하게 하고 싶은 일도 없고, 직장에서의 인간관계도 만족스럽지 못하다. 자존감이란 단어의 의미도 모른다. 매일 기분이 안 좋다. 무표정한 얼굴로 일한다. 타인의 조언과 충고, 평가, TV나 신문 등 매스 미디어의 선동과 SNS에 예민하게 반응한다. 하루하루가 고통스럽고, 미래에 대한 희망도 없다. 그들은 늘 돈 되는 일에 혈안이 되어 있고, 소비하기 위해 일한다. 욕심 때문에 에너지가 더 방전된다. 그런 사람들에게 필요한 것은 기술과 지식, 돈이 아니다. 삶의 연료, 열정이 필요하다. 열정 에너지는 인간에게 무한한 생명력을 불어넣어준다.

2.
식지 않는 열정을
만들라

21년간 입었던 군복을 벗고 강사가 되기 위해서 열정의 방향을 바꾸었다. 유흥, 게임, TV 시청 등에만 열정을 쏟았던 습관을 벗어 던지기 위해서 홀로 싸워야 했다. 독서, 자기계발교육, 글쓰기, 강의 영상 시청 등으로 변화를 시도했다. 출퇴근시에 책을 들고 다녔다. 말과 표정도 바꾸려고 노력했다. 욕설과 폭언, 은어를 자제하고, 긍정적인 말을 하려고 노력했다. 그런 내 모습이 낯설었던 동료들은 나에게 이렇게 말했다.

"보급관은 저러다가 말 거야. 몇 주 있다가 원위치 될 거야."

그 이야기를 들었을 당시에는 매우 불쾌했다. '내가 이러든 말든 무슨 상관입니까? 왜 나에 대해서 이러쿵저러쿵 평가하시는 겁니까? 내가 좀 나은 사람이 되겠다고 발버둥 치는데 굳이 그렇게 비아냥거려려 합니까?' 속으로는 이렇게 소리쳤지만, 실제로 그렇게 말할 수는 없었다.

"그럴지도 모르지요. 헤헤헤."

그냥 이렇게 얼버무리고 말았다. 하루하루 변화를 위해서 발버둥치는 내 모습은 그야말로 낭떠러지에서 나뭇가지를 붙잡고 버텨내는 모습과 비슷했다. 인정해주는 사람이 없었고, 진심으로 나의 변화에 대한 갈망을 응원해주는 사람도 적었다. 외로웠다. 힘들었다. 그럴 때마다 속으로 다짐하고, 또 다짐했다. '나는 죽는 순간에도 이렇게 살다가 죽을 것이다.' 그때 그 상황에서 내가 할 수 있는 거라곤 스스로에게 주문을 거는 것 외에는 없었다.

내 삶은 2014년 1월 1일 이후와 이전으로 나뉜다. 2014년 이전의 삶은 세상이 정해놓은 틀 속에서 특별한 사명감 없이 일하면서 노는 삶이었다. 2014년부터 세상이 정해놓은 틀을 벗어나기 위해서 발버둥쳤다. 책을 읽으면서 삶의 본질에 대한 확고한 철학이 있는 사람들의 이야기에 귀를 기울였다. 책의 저자를 직접 만나는 것은 큰 행운이었다. 저자 특강에서 그들과 소통했던 경험은 내적 성장의 큰 밑거름이 되어줬다. 지금도 주기적으로 인터넷에서 책을 구매하고, 시간이 될 때마다 오프라인 서점을 방문한다.

가장 짧은 시간에 삶을 변화시키는 방법은 독서다. 책에는 저자와 경험과 노하우가 정리되어 있기 때문이다. 2년 동안 자기계발서 100권을 읽었다. 독서 노트를 작성하고, 강의 교안을 만드는 훈련을 함께했다.

독서는 1주일에 한 권이면 충분하다. 더 많이 읽으면 좋겠지만, 많은 독서 전문가들은 삶의 균형을 고려해서 그 정도가 적절하다고 말한다. 1주일에 한 권을 읽으려면 300페이지 분량을 기준으로 했을 때, 하루에 50페이지 정도를 읽으면 된다. 이 정도 분량은 굳이 도서관이나 책상 앞에 고개를 처박고 몇 시간씩 투자할 만큼 많은 양은 아니다.

대중교통, 점심시간, 화장실에 갈 때 잠깐씩 읽어도 충분히 읽어낼 수 있는 분량이다. 그러기 위해서는 늘 책을 휴대하고 다녀야 한다. 여성이라면 핸드백을 약간 큰 것을 준비하는 것이 좋다. 아내는 책을 넣기 위해서 큰 가방을 구매했다. 수백만 원짜리 명품 가방보다 책 한 권이 들어있는 만 원짜리 핸드백이 더 멋져 보인다. 그런 아내가 자랑스럽고, 섹시하다.

일본이나 서구 선진국에 가보면 지하철이나 공원 등에서 책 읽는 사람들을 쉽게 볼 수 있다. 우리나라는 스마트폰을 보는 사람들이 많다. 집에는 지뢰처럼 책을 비치해야 한다. 책상은 물론이요, 침실, 화장실 입구에도 책을 비치하면 좋다. 이렇게 책을 비치해 놓으면 어떻게든 한 줄이라도 읽게 되어 있다. 자녀를 키우는 부모라면 집안 곳곳에 책을 지뢰처럼 깔아놓으면 아이들이 저절로 책과 친해진다. 거실을 서재로 바꾸는 것도 좋은 방법이다. 15평 군인 아파트도 그렇게 바꿨다. TV는 버리기 아까우니까 구석진 방으로 이동시켰다. TV를 보기 위해서 적지 않은 수고를 해야 하는 시스템으로 바꿔 놓았다.

독서모임을 통해서 긍정적이고, 진취적인 사람들을 만나서 동기부여를 끊임없이 받았다. 지금은 독서포럼 〈나무〉에서 다양한 도서와 사람들을 만나고 있다. 20대에서 50대, 대학생, 대학원생, 직장인, 사업가, 자영업자, 주부 등 참여하는 연령대와 직업군도 다양하다. 독서포럼 〈나무〉를 이끌어가는 사람들 중 대부분은 삶의 열정과 행복의 소중함에 대해서 사색하고, 이야기하는 DRI열정리더십 교육을 수료했다. 그 중에는 아버지, 어머니, 딸이 함께 수료한 가족도 있다. 그들은 미국에 있는 큰딸과 인터넷 화상전화를 연결해서 가족 독서모임도 진행하고 있다. 초등학생, 대학원생, 어머니, 아버지가 같은 책을 읽고 토론하는 문화를 만든 것이다. 이런 사람들이 모여서 소통하는 분위기이다 보니, 그 어떤 동호회보다 유익하고 즐겁다. 우리는 내면의 성장을 공유하는 문화 공동체를 만들어 나가고 있다. 이런 문화 속에 빠져 있으면 열정이 식을 틈이 없다.

열정을 유지하기 위해서는 일상에서 벌어지는 현상, 물건, 사람에 대해서 의미를 부여하고, 그 깨달음을 실천해야 한다. 평생 행복하게 살기 위해서 반드시 필요한 습관이다. 반려견 뽀삐와 해피를 보면서도 배우고, 깨닫는다. 미친 듯이 꼬리치며 반겨주는 모습을 보면서 이런 생각을 한 적이 있다.

'이런 개들도 사람을 보면 이렇게 반갑게 인사를 하는데, 인간들끼리는 왜 그걸 못하는 걸까? 정말 반성해야 해!'

늘 휴대하고 있는 노트에 기록한다. 산책이나 운동 등 노트를 휴대할 수 없는 경우에는 스마트폰의 기록용 어플을 활용해서 기록한다. 화장실에서 했던 생각도 있다.

'이 곳에 휴지가 없다면 어떨까? 휴지가 최고지. 휴지가 비치되어 있는 것이 참 감사하다. 휴지가 저렴하다고 해서 무시해서는 안 된다. 휴지도 나름대로의 역할이 있다. 세상에 쓸모없는 인간은 없다. 나 역시 마찬가지지. 누구와 비교해서 훌륭한 사람이 아니라, 나라는 이유만으로, 내가 세상에 태어났다는 이유만으로도 나는 충분히 의미 있고, 쓸모 있는 사람이 확실해!'

고속도로 공중 화장실에서 이런 생각을 하다가 울컥했던 적이 있었다.

무더운 여름 밤, 대구 동성로의 시내에서 박스를 줍는 노인을 본 적이 있다. 예전 같았으면 별 생각 없이 지나쳤을 상황이었지만, 바쁘게 박스를 리어카에 주워 담고 있는 그를 바라보며 이런 생각을 했다.

'저 분은 이렇게 무더운 여름날 젊은 사람들이 넘쳐나는 이곳에서 저렇게 박스를 줍는 것을 부끄러워하지 않는다. 서울역에 가보면 머리를 조아리고, 얼굴을 가리며 손을 내밀며 구걸하는 거지들이 많다. 자신이 처한 환경을 받아들이지 못하고, 희망과 용기를 갖지 못하는 사람은 스스로 목숨을 끊기도 한다. 하루에 30명이 넘는 사람들이 자살하는 대한민국이다. 그런데 저분은 자신이 할 수 있는 것을 하면서 살고 있다. 번듯한 직장, 고액의 연봉을 받지 못한다는 이유로 취업을 거부하는 청년들은 무엇을 하고 있는가? 나는 무엇을 하고 있는가? 오늘 나는 생산적인 일을 했는가? 오늘 나는 스스로 할 수 있는 일을 찾아서 밥값을 했는가? 하루를 빈둥거렸다면 반성해야 한다. 출근해서 열정을 갖고 진심을 다해서 일하지 않았다면 내일은 그러지 말아야 한다. 열대야가 기승을 부리는 대구 시내 한복판에서 수많은 인파 속에서 땀을 뻘뻘 흘리면서 박스를 산더미처럼 쌓고 있는 노인에게서도 배워야 할 것이 있다.'

이런 사색을 아내와 함께 하루에도 3개에서 많게는 10개까지 이야기를 나눈다. 이런 대화를 매일 하게 되면 일상의 열정이 식지 않는다. 언젠가 아내가 내게 이런 질문을 했다.

"미숙한 열정과 성숙한 열정의 차이는 무엇일까요? 갑자기 궁금해지네요."

반려견들과 야외 공원으로 산책을 하면서 던진 질문이었다. 그 질문 하나에 필이 팍 꽂혔다. 열정의 종류도 다양할 수 있겠다고 생각했다. 무조건 뜨거운 것만이 열정은 아니라는 사실을 깨달았다. 미숙한 열정은 미친 듯이 달려드는 광기라고 표현할 수 있고, 성숙한 열정은 인생을 사랑하는 마음에서 비롯되는 것이라고 생각했다. 자신이 무엇을 좋아하는지, 어떤 재능이 있는지, 나의 장단점은 무엇이며, 내가 세상에 태어난 이유가 무엇인지 모른 채 다른 사람들이 하자고 하니까 얼떨결에 하는 것이 미숙한 열정이다.

예를 들면 화장품이나 건강식품 다단계 사업, 몸짱이 되기 위해서 먹고 싶은 것을 참으면서 사는 것, 사이비 종교활동, 오로지 돈벌이에만 집중하는 일에 대한 열정이 그런 것이 아닐까? 자신의 삶에서 소중한 가치가 무엇인지 명확하게 깨달은 사람들의 열정이 성숙한 열정이다. 성숙한 열정을 가진 사람들은 대중들의 요구에 일희일비하지 않는다. 내 삶에서 목숨을 걸어야 할 신념이 명확하다. 돈과 명예는 그 다음 문제다. 전략도 특별히 없다. 그저 자신이 소중하다고 여기는 가치에 근거하여 내가 잘하고, 좋아하는 것, 세상에 좋은 영향을 미칠 수 있는 일을 미친 듯이 한다. 성숙한 열정을 가진 사람은 세상이 원하는 일을 하는 것이 아니라, 내가 원하는 일을 한다. 그런 사람은 언제나 행복하다. 그런 열정이 성숙한 열정이다.

일상에서 마주하는 현상과 물건, 사람에 의미를 부여하는 사색을 하면, 의미 있는 이야기로 재탄생된다. 그런 생각을 자주 하는 사람은 세상이 만들어 놓은 틀 속에 나를 가두지 않는다. 타인이 원하는 대로 살지 않고, 내가 원하는 대로 산다. 내가 원하는 대로 살다보면 타인에게도 좋은 영향력을 미치고 싶어지는 날이 온다. 사색하는 습관은 열정적인 삶을 살게 해준다. 사색이 에너지다.

일반적으로 강사가 될 수 있는 세 가지 조건이 있다. 외모, 인맥, 경(학)력이다. 이 세 가지를 갖추지 못하면 쉽지 않다. 나는 그 세 가지 모두 부족했다. 키는 짜리몽땅하고, 서울 출신이라 경상도에는 아는 사람이 없었다. 유흥업소, 21년의 군대생활이 경력의 전부다. 그럼에도 불구하고 단기간에 동기부여 강사가 될 수 있었던 것은 숨 쉬듯이 지속해온 독서와 사색 덕분이었다. 그러다보니 독서와 인문학 관련된 강의도 하게 되었다. 이 일은 누구나 평생 할 수 있는 일이다. 나의 꿈은 나와 같은 신념을 가진 분들과 함께 숨이 멎는 그날까지 이 일을 하는 것이다.

내가 두려워하는 것은 두 가지이다. 과거의 잘못을 되풀이하는 것과 어제와 똑같은 오늘을 사는 것이다. 40년간 시련과 실패의 연속이었다. 미숙한 열정의 산물이다. 나로 인해서 도움을 받고, 긍정적인 삶을 살게 된 사람보다 피해를 입은 사람이 더 많았다는 사실은 내 인생 최대의 실수였다. 누군가의 시선과 평가 때문에 열정이 끓고, 식는다면 그것은 가짜 열정이요, 미숙한 열정이다. 진짜 열정, 성숙한 열정은 그런 것과는 상관없이 평생 식지 않는다.

100세 시대다. 은퇴 후 50년을 고민해야 하는 시대다. 평생 할 수 있는 일은 그리 많지 않다. 나이가 들어도 할 수 있는 것들을 지금부터 생각해야 한다. 글쓰기, 독서, 사색, 강연은 나이가 들면 들수록 더욱더 열정적으로 할 수 있는 일이다. 삶의 노하우가 무르익어 가는 나이가 될수록 더욱더 세상에 유익한 이야기를 전해줄 수 있다. 이 일들은 누구나 할 수 있다. 나는 이 일을 죽는 날까지 할 것이다. 삶을 사랑하고, 일을 사랑하는 열정은 우리가 지구별 여행을 마치는 날까지 계속되어야 한다.

3.
열정은 지독한
전염병이다

강사가 되기로 마음먹었던 그 해에 경주 마우나 리조트 붕괴 사고가 발생했다. 폭설로 인해 샌드위치 판넬로 지어진 강당의 지붕이 내려앉았다. 이 사고로 신입생 오리엔테이션을 하기 위해서 모인 부산외국어대학교 학생들이 매몰되었는데, 10명이 사망했고, 101명이 부상을 당했다. 그로부터 2개월 뒤, 대한민국을 슬픔으로 몰아넣는 충격적인 발생했다. 2014년 4월 16일 수학여행을 가기 위해서 운항 중이었던 세월호가 바다 밑으로 가라앉았다. 이 사고로 300명 이상의 고등학생들이 사망했다. 이 사고들 때문에 2014년에는 기관과 단체의 교육과 행사가 취소 또는 연기되었다. 강사들은 울상을 지었다. 매년 100회 이상의 강의를 했던 경력 10년차 이상의 프로 강사들이 다른 일을 해야 할 정도로 강사 시장이 얼어붙었다. 국내 경기는 바닥을 치고 있었다.

강사가 되겠다고 했던 나의 선택은 잘못된 것이라는 우려 섞인 조언을 해주는 사람들이 많았다. 이듬해인 2015년 5월에는 메르스가 대한민국을 강타했다. 메르스는 중동의 낙타와 박쥐에서 파생된 악성 바이러스가 호흡기를 통해서 전염되어 발열, 기침을 동반한 근육통을 유발하는 신종 전염병이었다. 사람이 조금이라도 모이는 곳에서는 체온 측정을 했는데, 직위 고하를 막론하고 조금이라도 체온이 올랐다고 판단되면 격리 수용되어야 했다. 각종 교육과 모임, 행사들은 취소되거나 연기되었다. 교육 과정에서 만난 경력 10년 이상 되는 베테랑 강사는 나에게 충고했다.

"강사님, 총알이 빗발칠 때는 납작 엎드려야 합니다."

군대 선배들도 비슷한 맥락의 조언을 쏟아냈다.

"계란으로 바위친다는 말이 딱 너를 두고 하는 말이야. 세상엔 고수가 넘쳐난다."

"지금 받는 봉급을 사회에서 누가 줄 것 같니? 정년까지 하는 게 훨씬 현명할 거야."

대한민국은 건국 이래 언제나 불경기였다. 자신의 일을 창의적으로 열정적으로 하고, 그에 따른 성과와 보람을 느끼며 사는 사람들에게는 불경기라는 개념 자체가 없다. '불경기'라는 말은 현실의 벽을 넘어 서기 위해서 과감하게 도전하지 못하고, 언제나 환경과 타인에게 의지하고, 일에 대한 열정과 삶에 대한 희망이 부족한 사람들의 푸념일 뿐이다. 이런 냉소적이고, 부정적인 사람들과 눈을 마주치며 대화를 자주 나눌수록 나도 그들의 생각을 따르게 된다. 세상이 불공평하다고 비관하고, 나의 존재에 대한 존중과 사랑은 온

데 간 데 없어진다. 냉소적인 사람들이 논리적으로 비판하면 옳다고 느껴진다. 감정의 전염성 때문이다. 열정적인 사람은 냉소적인 생각에 저항한다. 신념으로 무장된 열정적인 사람은 수시로 비논리적인 판단을 한다.

사람이 있음을 알 수 있게 하는 소리나 기색을 인기척이라고 한다. 발자국 소리나 말소리가 들리지 않아도 사람이 근처에 다가오면 기운을 느낀다. 이것이 에너지다. 열정은 인간을 움직이게 하는 힘이다. 열정적인 사람과 자주 만나면 열정적으로 변화한다. 감정의 전염성 때문이다. DRI열정리더십 교육과 독서포럼 〈나무〉에 참여하는 사람들은 열정이 넘친다. 그들이 동시에 한곳에 모이면 기분이 좋아지고, 자신감과 긍정적인 동기부여를 얻을 수 있다. 그들은 한결같다. 힘들어하는 사람에게 용기와 희망을 북돋는 말과 행동을 한다. 언제나 밝은 미소를 짓는다. 안 좋은 일마저 좋은 방향으로 재해석하는 남다른 철학이 있다. 그런 사람들과 함께하면 저절로 열정적인 삶을 살 수 있게 된다. 마치 양지와 음지에 머무르는 나무가 성장을 달리하듯, 에너지가 넘치는 사람들과 함께하는 시간을 늘려 갈수록 행복해질 가능성이 높다. 이렇게 열정적인 문화와 의식을 확산시키는 것이 내 삶의 목적이기도 하다.

국가적인 재난에 따른 불경기에도 불구하고 나는 살아남았다. 인간이 가진 위대한 본성을 찾고, 열정과 신념을 강화시키고, 독서와 사색 습관을 만들고, 대중 앞에서 열정적으로 말하는 능력을 습득하는 DRI열정리더십의 수료생들은 꾸준했다.

20대부터 50대까지 다양한 연령대와 직업을 가진 사람들이 수강했다. 종교인, 대학생, 공무원, 기업대표, 직장인, 프로 강사, 작가 등 다양한 직종에 종사하는 사람들이 교육에 참여했다. 경주 리조트 붕괴 사고, 세월호 침몰사고, 메르스 사태 등으로 불경기였던 상황에서 초보 강사로서는 이런 성과를 낸 것은 기적이었다. 열정은 기적을 만든다. 해당분야의 프로가 되기 위해서는 경험을 늘려야 하고, 내가 가진 재능과 에너지가 무엇인지 알아야 한다. 넘어져 보고, 깨져 보고, 상처 받고, 성취하면서 나만의 색을 찾아야 한다.

특히 프로 강사에게는 치열하고, 특별한 삶의 경험이 있어야 한다. 그것을 통해서 깨달은 신념이 있고, 그 신념대로 살아야 한다. 여기에 문서작성, PPT, SNS, 독서법, 기록기술, 글쓰기, 노래 등의 기술을 갖춰야 한다. 경험을 통해서 습득한 기술과 재능은 하루아침에 만들어진 것이 아니다. 그 기술과 재능을 긍정적인 방향으로 바꾸면 불경기를 이겨낼 수 있는 힘을 가질 수 있다. 재능과 욕망을 긍정적인 방향으로 바꿨다는 것은 내 안에 잠들어 있던 열정을 깨웠다는 것을 의미한다. 강의 경력이 턱없이 짧았던 내가 일반강사들보다 열정적으로 말할 수 있었던 것은 '내가 하고 싶은 대로' 살았기 때문이다. 본성을 잃지 않았기 때문이다.

모든 사람에게는 잠재력이 있고, 타고난 본성이 있다. 그 본성을 잃지 않고, 긍정적인 방향으로 몰입하면 생각보다 짧은 시간에 내가 원하는 일을 하면서 살 수 있다. 욕망이 이끄는 대로 행동하게 하는 인간의 본성은 강력한 에너지를 창조한다. 몰입의 경험은 놀랍다. 무아지경에 빠진다. 아무 소리도 안 들리고, 그 순간이 천국이라고 느껴질 정도로 황홀하다. 그런 몰입을 통해서 폭발하는 것이 잠재력이고, 재능이다. "노력이 재능을 이긴다"는 말은 거짓말이다. 내가 좋아하고, 내가 잘하는 것이 어떤 것인지 명확하게 알게 되면 너무 오랫동안 노력하지 않아도 나만의 색으로 내 삶을 색칠할 수 있다. "재능이 노력을 이긴다"라는 말이 옳다. "불경기니까 납작 엎드려야 한다"라고 말하는 사람들의 말은 논리적으로는 옳지만, 자신만의 삶을 주도적으로 살고, 열정적으로 사는 사람들은 논리와 합리, 계산 따위에 흔들리지 않는다. 오로지 가슴에서 울려오는 북소리에만 귀를 기울인다.

부정적인 사람들의 말에 귀 기울이면 어떤 도전도 할 수 없고, 어떤 용기도 얻지 못한다. 그들의 말은 얼핏 들으면 옳은 말처럼 들리지만, 결국 도전하지 말고 움츠리고, 사회 시스템에 순응하면서 본성을 억누르며 살라는 것이다. 그런 사람들과 가까이 할수록 열정은 점점 사그라진다. 수많은 문화와 가치관들이 뒤엉켜 있는 사회에서 정신줄을 놓으면 순식간에 내 본성을 잃는다. 인생의 주도권을 잃는다. 우리는 그렇게 살라고 세상에 태어난 것이 아니다.

"대중들은 개 돼지입니다. 적당한 시점에서 다른 안줏거리를 던져주면 그뿐입니다. 어차피 그들이 원하는 건 진실이 아닙니다. 고민하고 싶은 이에게는 고민거리를, 울고 싶은 이에게는 울거리를, 욕하고 싶어 하는 이에게는 욕할 거리를 주는 거죠. 열심히 고민하고 울고 욕하 영화《내부자들》에서 신문사 논설위원이 정치인과 재벌에게 해준 말이다. 세상을 이끄는 사람들의 에너지는 특별하다. 스스로 옳고 그름을 생각할 수 있다. 스스로 에너지를 충전할 수 있다. 생각하지 못하는 대중들은 자극적인 사건과 이슈에 수시로 흔들린다. 유행과 트렌드에 민감하다. 그러다보니 주도적인 삶을 살 수 없다. 돈과 권력, 명예 앞에서 머리를 조아린다. 그것만으로 사람을 평가하는 치명적인 실수를 범한다.

나는 늘 흔들렸다. 다른 사람의 말과 세상의 트렌드에 이리 흔들리고, 저리 흔들렸다. 스스로 생각하지 못했다. 소중하게 여기는 신념이 없었다. 에너지를 긍정적인 방향으로 사용하지 못했다. 절망하고, 불평하는 일상을 보냈다. 고독을 즐기지 못하고, 외로움을 견디지 못했다. 계급 사회의 문화를 직장 생활에서뿐만 아니라 퇴근 후의 삶에서도 적용했다. 나보다 나이가 어리면 반말을 했다. 나보다 학력이 낮거나, 아는 것이 적고, 가진 것이 없어 보이면 무시했다. 그렇게 40년을 살았다. 이제는 그렇게 살고 싶지 않다. 내가 살아온 세상을 내가 태어나기 이전보다 조금이라도 낫게 만들면서 살고 싶다. 그게 강사의 소명이라고 생각한다.

나는 열정의 전염성을 믿는다. 바이러스만 전염되는 것이 아니다. 열정도 전염된다. 열정적으로 생각하고, 행동하고, 말하는 사람들이 많아질수록 우리 사회는 더욱더 열정적인 사회가 될 것이다. 미숙한 열정으로부터 성숙한 열정을 실천하는 사람들이 많아지는 세상을 꿈꾼다. 그렇게 열정을 전염시키며 살고 싶다. 글을 쓰고, 책을 읽고, 사색하고, 열정적으로 말하는 사람들이 많아졌으면 좋겠다. 길을 가다 마주치는 모든 사람들이 그런 사람이었으면 좋겠다. 편의점에서 아르바이트 하는 20대 대학생에서부터 50대 사업가에 이르기까지 다양한 연령과 다양한 직업을 가진 사람들이 각자의 삶을 사랑하고, 열정적으로 살아갔으면 좋겠다. 식당에서 밥을 먹으면서도 그런 분들과 박수치며 웃고, 반갑게 악수를 나누고 싶다. 편의점에서 아르바이트 하는 청년들의 눈빛에서 용기와 신념, 긍정으로 가득 찬 에너지를 느끼고 싶다. 돈이 많은 사람, 가난한 사람, 유명한 사람, 평범한 사람들이 모두 열정이 넘쳤으면 좋겠다. 그런 사람들이 하나둘씩 늘어갈 때 대한민국은 행복한 나라가 될 것이라고 확신한다.

4.
열정 에너지를 만드는
24가지 재료

군대 생활을 할 때 돈을 모으는 동료들이 많았다. 매월 적게는 10만 원에서 많게는 100만 원 이상을 모으는 사람도 있었다. 봉급은 150만 원인데, 100만 원을 정기적금에 가입하면 50만 원으로 한 달을 살아야 한다. 정상적인 취미활동이 제한된다. 테니스, 휘트니스, 피시방, 음주 등의 활동이 철저하게 통제되어야 생활이 가능하다. 돈을 모으기 위해서 절제된 습관이 배인 동료들은 퇴근 후에 가볍게 식사를 하는 모임조차 피한다. 오로지 돈을 모으기 위해서 욕망을 억누른다. 그렇게 해서 1년에 1천만 원, 4년의 의무복무 기간을 마칠 때 4천만 원이라는 거금을 손에 쥐고 전역한 후배도 있었다.

돈을 모으기 위해서는 쓰지 않아야 한다. 쓰지 않는다는 것은 소비를 절제하는 것이다. 즉 미래를 위해서 현실의 욕망을 억제하는 것이다. 하고 싶은 것을 하지 않는다. 먹고 싶은 것을 먹지 못한다. 그렇게 철저하게 절제된 삶을 사는 사람만이 돈을 모을 수 있다. 정말 대단한 모습이다. 어떻게 그렇게 살 수 있을까? 지금 생각해도 신기하고 대단한 사람들이다.

군대 생활 21년을 했지만, 모아둔 돈이 없다. 내가 하고 싶은 것을 최대한 다 해보려고 노력했다. 내일은 없다고 생각하며 살아왔다. 본능대로 살았다. 여행을 자주 다녔다. 함께 떠난 사람들과 오고가며 나누었던 대화들, 여행지의 낯선 풍경과 음식, 현지 사람들과의 설레는 만남도 잊을 수 없는 추억이다. 자유롭게 떠났던 해외여행에서 적지 않은 유흥비를 썼다. 그 덕분에 탈북한 지 한달이 채되지 않은 사람으로부터 북한의 실상을 들을 수 있었고, 조선족과 고려인이라는 민족의 특성도 현지에서 생생하게 경험할 수 있었다. 햇살이 좋으면 캠핑 장비를 차에 싣고 야외로 향했다. 땀을 뻘뻘 흘리며 텐트를 치고, 가림막을 치고 난 후에 즐기는 야외 숯불 바베큐의 맛은 직접 경험해 본 사람이 아니면 느낄 수 없는 즐거움이다. 대형 오토바이에 아내를 뒤에 태우고, 선글라스와 헬멧, 멋들어지는 가죽점퍼를 입고 한가한 국도를 달리는 기분도 느껴봤다.

군대 생활을 하면서 돈을 모으기 위해서 자신의 욕망을 억제하며 살았던 그들을 부러워하지 않았다. 언제나 "오늘 내가 가진 에너지를 다 쏟아 붓는다"라는 생각으로 하루하루를 살았다. 40년의 방황을 곱씹어 보니 나는 늘 그렇게 순간순간에 목숨을 걸 정도로 열정을 쏟아부었다. 하고 싶을 때 하지 못하면 평생 후회한다.

어린 시절 다녔던 교회에서는 믿음, 소망, 사랑을 강조했다. 일요일마다 성도들끼리 만나면 늘 웃으면서 인사를 나눈다. 어려운 사람이 있는지 확인하고, 그들을 도우려고 노력한다. 찬송가를 부르고, 설교와 성경 공부를 통해서 믿음을 강화하고, 진리를 깨우치기 위해서 노력한다. 교회에 다니는 사람들은 대체적으로 긍정적이고, 따뜻하다. 정신적으로 안정되었기 때문이다. 교회에 다니면 긍정적인 사람들을 만날 수 있고, 보이지 않는 소중한 가치를 깨달을 수 있다. 무엇보다 죽음 이후의 두려움을 극복할 수 있다.

아내는 도심 속의 교회보다 산 속에 있는 절을 좋아한다. 절에서는 자비와 비움을 강조한다. 스님들의 표정에는 온화하고, 평화로운 기운이 깃들어 있다. 절은 대부분 산 중턱에 위치하고 있다. 절을 찾을 때마다 접하는 것은 자연이다. 바람소리, 새소리, 나뭇잎들이 부대끼는 소리를 들을 수 있고, 산을 오르면서 들이 마시는 공기는 상쾌함을 느끼게 해준다. 목탁 소리와 불경 외는 소리를 들으면서 절 주변을 거니는 것만으로도 마음이 평온해지고, 기분이 좋아진다. 이 모든 것은 바람과 소리, 공기처럼 보이지 않는 것의 영향 때문이다. 교회와 절에 가면 보이지 않는 기운과 환경으로 인해 기분이 좋아진다.

긍정적인 에너지를 느끼게 해주는 사람들은 긍정적인 표정을 짓고, 긍정적인 말을 한다. 표정은 눈에 보이는 것이지만, 그 표정은 내면의 상태로부터 비롯된다. 즉 마음의 상태가 기쁨과 사랑으로 충만한 사람들이 긍정적인 에너지를 가진다.

종교에 심취한 사람들은 자신감이 넘치고, 긍정적인 에너지를 갖고 있다. 종교가 보이지 않는 정신적인 에너지를 주고, 희망을 주기 때문이다. 종교를 가진 사람은 죽음에 대한 두려움을 이겨낼 수 있다. 그 바탕에는 신에 대한 믿음이 있다. 그들은 의미 있는 삶을 살기 위해 노력한다. 의미 있는 가치들은 보이지 않는다. 종교인들의 내면이 강한 이유는 보이지 않는 가치에 대한 믿음 때문이다.

"열 길 물속은 알아도 한 길 사람 속은 모른다"는 속담이 있다. 물속은 보이는 영역이다. 사람의 마음은 보이지 않는다. 물속은 오염되었는지 맑은지 즉시 알 수 있지만, 사람의 마음은 그것을 구별하기가 어렵다. 살면서 상처 받고, 힘들어 하는 이유는 보이지 않는 것들 때문이다. 타인에 대한 미움과 증오, 분노, 상황에 대한 두려움과 좌절이 그런 것이다. 부정적인 감정은 사람을 나약하게 하고, 힘들게 만든다. 반대로 용기, 희망, 자존감, 열정, 꿈, 웃음, 사랑처럼 긍정적인 감정은 개인이 처한 상황에 상관없이 인간을 강인하게 만들어준다.

士爲知己者死 女爲悅己者容사위지기자사 녀위열기자용
남자는 자신을 알아주는 사람을 위해 목숨을 바치고,
여자는 자신을 기쁘게 해주는 사람을 위해 화장을 한다.

_ 사마천의 사기史記

사람에 대한 믿음은 사내의 목숨까지도 얻어낼 수 있는 소중한 것이고, 기쁨은 여인의 마음을 얻게 해준다고 한다. 사사건건 내 단점에 대해서 잔소리하는 사람을 멀리하고 싶어 하는 이유는 그가 나를 믿어주지 않고 있다는 느낌 때문이다. 그들이 내뱉는 말이 옳을지라도 나를 믿어주지 않는 사람의 말은 듣기 싫다. 그런 사람들과는 형식적인 관계에 그치게 된다. 여자는 자신을 재미있게 해주는 남자를 만나고 싶어 한다. 재미있는 남자는 어딜 가나 인기가 많다. 말 한마디, 표정 하나로 사람들을 기쁘게 해주는 것은 매우 훌륭하고, 존경받아야 할 능력이다. 사람을 믿어주는 것, 기쁘게 하는 것은 눈에 보이지 않지만 소중하다.

보이지 않는 것이 사람의 마음을 분노하게 하고, 행복하게 한다. 종교의 가장 큰 힘은 '믿음'에서 비롯된다. 믿음은 종교적인 의미에서 뿐만 아니라, 일상생활 속에서 매우 소중한 가치이다. 친구에 대한 믿음, 배우자에 대한 믿음, 직장 동료에 대한 믿음 등 사람의 마음을 움직이고, 흔들리지 않도록 지켜주는 것은 사람에 대한 믿음이다.

반대로 애인의 배신, 친구의 배신, 대중들의 배신으로 인해서 상처를 받고, 급기야 자살이라는 극단의 선택을 하는 사람도 있다. 누가 봐도 많은 것을 가진 사람이라고 생각한 연예인과 검사, 정치인조차도 그런 경우가 종종 있다. 타인에 대한 믿음, 자신에 대한 믿음이 부족하기 때문은 아니었을까? 믿음은 눈에 보이지 않는다. 그러나 매우 소중하다.

"너와 나 사이의 공기가 칼날 같구나."

영화 〈신의 한수〉에 등장한 대사다.

공기가 칼날 같다니! 놀라운 표현이다. 말은 하지 않고, 표정은 웃고 있지만 불쾌한 기운을 느낀다는 의미다. 이유 없이 좋은 사람이 있고, 이유 없이 불편한 사람이 있다. 그것은 상대방이 나를 어떻게 생각하고 있는지 느껴지는 것이다. 나를 좋게 보는 사람이라면 긍정적인 기운이 맴돌고, 나를 좋지 않게 생각하는 사람을 앞에 두고 있으면 이상하게 기분이 다운되고 불편하다. 빨리 자리를 박차고 일어나고 싶다. 이런 것은 과학적으로도 증명하기 어려운 미묘한 감정과 에너지의 문제인데, 인간의 가장 큰 특징이다. 우리는 늘 이런 것을 느끼면서 살아가고 있다. 이렇게 보이지 않는 에너지와 기운은 우리 삶에 매우 큰 영향을 미친다.

산에서 느낄 수 있는 상쾌한 공기, 귀여운 새 소리, 나뭇잎이 바람에 흔들리는 소리, 바다에서 느낄 수 있는 웅장한 파도 소리와 바다 내음은 보이지 않는 영원불멸의 무료 콘텐츠다. 우리는 이런 경험을 하기 위해서 비싼 돈과 많은 시간을 투자해서 여행을 떠난다. 이런 것들이 주는 행복감은 집 근처 피자집에서 피자를 먹는 것, 고깃집에서 소주를 마시는 것과는 다르다. 기분이 좋아진다. 마음의 여유와 평화를 얻는다.

여행을 좋아하는 사람이 많아지는 사회 현상은 인간이 자연을 좋아하도록 세팅되어 있는 존재라는 것을 증명하는 것이다. 삶의 질이 높아질수록 자연을 즐기려는 사람이 더 많아질 것이다. 인간은 보이지 않는 무엇인가를 갈망하는 존재다.

나는 인간이 가진 긍정적인 에너지가 이 사회를 행복하게 하는 것이라고 믿는다. 긍정적인 에너지를 가지려면 어떻게 해야 할까? 수천년이 지나도 변하지 않는 가치들이 있다. 인류의 역사를 돌이켜보면 눈에 보이지 않는 가치를 지키기 위해서 목숨을 걸었던 사건이 많았다. "원수를 사랑하라"라는 말을 남긴 예수는 십자가에 못 박혀서 죽음을 맞이했다. "네 자신을 알라", "악법도 법이다"라는 말을 남긴 소크라테스는 자신의 신념을 지켜내기 위해서 당대 권력자들로부터 비난을 받으며 독배를 들었다. 그들은 자신이 옳다고 믿는 것에 대한 의심과 흔들림이 없었다.

프랑스 시민들은 인간의 존엄과 자유를 되찾기 위해서 목숨을 걸고 혁명을 이뤄냈다. 대한민국은 유신 체제에 반대하는 수많은 시민들이 정치의 민주화를 이뤄내기 위해서 무소불위의 권력에 맞서는 용기를 보여줬다. 무엇이 그들로 하여금 목숨마저 아낌없이 내놓게 했을까? 신념이었다. 그들은 삶의 목적이 분명했다. 소중하게 여기는 가치가 무엇인지 정확하게 알았고, 그것을 지키기 위해서 무엇을 내놓아도 아깝지 않다고 생각했다. 이 사회에 영향력을 행사하면서 역사를 발전시켜 왔던 선각자들은 생각의 힘이 남달랐던 사람들이다.

나는 생각만으로도 삶이 송두리째 바뀔 수 있다는 사실을 모르고 살았다. 눈에 보이지 않는 소중한 가치에는 관심이 없고, 오로지 지금 당장 눈앞에 보이는 돈벌이에만 관심이 있었다. 군대 생활을 하면서 매월 봉급 명세서를 분석하면서 살았다. 수령액과 공제액을 면밀히 분석하고, 행여나 적게 입금된 것은 없는지, 많이 공제된 것은 없는지를 확인했다. 봉급이 얼마나 올랐으며, 진급을 하기 위해서 상급자에게 잘 보일 생각만 했다. 무엇이 내 삶을 진정으로 행복하게 하는지에 대해서는 생각해본 적이 없었다. 나에게 일은 봉급을 받기 위한 수단에 불과했다. 생각 자체가 봉급에만 맞춰졌기 때문이다.

인간의 존엄과 자유에 대해서 생각해 본 적이 없었다. 업무 성과와 상급자의 기분을 맞추기 위해서 나보다 계급이 낮은 장병들의 존엄을 훼손한 적도 많았다. 계급이 높으면 훌륭한 인간이고, 계급이 낮으면 하찮은 인간이라고 생각했다. 본질적인 가치보다 도구에 불과한 돈과 업무, 지식, 기술에만 집중했다. 나와 가정, 직장 생활을 행복하게 만들지 못했다. 내 삶을 사랑하지 못했고, 주변에 선한 영향력을 나누려는 노력도 하지 않았다.

강사 공부를 하면서 삶의 우선순위가 바뀌기 시작했다. 삶에서 소중한 것이 무엇인지를 하나씩 알아갔다. 웃음과 미소가 매우 중요하다는 것을 알게 되었다. 웃음에 대한 잘못된 고정관념 때문에 우리가 웃지 못한다는 것을 알게 되었다. 지식과 기술만으로는 행복해질 수 없다는 것도 알게 되었다. 업무를 하면서 장병들과 웃음을 나누기 시작했다. 업무에 대해서 소홀함이 보이더라도 화를 내지 않으려 노력했다. 잘하는 부분에 대해서는 열정적으로 임할 수 있도록 격려하고 칭찬을 했다. 그랬더니 사무실 분위기가 놀랍게 변화했다. 아침에 어깨가 처져서 출근하던 장병들이 활짝 웃으면서 기분 좋게 하루를 함께 시작했다. 모닝커피를 마실 때도, 식사를 할 때에도 미소를 지으니까 좋은 분위기가 되었다. 부대의 업무 환경이 변한 것은 아무것도 없었다. 이렇게 사소하게 생각을 바꾸는 것만으로도 직장 생활이 즐거워질 수 있음을 알게 되었다.

삶을 어제보다 좀 더 낫게 하는 것은 생각의 방향을 바꾸는 것이다. 그 방향은 나와 가족, 동료, 이웃들에게 좋은 에너지를 주고, 그들을 긍정적으로 변화시킬 수 있는 것이어야 한다. 그런 가치들은 눈에 보이지 않는 것들이다. 많은 사람들을 행복하게 하고자 하는 것은 그것이 무엇이든 성공하게 되어 있다고 믿는다.

세상이 나를 생각하지 못하는 인간으로 만들었다는 것을 깨닫게 된 것은 불과 몇 년 전이다. 수많은 자기계발 교육과 낯선 사람들과의 만남 속에서 정신없이 일만 하고, 수준 낮은 욕망에만 집중하고 있었던 나를 발견하게 되었다. 모든 사람들과 친하게 지내고, 모든 사람들을 챙기고, 모든 업무를 내가 하려하고, 모든 취미 활동을 하려고 했다. 그러다 보니 정작 중요한 것을 생각할 시간이 부족했다. 삶에 대해서, 행복에 대해서 생각 할 틈이 없었다. 내 의지가 완벽하게 개입되어 이루어지는 업무는 거의 없었다. 대부분 상급 부대에서 계획하고 지시된 업무였다. 내 삶의 모든 것이 조직에 맞춰질 수밖에 없었다. 삶에서 소중한 가치가 무엇인지 전혀 생각하지 못한 채 살았다.

시간이 될 때마다 유럽 축구 중계방송을 즐겨본다. 경기장이 떠나갈 듯 외치는 열정적인 관중들의 함성, 세계 최고의 실력을 가진 선수들의 환상적인 플레이, 캐스터와 해설자의 박진감 넘치는 목소리는 언제나 나를 흥분시켰다.

"와! 정말 놀라운데요!"

"슛! 아~ 아쉽습니다. 골대를 살짝 비껴갔군요."

캐스터와 해설자의 외침에 나는 늘 흥분했다. 그들은 선수들의 사소한 몸놀림 하나하나에 감탄사를 연발했다. 사소한 것에 대한 감탄! 그것이 사람의 기분을 좋게 해주는 것임을 깨닫게 되었다.

내가 어렸을 때부터 해왔던 감탄사가 바로 행복한 습관이었다. 식사를 하면서 "우와! 정말 맛있다!"라고 말하는 것이 중요하다. 맛있는 것을 먹으면서 아무런 표현도 하지 않으면 그 식사가 의미 없어진다. 그저 배를 채우는 행위로 전락한다. 김치 한 조각을 씹으면서도 짭짤함과 비릿함, 매콤함을 느낄 수 있어야 한다. 말로 표현해야 한다. 숯불 위에서 익혀지는 삼겹살의 육즙을 보면서 감탄해야 한다. 그렇게 일상 속에서 느끼는 것을 마음껏 표현했을 때 행복한 기분을 더 많이 느낄 수 있다.

이런 생각들이 반복되면서 내 행동을 점검하기 시작했다. 내가 경험하고 있는 모든 일상에서 그런 행위가 가능하다는 것을 알게 되었다. 그리고 행동하기 시작했다. 부대 식당에서 식사를 할 때, 동료들과 매점에 갈 때, 점심시간에 족구를 할 때 나는 늘 남들보다 더 많이 감탄을 하려고 노력했다. 계원의 업무 능력에도 큰 목소리와 엄지손가락을 올리며 칭찬을 했다.

"우와! 대단하다. 어떻게 이걸 벌써 했어? 정말 대박이다!"

이런 식으로 행동하다 보니 분위기는 좋아지고, 내 기분도 좋아졌다. 나와 함께 작업을 하는 장병들은 언제나 신나게 일을 했다.

공부를 많이 해서 지식 능력이 뛰어난 것, 계급이 높아서 봉급을 많이 받는 것과 함께하는 사람들에게 좋은 에너지를 주는 것은 별개의 문제이다. 지식과 기술만으로는 일상의 행복 에너지와 열정을 불러일으킬 수 없다. 삶을 풍요롭고, 행복하게 해주는 부속품들은 보이지 않는 가치들이다. 나는 24가지의 가치를 정했고, 그것에 대해서 사색하고, 실천하고, 전달하는 공부를 평생 하기로 마음먹었다. DRI열정리더십에서는 이 가치에 대해서 매주 사색하고, 글을 쓰고, 책을 읽고, 강의를 한다.

용기, 도전, 희망, 자신감, 자존감, 열정, 표현, 신뢰, 인간관계, 꿈, 사명 & 비전, 목표, 웃음, 유머, 재미, 단순, 성실, 집중, 경청, 감사, 배려, 용서, 자유, 사랑

용기를 갖고 도전하며 희망을 갖는다.

자신감으로 무장하고, 자존감을 찾고, 열정 에너지를 습득한다.

자유로운 표현으로 신뢰를 주며 바람직한 인간관계를 맺는다.

꿈·비전·사명을 찾고 명확한 목표를 수립한다.

웃음과 유머로 재미있는 인생을 산다.

삶을 단순화 시키고, 성실하게 집중한다.

타인의 말을 경청하고, 매사에 감사하며 주변 사람들을 배려한다.

과거의 나와 주변사람들의 잘못을 용서하고, 자유롭게 사랑하면서 살아간다.

DRI열정리더십의 24가지 가치들로 만든 문장, 이 가치를 생각하고 실천하고 말하다보면 일상이 행복한 에너지로 충전된다.

내가 평생 공부할 것으로 결정한 24가지 가치들은 몇 가지 특징이 있다.

첫째, 누구나 알고 있는 단어들이다. 도덕, 국민윤리라는 과목을 통해서 들어왔던 뻔한 것들이다.

둘째, 깊이 생각하지 않고, 실천을 안 하고 있다. 실천하는 사람들의 비율이 낮고, 실천하는 것 자체를 의미 없다고 여기는 사람들이 많다.

셋째, 이런 것을 자발적으로 습득할 수 있는 교육이 없다. 일부는 리더십이나 자기계발 교육에서 다루지만, 구체적으로 파고들지 않는다. 스스로 사색하고, 깨닫고, 말과 몸으로 실천하지 않기 때문에 대부분 일회성으로 그치는 경우가 많다.

넷째, 인류 역사와 문화는 이런 가치에 집중했던 사람들이 발전시켰다.

다섯째, 우리를 행복하게 해준다. 문학, 음악,영화,드라마,뮤지컬 등 문화 콘텐츠를 소비하면서 통쾌함과 즐거움, 감동을 느끼는 이유는 이런 가치들이 작품 속에 녹아져 있기 때문이다. 이게 바로 인문학이다. 콘텐츠를 창조하는 사람들은 인문학적 소양을 가진 사람들이다.

DRI 열정리더십에서 다루는 24가지 가치는 우리가 알고 있거나, 또는 미처 몰랐던 삶의 소중한 가치에 대해서만 생각하면서 살아 보자는 취지에서 만들어졌다.

수천 년이 지나도 변하지 않는 본질적인 가치는 보이지 않는다. 나는 이런 소중한 가치들이 삶의 기쁨과 열정적인 에너지를 만들어낼 수 있다고 확신한다. 공자, 맹자, 장자, 노자, 소크라테스, 플라톤, 아리스토텔레스, 석가모니, 예수, 니체, 괴테 등 삶의 본질에 대해서 이야기했던 위대한 리더들이 외쳐왔던 가치들은 수천 년이 지나도 변하지 않았다. 그들은 현재까지도 인류 문명에 영향력을 미치고 있다.

세상에 긍정적인 영향력을 미치는 사람들이 습득했던 행해 왔던 것은 바로 '보이지 않는 가치에 대한 생각'이었다. 이것이 인문학의 본질이고, 인성교육, 부모교육의 본질이다. 이런 가치에 대한 사색과 실천이 우리의 가정, 직장, 사회에 확산 되면 모두 행복할 수 있다. DRI문화를 학교에 전파하면 학교 폭력이 사라질 것이다. 성인 남녀가 이 가치들을 삶 속에서 실천한다면 가정 폭력, 데이트 폭력, 강도, 강간, 상해 같은 사고는 저절로 사라질 것이다.

교도소에서 인성 교육과 심리 치료를 진행한다. 교도소 내에서 폭력으로 문제를 일으키는 재소자들은 특별한 심리치료를 받는다. 여러 가지 교육으로도 큰 효과를 보지 못했지만, DRI열정리더십 교육으로 인성이 개선되는 사례들이 넘쳐난다. 교도소에 범죄 행위로 구속되었지만, 인간으로서의 존엄은 일반 사람과 다르지 않다. 그들이 원하는 것은 내가 원하는 것과 같았다. 그곳에 갈 때마다 반응은 폭발적이다. 모두들 한목소리로 말한다.

"이제껏 듣지 못했던 이야기들이었습니다."

"조금만 일찍 알았더라면 이곳에 오지 않았을텐데"

대학생들도 마찬가지다. 젊은 청년들은 학교를 다니면서 이런 소중한 가치에 대해서 공부를 해본 적이 없어서 신선한 충격을 받는다. 감동적인 영화를 보면서 눈물을 흘리는 이유, 자신의 기분을 좋게 하기 위해서 다양한 문화 콘텐츠를 소비하는 이유를 깨닫고 나면 놀라워한다. 그들은 인생의 소중한 가치들을 알고 싶어했다. 교도소 수용자, 청년뿐 아니라 어린이, 청소년, 성인, 직원, CEO 등 모든 연령대의 사람들이 그런 이야기에 관심을 가진다. 인문학의 시대, 본질의 시대로 돌아가고 있기 때문이다. 기술이 발전하고, 경제 규모가 커질수록 소중한 것은 본질이다.

강한 생각은 강한 인간을 만들고, 선한 생각은 선한 사람을 만든다. 악한 생각은 악한 인간을 만들고, 그들이 세상을 오염시킨다. 어떤 사람이 악한 인간인가? 형법이나 민법상에서 가리키는 범죄자들만이 악한 사람은 아니다. 일상생활 속에서 내 마음을 힘들게 하는 사람들도 악한 사람이다. 사사건건 지적하고, 참견하고, 잔소리하고, 충고하는 사람들이다. 나의 장점보다 단점과 문제에 대해서만 말하는 사람, 자신감과 자존감을 구분하지 못해서 타인을 가볍게 여기는 사람, 웃음을 가벼운 것이라 여기며 웃는 사람들을 비난하는 사람, 유머와 재미에 어떤 철학적인 의미가 있는지 모르는 사람, 선물을 줘야만 좋아하는 물질만능주의에 찌든 사람, 자신의 이익을 위해 타인의 열정을 이용하는 사람들은 범죄자는 아니지만, 우리의 일상에 부담을 주고, 자유를 구속하고, 마음을 힘들게 한다. 내 마음을 힘들게 하고, 자유와 존엄을 짓밟고, 열정을 식게 만드는 그 어떤 것에도 용기 있게 저항해야 한다. 내가 원하는 대로 타인을 강제로 움직이려고 하는 사람들이 많아질수록 이 사회는 더 힘들고, 더 재미없어진다. 교도소에 있는 범죄자들만 나쁜 사람이 아니다. DRI의 가치에 대해서 생각하지 않는 사람들도 우리의 일상을 불행하게 만든다.

삶의 본질적인 가치에 대해서 생각하고 실천하는 사람들이 이 세상을 좀 더 살 만한 곳으로 변화시켜주고 있다. DRI열정리더 협회(회장 변장환)와 독서포럼 〈나무〉(회장 이기원)는 그런 사람들이 모인 공동체이다. DRI문화는 세상에 보이지 않지만, 소중한 인문학적 가치를 일상 속에서 늘 생각하고, 실천하려는 사람들이 만드는 문화다. 보이지 않는 소중한 가치들이 인생을 살맛나게 하는 열정 에너지를 만들어준다. 열정의 재료 24가지, 인생의 소중한 가치에 대해서 관심을 갖고, 사색하면 내면의 에너지가 강해진다. 에너지를 창조하는 24가지 가치가 대한민국 곳곳에 전파되면 더 많은 사람들이 행복해질 것이다.

5.
내가 가는 길은
옳다

유명한 정치인, 작가, 교수들을 배출한 어느 명문 중학교에서 강의 요청이 왔다. 주제는 '꿈과 열정'. 학생수가 한 학년당 300명이 넘었다. 선생님과 학부모가 바라는 강의 내용은 공부를 열심히 하고, 선생님 말씀을 잘 들으라는 것이었다. 별로 내키지 않았다. 선생님 말씀 잘 듣고 공부 잘 하는 것만이 삶의 진리라고 주입하라는 소리다. 그러려면 자기네들이 할 것이지, 나는 왜 초빙했나? 며칠 갈등했다. 부모와 선생님이 원하는 강의를 할 것인가, 학생들이 원하는 강의를 할 것인가? 나의 선택은 학생들이었다.

교육의 주인공은 학생들이고, 학생들의 시선에서 학생들의 입장에서 강의를 해야 한다고 생각했다. 중학생들을 대상으로 강의를 하려면 철저하게 중학생 수준에서 말해야 한다. 게임이야기도 하고, 친구들과 싸우고, 장난쳤던 이야기도 거침없이 해야 한다. 내가 중학생 때 꿈과 열정에 대해서 진지하게 고민해본 적이 있었나? 부모나 선생님은 그랬었는가? 그래서 지금 행복한가? 그것만이 진리인가? 학교 다닐 때 성적이 낮은 학생들은 모두 삶의 패배자들인가? 공부할 놈은 하고, 하기 싫은 놈은 안 해야 정상이다. 공부가 아니라 다른 곳에도 꿈과 희망이 있다는 것을 보여줘야 한다. 우리가 흔히 말하는 직업이 모두 아이들의 꿈이라고 단정지을 수 있을까? 미래는 끊임없이 변화하고 있다. 4차 산업혁명시대에 우리가 가져야 할 교육은 상상력과 창의력이 풍부한 인재를 육성하는 것이다. 꿈과 열정을 이야기하면서 공부 열심히 하라고만 말한다면 전혀 터무니없는 말이다. 그렇게 공부 열심히 해서 우리나라에 행복한 사람들이 넘쳐나고 있는가? 나는 강의 현장에서 이렇게 말했다.

"공부가 재미있는 학생 손들어 봐요."

학교의 분위기가 그래서인지 3분의 1정도의 학생이 손을 들었다.

중학교 1학년 학생이었지만, 그들의 표정은 진지했다.

"그래요, 공부 열심히 해서 나라를 이끌어가는 지도자가 되어주세요! 박수!"

공부에 흥미를 느끼지 못하는 학생들도 손을 들게 했다.

"공부가 재미없는 학생 손들어 봐요."

그러자 나머지 3분의 2가 함성을 지르며 손을 들었다.

"저요! 저요! 저요!"

"공부하기 싫어요!"

공부에 흥미가 없는 학생들은 씩씩했다. 수업시간 내내 장난만 치려고 했다. 나는 그런 학생들이 좋다. 까불고, 떠들고, 쓸데없는 말을 하는 아이들이 진짜 아이다운 것이기 때문이다. 쉬는 시간에 내게

와서 말을 걸고, 명함을 달라고 한다.

"공부가 인생의 힌트를 줄 수는 있지만, 절대적인 것은 아닙니다. 다른 길도 얼마든지 많으니까, 너무 조바심 갖지 마세요. 나도 공부 못했습니다. 부모님이나 선생님 말씀이 무조건 옳은 것도 아닙니다. 나만의 삶을 찾으세요. 자신감 갖고, 당당하게, 재미있게 살란 말이지요! 파이팅!"

말이 끝나기 무섭게 아이들은 우레와 같은 박수와 함성이 터져나왔다. 눈물을 글썽인 학생도 있었다. 단 2시간 만에 어떻게 그들을 변화시키겠는가? 그저 재미있는 이야기로 그들의 입장을 공감해주고, 응원해주는 것만으로도 충분하다고 생각했다. 고리타분한 꿈과 열정, 성공에 대한 이야기는 나 말고도 많은 사람들이 해주고 있지 않은가?

순간 내 강의를 듣고 있던 부모와 교사들은 당황해하는 표정이었다. 공부 열심히 하고, 부모님과 선생님 말씀 잘 들으라고 말할 줄 알았나 보다. 그 이후 그 학교에서는 강의 요청이 안 온다.

나는 내가 하고 싶은 강의를 하고 있다. 그래야 진심을 다해 열정적으로 말할 수 있기 때문이다. 세상이 원하는 일을 하는 것이 아니라, 내가 원하는 일을 해야 하는 이유다. 내가 하고 싶은 것을 내가 하고 싶은 대로 하는 것은 무조건 옳다.

미친 듯이 강사 교육을 받았다. 나는 그 교육을 통해서 강사가 갖춰야 할 여러 가지 조건들을 습득할 수 있었다. 그런데 강사 교육에서 강조했던 내용들은 어린 시절부터 내가 옳다고 생각하고, 행동하고 말해왔던 것들이었다. 온전히 내 삶의 경험과 깨달음을 재미있게 이야기 하면 그것이 강의가 된다는 것과 강사는 강의 한대로 살아야 한다는 것을 알게 되었다.

평소에 권위적이고, 유머 감각도 없고, 웃지 않는 사람은 웃음과 행복에 대한 강의를 하면 안 된다. 스스로도 만족스럽지 않고, 청중들도 불편하다. 아침에 일어났을 때, 팔과 다리가 멀쩡하고, 가족이 함께 있는 것, 내가 원하는 것을 할 수 있다는 평범한 일상생활 속에서 온몸에 전율을 느낄 정도로 감사하는 마음을 가지지 못하는 사람이 "감사하면서 살자"라는 주제의 강의를 해서는 안 된다.

재물과 명예에 대한 탐욕으로 가득한 강사는 감사를 주제로 강의를 하면 안 된다. 기록 관리와 독서에 대한 강의를 하는 강사는 평소에도 치열하게 기록 하고, 독서를 해야 한다. 강의할 때 결과물도 보여줄 수 있어야 한다.

강사는 자신만의 특별한 신념이 있어야 하고, 그것을 바탕으로 살아온 삶의 이야기와 노하우를 열정적으로 재미있고, 유익하고, 감동적으로 전달할 수 있어야 한다. 그런 강의를 통해서 청중들의 공감을 이끌어내고, 그들의 삶을 조금이라도 변화시킬 수 있어야 진짜 강사다. 10개월간의 치열한 사색과 강의 훈련을 통해서 내가 가진 잠재력을 알게 되었고, 인생에서 정말 소중한 것이 무엇인지를 깨달을 수 있었다. 책을 읽고, 생각하는 시간을 많이 가졌던 10개월의 시간은 혁명적인 깨우침을 선물해줬다.

전문가가 되기 위해서는 1만 시간의 법칙을 지켜야 한다는 말이 있다. 1만 시간의 법칙은 하루에 3시간, 매주 20시간씩 총 10년 동안 쉼없이 노력해야 한 분야의 전문가가 될 수 있다는 법칙이다. 어떤 분야든 그 시간의 한계를 통과하면 전문가가 될 수 있고, 성공할 수 있다는 것이다. 시간 관리, 기록 관리, 지식 관리에 대한 강의를 할 때 인용했다. 강의의 핵심 내용은 아래와 같다.

> 쉽게 포기하는 사람은 절대로 성공하지 못하고, 성취하지 못한다.
>
> 한 분야를 선택했으면 꾸준하게 열심히 10년 이상은 노력해야 그 분야의 탁월한 성취를 해낼 수 있다. 조금 힘들더라도 견뎌내야 한다. 성공한 사람들은 늘 그렇게 성실한 삶을 살아왔다.
>
> 이거 조금 하다가 그만두고, 저거 하다가 그만두고. 우리 주변에는 인내심이 부족한 사람들이 너무 많다. 재능과 환경을 탓하지 말고, 하기 싫고, 조금 힘들더라고 해당 분야의 프로가 되기 위해서는 뼈를 깎는 수고를 감수해야 한다.

강의하면서도 멈칫거렸다. 내가 스스로 온전히 동의하지 못했기 때문이다. 이 말은 틀린 말이다. 과정이 즐겁지 않은 분야라면 성취도 의미 없고, 전문가도 의미 없다. 하기 싫은 일을 10년 이상 해서 전문가가 되면 모두 행복하다고 확언할 수 있을까? 일을 하는 것도, 맛집을 찾아나서는 것도, 좋은 사람들과 연대하면서 사는 것도 모두 내가 행복하기 위해서 하는 것이다.

대한민국의 수많은 전문가들의 삶은 모두 행복할까? 나는 그렇지 않다고 생각한다. 전문가가 되는 것과 행복한 것과는 별개의 문제다. 하기 싫은 분야의 전문가가 되는 것처럼 비참한 일도 없다. 전문직에 종사하면서도 일에 대한 흥미, 사명감과 사랑이 없다면 그것은 진정한 의미의 성공이라고 말할 수 없다. 일은 단순하게 돈을 버는 것 이상의 재미와 의미를 가져야 한다. 세계적으로 위대한 성취를 해냈다 하더라도 그 사람의 일상이 정말 행복했는지는 직접 보지 않았으니 알 수 없는 것이다. 단지 이름을 알리고, 성취를 해냈다는 것만으로 행복할 거라고 추론할 뿐이다.

빌게이츠는 컴퓨터를, 비틀즈와 모차르트는 음악을 좋아했기 때문에 열정적으로 했고, 위대한 성취를 했을 것이다. 그들은 자신이 원하지 않는 일을 억지로 하지 않았을 것이다. 10년의 법칙이라는 말에 목숨 걸 필요가 없다. 나는 군대 생활을 20년 이상 했지만, 특별히 성취한 것이 없다. 일하는 과정에서 엄청난 행복감을 느낀 것도 아니다. 20년의 세월은 이것도 저것도 아닌 애매한 시간이었다. 안정적인 봉급을 받기 위해서 했을 뿐이다. 10년의 법칙이라는 말을 액면 그대로 이해하면 안 된다. 내가 좋아하고, 재능이 있는 일을 찾는 것에 주의를 기울여야 한다.

'제2차 세계대전 이후 인류가 이룩한 성과 가운데 가장 놀라운 기적은 바로 박정희의 위대한 지도력으로 경제 발전을 이룩한 대한민국이다.'

_ 구글 나무위키 2017. 9. 3

경영학의 아버지라 불리우는 피터 드러커가 남긴 말이다. 국가 지도자는 경제 발전만 달성하면 나머지 자유와 존엄 같은 가치는 중요하게 여기지 않아도 된다는 말처럼 느껴진다.

그는 96세에 세상을 떠날 때까지 35권의 저서를 집필했는데 모든 책이 글로벌 경영인들의 필독서가 될 정도로 현대 경제사에서 위대한 인물로 평가 되고 있다. 보수나 우파를 자처하는 이들에게는 거의 숭배급의 인물이기도 하다. 피터 드러커의 학문은 개인과 조직의 성과를 강조하는 경영학이다. 이런 학자가 쓴 책만 읽다보면 나도 모르게 나의 본성과 욕망보다는 지식, 돈, 명예, 성과에 집중하게 된다. 그의 말이 진리라고 보기는 어렵다. 예수, 공자, 소크라테스, 부처가 피터 드러커보다 더 위대한 이유가 여기에 있다.

1만 시간의 법칙을 강조한 말콤 글래드웰, 성과를 강조하는 피터 드러커는 자신이 하고 있는 일을 열심히 하라고 말한다. 물론 열심히 일하는 것도 중요하다. 일을 통해서 경제 활동을 해야 나와 가족의 생계를 유지할 수 있다. 일을 함으로써 성취감과 보람을 느끼고, 유능감을 느낄 수 있다. 직장 동료들과의 관계 속에서 인생의 재미를 느낄 수 있다. 내 경험에 의하면 무조건 그렇지도 않다. 그 일이 적성에 맞아야 하고, 재미 있어야 한다. 유명해지고, 돈을 많이 버는 것은 그 다음의 문제다. 앞뒤가 바뀐 것이다. 직원이 열심히 일을 해서 탁월한 성과를 내기를 원한다면 재미와 보람을 느끼도록 해줘야 한다. 성과와 성실만이 전부였던 시대는 오래 전에 끝났다.

세계적으로, 또는 국내에서 이름이 알려진 지식인들이 만들어 놓은 매뉴얼이 모두 옳은 것은 아니다. 지식과 기술이 전부가 아니라는 말이다. 그것들이 모두 진리인 것으로 생각하고, 그것이 무조건 옳은 것이라고 인정하는 순간 자유로운 생각을 할 수 없게 된다. 자유로운 사람, 상상력과 창의력이 뛰어난 사람은 언제나 기존의 지식과 고정관념의 테두리 밖에서 생각한다. 개인의 고유한 색은 일부 지식인들이 정해 놓은 틀 속에 가둬두기엔 너무나도 복잡하고, 다양하다. 아무리 오래 해도 안 되는 사람은 안 된다. 타고난 재능을 가진 사람은 짧은 기간에도 보통 이상의 성과를 낼 수 있다. 아무리 오랜 기간 노력을 해도 타고난 재능을 이길 수는 없다. 다짜고짜 10년 이상 열심히 일 하라고 몰아세우면 안 된다.

강사 교육을 받으면서 다양한 사람들을 만났다. 강사가 되기 위해서 공부를 시작한 지 4년 이상이 지났지만, 방향을 잡지 못하는 사람도 있었다. 일상에 쫓겨서, 가정을 돌보느라 용기를 내지 못하는 사람, 몇 년 동안 공부만 하고 강사 활동 자체를 못 하는 사람도 있었다. 강사가 된다는 것은 그리 쉽지 않아 보였다. 많은 사람들이 늘 말콤 글래드웰과 피터 드러커의 이론을 인용하면서 내게 조언을 해줬다.

"10년의 법칙을 잊지 마세요. 하루아침에 되는 것은 아무것도 없습니다."

"강사로 최소 5년은 굶는다고 생각해야 합니다."

그때마다 나는 의아했다. 내가 경험했던 이야기에 의미를 부여하고, 그것을 열정적이고 재미있게 표현해서 청중의 호응과 행동의 변화를 이끌어내는 것이 그리 어려워 보이지 않았기 때문이다. 타인의 생각과 경험은 내게 힌트를 줄 수 있겠지만, 절대적인 것은 아니다. 다른 사람들이 나에 대해서 말하는 것과 책을 읽으면서 접하는 저자의 의견에 대해서 의문을 제기해야 한다. 창의적으로 삐딱하게 보는 연습을 해야 한다. 삐딱하게 보는 것은 나쁜 것일까? 타인에게 피해를 주지 않는다면 세상에 나쁜 생각은 없다. 삐딱하게 보는 것은 매우 바람직한 태도다. 세상을 변화시키는 사람들은 늘 삐딱한 사람이었기 때문이다. '삐딱하다'라는 말은 부정적으로 본다는 의미가 아니다. 나의 생각, 나의 입장, 나의 세상을 만들기 위해 노력하는 행위다. 옳다고 믿는 신념대로 사는 것에 주저함이 없어야 한다. 내가 생각하는 대로 내 삶을 만들어 가야 한다. 10년의 법칙이니, 1만 시간의 법칙이니 하는 것들은 내가 원하는 것과 내가 가진 특별한 재능을 찾는 것보다 더 중요한 것이 아니다. 여행, 아르바이트, 직장 생활, 사업, 백수, 학위 취득, 독서, 자기계발 교육 등 다양한 경험을 해봐야 한다. 그런 경험 속에서 내가 가진 진짜 욕망과 재능, 흥미가 무엇인지 정확하게 알아야 한다. 내가 세상에 전할 수 있는 유익함이 무엇인지 깨닫는 순간 삶의 주인으로 거듭날 수 있다. 그런 사람은 하루하루를 열정적으로 살 수 있다. 곧게 뻗어 있는 고속도로를 시속 200km로 달리는 것만이 열정이 아니다. 꼬불꼬불한 국도를 달리는 것도 열정이다. 신호도 걸려 보고, 하늘과 산, 거리의 가로수와 사람들의 표정을 보고 느낄 줄 알아야 한다.

때로는 걷는 것도 좋다. 오솔길도 걸어 보고, 틈새길을 내가 직접 만들어보는 것도 괜찮다. 내가 가는 길은 그 길이 어떤 길이든 옳다고 생각해도 된다. 실패하고, 좌절해도 다시 일어서면 된다. 그런 삶이 역동적이며 살아있는 삶이다. 내 욕망과 본능을 억압하는 기존의 지식과 문화의 프레임 속에 나를 가두지 말아야 한다. 나는 내 삶을 살 뿐이다. 직업 군인을 하면서 2년간 치열하게 준비했다. 전역하자마자 교육 과정을 만들고, 동기부여 강사가 되었다. 가끔씩 수강생이 적게 등록하고, 외부 강의가 적을 때도 있다. 세상이 원하는 강의가 아니라, 내가 원하는 강의를 하기 때문일지도 모른다. 그럼에도 불구하고, 나는 앞으로도 내가 하고 싶은 강의를 할 것이다. 나는 지금 열정적이고, 자유롭고, 행복하다. 내가 가는 길은 언제나 옳다.

손이 떨린다. 나 같은 놈이 책이라니. 다시 읽어봐도 얄팍한 경험과 후진 인생에 대한 개똥철학이다.

4차 산업 혁명의 시대다. 곳곳에서 미래의 생존과 번영을 위해서 인공지능과 AI관련 기술을 습득하느라 분주하다. 기술과 지식은 훌륭하나, 인간다움을 찾아보기가 힘들다. 미래는 감성의 시대, 힐링의 시대라고 말한다. 수많은 사람들이 감성을 되찾고 싶고, 힐링하고 싶어 한다. 그것을 이용한 마케팅 전략이 넘쳐난다. 모두 돈을 쓰기를 원한다. 감성과 힐링을 스스로 하지 못하기 때문에 돈의 노예가 되는 길을 택하는 사람이 넘쳐난다. 기업의 집요하고, 섬세한 감성 마케팅에 현혹되어 필요하지도 않고, 유익하지도 않은 소비를 한다. yolo족이 소비만 부추기는 것은 아닌지 진지하게 들여다 봐야 한다. 유흥과 쾌락, 산해진미, 여행만이 힐링이며, 그것을 하지 못해서 죄책감과 열등감을 느낀 적은 없었는지 생각해볼 필요가 있다. 재미있게 산다는 것은 좋은 것이지만, 나의 본성과 재능을 알고, 그것에 집중하는 일상을 살면 세상의 그 어떤 콘텐츠도 그리 대단해 보이지 않는다. 수많은 지식인들은 그런 삶을 살아왔고, 지금도 그렇게 살고있다.

인간만이 가진 에너지가 있다. 인공지능 할아버지가 와도 절대로 흉내낼 수 없는 나만의 에너지가 있다. 그 에너지를 나누면서 살았으면 좋겠다. 특별한 바람없이 서로의 꿈Dream을 응원하고, 나의 꿈을 위해 하루하루를 의미 있게 살고 싶다. 나와 타인의 존엄을 짓밟는 잘못된 문화에 용기 있게 깃발을 들고 바꿔 나갔으면 좋겠다. 나이가 많고 적음이 인간의 존엄과는 상관없는 것이라고 믿는다. 젊으면 젊은 대로 풋풋한 존엄이 있고, 늙으면 늙은 대로 노련한 존엄이 존재한다. 누구나 존중Respect받고, 존중한다면 우리는 죽을 때까지 열정적으로 살 수 있다. 유익하지만, 재미Interest있는 모임이 많아졌으면 좋겠다. 재미있지만, 경박하지 않은 문화면 더욱 좋겠다. 품격은 있되 고리타분하지 않은 사람들이 많아졌으면 좋겠다. 성숙한 열정을 가슴에 품은 사람은 과거의 사람들이 만들어 놓은 관습과 시스템, 문화의 프레임 속에 갇히지 않는다. 창의적이며 진취적이다. 영원히 변하지 않는 삶의 본질적인 가치에 대해서 사색한다. 그들은 자유롭다.

노동력, 지식, 지혜의 시대를 거쳐서 열정의 시대이다. 배터리를 갈아끼워야 한다. 내 안에 잠든 열정을 깨워서 식지 않도록 유지해야 한다. 일상을 축제로 만들어야 한다. 내가 원하는 대로 살아야 한다. 그러기 위해서는 남과 다르게 생각하고, 과감하게 행동하며, 열정적으로 표현하며 살아야 한다.

내 욕망에 집중하고, 내가 가진 것에 감사하며, 태어났을 때부터 내가 갖고 있었던 에너지를 마음껏 발산하면서 살아야 한다. 부끄러운 일이라도 투명하고, 정직하게 말할 수 있는 용기가 있어야 한다. 본성대로 사는 삶, 생겨먹은 대로 사는 것이 열정의 본질이다.

나무 한그루를 심는 마음으로 책을 썼다. 단 한명이라도 내가 심은 나무에서 열매를 채집하고, 그늘의 혜택을 누렸으면 좋겠다. 지나간 삶에 대한 죄책감이 아니라 사랑을 가졌으면 좋겠다. 가슴속에 잠자고 있었던 뜨거운 용암 같은 열정을 자유롭게 뿜어내며 사는 사람이 한 명이라도 늘어 난다면 더 이상 바랄 것이 없겠다.

열정적인 사람은 본성에 충실하며, 세상에 도움이 되는 사람이 되기 위해 하루하루를 고민하는 사람, 내가 원하는 방향대로 가는 사람이다. 빠르든 늦든 그것은 중요하지 않다. 내가 원하는 것, 내가 할 수 있는 것에 집중하며 에너지를 뿜어내면서 사는 것이 열정적인 삶이다. 내가 바로서야 가정이 화목해진다. 나와 가정을 바르게 이끌지 못하면 어떤 성취도 무의미하다. 가정과 직장, 사회에 열정적인 에너지를 전하면서 사는 것은 매우 훌륭한 삶이다. 너무 많이 가지려 하고, 너무 많이 성취하려 하는 미숙한 열정보다 DRI 24가지 가치에 집중하면, 나와 내 삶을 사랑하는 성숙한 열정을 가진 사람들이 더 많아졌으면 좋겠다. 이 책의 마지막 페이지까지 읽어준 분들께 감사드리며 무한한 열정과 행복을 응원한다.

DRI 열정 리더십 교육 안내

10주의 기적, 자유롭고, 행복한 열정 에너지를 창조하는 DRI열정 리더십

▌ 대상

기업 / 관공서 / 개인

▌ 과정의 특징

1. 매회 열정 강사 이대성 강사 특강 진행
2. TAS 교육 시스템에 의한 마인드 변화: 사색Think + 실천Act + 전달Speech
   ※신념 강화, 삶의 의미 발견 : 열정적인 삶의 습관 형성
3. 개인별 특성에 맞는 자유로운 스피치 기술 습득
4. 독서 습관 정착, 요약 & 컨셉화 능력 향상
5. 수료후 커뮤니티 유지: DRI열정리더협회, 인터넷 카페, 독서포럼 <나무>

▌ DRI열정 리더십 교육이 필요한 사람

1. 대중 앞에서 말하는 기술이 필요한 직장인 · 대학생
2. 열정적인 표현력으로 강의력 향상이 필요한 예비 · 현직 강사
3. 일상의 행복과 에너지를 되찾고 싶은 성인 남녀
4. 제2의 인생을 준비하는 열정이 필요한 직장인 · 예비 창업자
5. 고객에게 강한 인상을 남길 수 있는 열정이 필요한 영업직 · 자영업자
6. 삶의 본질을 함께 고민하고, 깨닫고 싶은 중장년층

▌ 교육 내용

1. 기간 : 10주 과정(3H×10주)
2. 주요 커리큘럼

구분	1주	2주	3주	4주	5주	6주	7주	8주	9주	10주
D R I	오리엔테이션	용기	자신감	표현	꿈	웃음	단순	경청	용서	수료식
		도전	자존감	신뢰	사명비전	유머	성실	감사	자유	
		희망	열정	인간관계	목표	재미	집중	배려	사랑	

※교육 과정은 'D'. 'R'. 'I' 별도로 진행

※교육/강연 문의 :

- 대구본사　대　표　이대성　dripassion@hanmail.net ☎ 010-5767-9171
　　　　　　실　장　우상재　nakata@naver.com ☎ 010-2225-9848
　　　　　　실　장　황정순　dripassion@hanmail.net ☎ 010-9277-9171
- 부산지사　지사장　한영진　han76n@hanmail.net ☎ 010-3868-0773
- 창원지사　지사장　변장환　83400762pc@hanmail.net ☎ 010-3811-5934